Manfred Bruhn
Sponsoring

T0406735

MANFRED BRUHN

SPONSORING

UNTERNEHMEN ALS MÄZENE UND SPONSOREN

Frankfurter Allgemeine
ZEITUNG FÜR DEUTSCHLAND

GABLER

CIP-Kurztitelaufnahme der Deutschen Bibliothek

Bruhn, Manfred:
Sponsoring : Unternehmen als Mäzene und Sponsoren /
Manfred Bruhn. – Frankfurt am Main : Frankfurter All-
gemeine ; Wiesbaden: Gabler, 1987.

ISBN-13: 978-3-409-13913-7   e-ISBN-13: 978-3-322-87485-6
DOI: 10.1007/978-3-322-87485-6

© Frankfurter Allgemeine Zeitung GmbH, Frankfurt am Main 1987
© Betriebswirtschaftlicher Verlag Dr. Th. Gabler GmbH, Wiesbaden 1987
Softcover reprint of the hardcover 1st edition 2001
Satz: Lichtsatz Michael Glaese GmbH, Hemsbach

Das Werk einschließlich aller seiner Teile ist urheberrechtlich geschützt. Jede
Verwertung außerhalb der engen Grenzen des Urheberrechtsgesetzes ist ohne
Zustimmung des Verlages unzulässig und strafbar. Das gilt insbesondere für Ver-
vielfältigungen, Übersetzungen, Mikroverfilmungen und die Einspeicherung
und Verarbeitung in elektronischen Systemen.

Vorwort

Sponsoring ist für jeden von uns zu einer Begleiterscheinung im persönlichen Alltag geworden. In vielfältiger Form wird jeder einzelne bei der Freizeitgestaltung mit Werbung für Produkte, Dienstleistungen und Unternehmen konfrontiert. Es handelt sich hierbei um den Versuch von Unternehmen, Ereignisse mit hohen Freizeitwerten für ihre werbliche Ansprache zu nutzen.

Sponsoring ist auf eine gezielte Unterstützung von sportlichen und gesellschaftlichen Aktivitäten durch Unternehmen ausgerichtet und hat sich zu einem neuen Instrument der Kommunikationsarbeit entwickelt. Neben den klassischen Kommunikationsinstrumenten wie Werbung, Verkaufsförderung und Public Relations wird zunehmend das Sponsoring eingesetzt. Während das Sponsoring früher auf reine Sportwerbung begrenzt war, geht es heute über den Sport hinaus und umfaßt auch Kultur, Freizeitaktivitäten und soziale Engagements. Damit ist Sponsoring eine Weiterentwicklung des früheren „klassischen" Mäzenatentums zum systematischen Sponsoring von Unternehmen.

Das vorliegende Buch faßt die wesentlichen Grundlagen und praktischen Erfahrungen des Einsatzes von Sponsoring zusammen. Auf der Basis zahlreicher Beispiele werden die verschiedenen Erscheinungsformen des Sponsoring aufgezeigt. Ebenso sind neue Einsatzmöglichkeiten und Entwicklungsfelder des Sport-, Kultur- und Sozio-Sponsoring zu finden. Aus Unternehmenssicht ist es bedeutsam, wie Sponsoring als Kommunikationsinstrument genutzt werden kann. Damit sind zahlreiche praktische Fragen aufgeworfen, z. B.:

- Welche kommunikativen Ziele können durch Sponsoring erreicht werden?
- Welche Zielgruppen werden durch die verschiedenen Sponsoring-Maßnahmen angesprochen?

- Wie läßt sich Sponsoring in die Unternehmens- und Kommunikationsstrategie integrieren?
- Welche Maßnahmen lassen sich im einzelnen ergreifen, um Sponsoring als Kommunikationsinstrument zu nutzen, und was kosten sie?
- Wie sehen die vertraglichen Grundlagen des Sponsoring aus?
- Wie läßt sich die Kommunikationswirkung des Sponsoring beurteilen?

Diese und weiterführende Fragen werden aufgegriffen und durch konzeptionelle und instrumentelle Überlegungen beantwortet. Der Leser soll in die Lage versetzt werden, die Chancen und Risiken des Einsatzes von Sponsoring für die Unternehmenskommunikation zu erkennen, zu analysieren und zu beurteilen.

Impulse für das vorliegende Buch wurden vom BDW Deutscher Kommunikationsverband gegeben, der die Herbst-Arbeitstage 1986 an der EUROPEAN BUSINESS SCHOOL zum Themenbereich Sponsoring durchführte. Mein Dank gilt an dieser Stelle dem Leiter der Herbst-Arbeitstage, Herrn Dr. H. Dieter Dahlhoff, sowie dem Hauptgeschäftsführer des BDW, Herrn Lutz Weidner, für den Anstoß und die Unterstützung bei dieser Arbeit.

Zahlreiche Unternehmen haben für dieses Buch druckfertige Unterlagen zur farblichen Wiedergabe von Sponsoring-Beispielen zur Verfügung gestellt. Für diese Hilfe danke ich vor allem den Unternehmen Adidas, Alpirsbacher Klosterbräu, American Express, Deutsche Bank AG, Deutscher Sparkassenverlag, Opel AG, Philips, Fielmann-Optic und Porsche AG sowie den Sponsoring-Agenturen Advantage International (Köln), ISL (München), Högelwerbung (Wuppertal), der Marketing-Agentur Rüdiger Ruoss & Partner (Neu-Isenburg) und der Werbeagentur Young & Rubicam (Frankfurt/M.).

Mein besonderer Dank gilt Frau Eliane Wallbaum und Herrn Dipl.-Kfm. Hans-Dieter Lorenz für die redaktionelle Hilfe bei der Fertigstellung des Buches.

Schloß Reichartshausen, im Juni 1987   *Manfred Bruhn*

Inhalt

3. Kapitel
Ziele einer Sponsoring-Politik 83

4. Kapitel
Zielgruppen des Sponsoring 99

5. Kapitel
Entwicklung einer Sponsoring-Strategie 125

6. Kapitel

Instrumente einer Sponsoring-Politik

7. Kapitel

Wirkungen des Sponsoring

1. Kapitel

Sponsoring als neues Kommunikationsinstrument

Sponsoring wird vielfach mit Sportwerbung assoziiert. Auch wenn im Sport-Sponsoring die meisten Aktivitäten zu beobachten sind, ist Sponsoring nicht auf den Sport beschränkt. Es sind auch Möglichkeiten des Sponsoring im kulturellen und sozialen Bereich gegeben. Kultur-Sponsoring versteht man hierzulande noch eher als Mäzenatentum. Ähnliches gilt für das Sozio-Sponsoring, das üblicherweise noch dem Spendenwesen zugerechnet wird. Das 1. Kapitel schafft hier mehr Klarheit und zeigt Wege auf, wie Sponsoring als ein eigenständiges Kommunikationsinstrument ergänzend zur klassischen Werbung eingesetzt werden kann.

Zur Verdeutlichung des Sponsoring sollen zunächst einige Beispiele aufgeführt werden:

☐ Im Juli 1986 gewinnt *Boris Becker* zum zweiten Mal das Tennis-Turnier im Wimbledon. Nach groben Schätzungen haben etwa 300 – 400 Millionen Fernsehzuschauer in 35 Ländern das Endspiel gesehen. Sie wurden mit Markennamen und Produkten wie Puma, Ellesse, Ebel u. a. m. konfrontiert. Diese Namen waren auf dem Tennisplatz und auf der Bekleidung des Tennis-Stars zu lesen.

Das ist Sponsoring.

☐ Im August 1986 haben 182 nicht-zahlende Zuschauer das Fußballspiel Hattenheim gegen Oestrich-Winkel beobachtet. Das *Weingut Allendorf* hatte einen Preis für die beste Mannschaft ausgesetzt und wurde per Lautsprecher-Ansage mehrfach lobend erwähnt.

Auch das ist Sponsoring.

☐ Zur Restaurierung der *Miss Liberty* in New York hat ein Organisations-Komitee unter der Führung von Lee Iacocca zahlreiche Unternehmen dazu gewonnen, Gelder für die Reparaturarbeiten zur Verfügung zu stellen. Im Gegenzug erhalten die Unternehmen das Recht, als offizielle Förderer des nationalen Symbols der Vereinigten Staaten aufzutreten.

Das ist Sponsoring.

☐ Die Colonia-Versicherung hat das von Horst Stern herausgegebene *Buch „Rettet den Wald"* mit einem Betrag unterstützt, der das Werk in der vorliegenden Form überhaupt erst ermöglicht hat. Die Colonia-Versicherung erscheint auf der ersten Seite des Buches sowie in den verschiedenen Formen der Buchwerbung.

Auch das ist Sponsoring.

Sponsoring ist zu einer Begleiterscheinung im persönlichen Alltag geworden. Im Sport, bei kulturellen Ereignissen und im sozialen Bereich werden Teilnehmer und Zuschauer mit Werbung für Produkte, Dienstleistungen und Unternehmen konfrontiert. Diese Konfrontation ist weniger zufällig. Sie ist das Ergebnis von Überlegungen, die darauf abzielen, Ereignisse, die durch Massenmedien aufgegriffen werden (mediale Wirkungen), in die Kommunikationsarbeit von Unternehmen einzubeziehen. Es erstaunt deshalb heute immer weniger, daß Unternehmen gezielt Personen und Institutionen im sportlichen, kulturellen und sozialen Bereich unterstützen.

Vom Mäzenatentum zum Sponsoring

Die Förderung von Kultur, Sport und des Sozialwesens durch Unternehmen oder Unternehmer hat eine lange Tradition. Als Ahnvater der Förderung von Kunst und Kultur gilt der Römer Gaius Clinius Maecenas (70 – 8 v. Chr.). Als Freund, Helfer und Berater von Kaiser Augustus versammelte er die bedeutenden Dichter seiner Zeit und unterstützte sie. Maecenas konnte sich dies finanziell erlauben, denn er galt als reicher Grundbesitzer und Diplomat von hohem Rang. Der aus seinem Namen abgeleitete Begriff *Mäzenatentum* kennzeichnet die Förderung der Kultur und des Gemeinwesens aus altruistischen und selbstlosen Zielen. Der Mäzen fördert Personen oder Organisationen, ohne konkrete Gegenleistungen zu erwarten.

Bei diesem klassischen Mäzenatentum würde der Mäzen die Unterstützung auch vornehmen, wenn der Name des Mäzens oder Unternehmens nicht in Zusammenhang mit der Förderung gebracht wird (sog. „acid-Test"). Es bedarf keiner Begründung, daß es einen zuverlässigen Überblick über den finanziellen Umfang unternehmerischen Mäzenatentums kaum gibt, da viele Förderungen in der Öffentlichkeit nicht bekannt werden. Dies gilt umso mehr, als die Aufgaben der Mäzene heute teilweise von *Stiftungen* übernommen werden, die aus den Erträgen eines Stiftungsvermögens ihren erklärten Stiftungszweck erfüllen.

Für die Bundesrepublik seien vor allem die folgenden Stiftungen genannt (Hüchtermann/Spiegel 1986):

☐ Die *Stiftung Volkswagenwerk* hat in den letzten 25 Jahren mehr als 2,7 Mrd. DM für die Unterstützung der Forschung und Lehre an den Hochschulen aufgebracht.

☐ Die *Robert-Bosch-Stiftung* engagiert sich in den Bereichen Gesundheitspflege, Bildung und Erziehung, Kunst und Kultur sowie den Geistes- und Naturwissenschaften.

☐ Die Förderung der Forschung auf den Gebieten Medizin, Staats- und Gesellschaftspolitik sowie im Bereich der geisteswissenschaftlichen Forschung steht im Mittelpunkt der *Fritz-Thyssen-Stiftung*.

☐ Aus Anlaß des 100jährigen Firmenjubiläums wurde die *Daimler-Benz-Stiftung* mit dem Stiftungszweck ins Leben gerufen, die Wechselbeziehungen zwischen Mensch, Technik und Umwelt zu erforschen.

☐ Die *Stiftungsfonds der Großbanken* (z. B. Jürgen-Ponto-Stiftung der Dresdner Bank) sind vor allem im Bereich der Kulturförderung tätig.

☐ Der *Stifterverband der Deutschen Wissenschaft* verfügt über ein Treuhandvermögen von etwa 420 Mio. DM (1985) und verwaltet mehr als 100 Stiftungen der deutschen Wirtschaft.

Eine Weiterentwicklung des Mäzenatentums sind Aktivitäten von Unternehmen, die man in den Vereinigten Staaten als *Corporate Giving* und in der Bundesrepublik als *Spendenwesen* bezeichnet. Es handelt sich dabei um Spendenaktionen von Unternehmen, die im Bewußtsein ihrer gesellschaftspolitischen Verantwortung geleistet werden.

In den USA findet man diese systematische Förderung bei Gesundheitseinrichtungen, Hochschulen, Opernhäusern u. a. m. In Deutschland finanzieren sich vor allem soziale Vereinigungen, kirchliche Aktionen und Parteien durch das Spendenwesen. Aus Unternehmenssicht spielen bei der Vergabe von Spenden steuerliche Gründe eine wesentliche Rolle; gezielt geforderte Gegenleistungen vom Geförderten sind eher die Ausnahme.

Weder das Mäzenatentum noch das Spendenwesen können mit Sponsoring gleichgesetzt werden. Vielmehr tritt die Überlegung des Mäzens bzw. Förderers immer stärker in den Vordergrund, mit der gewährten Unterstützung eigennützige Interessen zu verbinden. Unternehmen werden als Sponsoren tätig, wenn sie mit der Förderung von Sport und Kultur auch kommunikative Zwecke für das Unternehmen erreichen wollen. Eine aktuelle Sponsoring-Definition lautet wie folgt:

Sponsoring bedeutet die

- Planung, Organisation, Durchführung und Kontrolle sämtlicher Aktivitäten,
- die mit der Bereitstellung von Geld- oder Sachmitteln durch Unternehmen
- für Personen und Organisationen im sportlichen, kulturellen oder sozialen Bereich
- zur Erreichung von unternehmerischen Marketing- und Kommunikationszielen verbunden sind.

Bei dieser Definition ist Sponsoring als ein neues Kommunikationsinstrument anzusehen. Die folgenden Merkmale müssen dabei besonders hervorgehoben werden:

☐ Sponsoring basiert auf dem Prinzip von *Leistung und Gegenleistung*. Der *Sponsor* setzt Geld und Sachmittel ein in der Erwartung, vom *Gesponserten* eine Gegenleistung zu erhalten (z. B. Nutzung von Markennamen bei Veranstaltungen, Verwendung in der Anzeigenwerbung) (Meenaghan/Flood 1983; Meenaghan 1983).

☐ Sponsoring sollte einen *systematischen Entscheidungsprozeß* durchlaufen. Es reicht nicht aus, einem Gesponserten Zuwendungen zukommen zu lassen und dann die erhoffte Wirkung abzuwarten. Vielmehr ist es erforderlich, auf der Basis einer Situationsanalyse und Zielformulierung die Maßnahmen im einzelnen zu planen, zu organisieren, durchzuführen und zu kontrollieren.

☐ Sponsoring ist ein Instrument mit *vielfältigen Einsatzmöglichkeiten* in den Bereichen *Sport* und *Kultur* sowie im *sozialen Bereich.* Während heute der Schwerpunkt des Sponsoring noch eindeutig im Sport liegt, finden sich neue Anwendungsbereiche bei kulturellen und sozialen Aktivitäten.

☐ Sponsoring ist ein Baustein zur *integrierten Kommunikation* von Unternehmen. Dazu ist es erforderlich, Sponsoring mit den anderen Marketing- und Kommunikationsinstrumenten im Hinblick auf die Corporate Identity abzustimmen.

Jedes Unternehmen versucht auf verschiedenen Wegen, mit seinen Kunden und der Öffentlichkeit zu kommunizieren. Dies erfolgt zunächst durch die klassische Werbung, bei der in Massenmedien für Produkte geworben wird (z. B. Anzeigen- und Fernsehwerbung). Auch durch die Verkaufsförderung im Handel und den persönlichen Verkauf wird für die Produkte von Unternehmen geworben. Schließlich ist die Öffentlichkeitsarbeit (Public Relations) darauf ausgerichtet, Verständnis und Vertrauen für Unternehmen bei der Öffentlichkeit und bei Meinungsführern zu entwickeln. Insgesamt ist jedes Unternehmen bestrebt, durch den Einsatz verschiedener Kommunikationsinstrumente ein Kommunikations-Mix zu finden, das auf die verschiedenen Zielgruppen des Unternehmens (Kunden, Meinungsführer, Öffentlichkeit) ausgerichtet ist.

Die Sponsoring-Aktivitäten sind in das System des Kommunikations-Mix einer Unternehmung einzuordnen. Im Zusammenhang mit einer marktbezogenen Kommunikation ist Sponsoring im Verbund mit den klassischen kommunikativen Instrumenten wie Werbung, Verkaufsförderung, Public Relations und persönlicher Verkauf zu sehen. Zunächst kann festgehalten werden, daß es keine Sponsoring-Aktivität gibt, die ohne die Verbreitung durch Medien stattfinden kann. Es kommt weniger darauf an, Sponsoring möglichst exakt von den klassischen Kommunikationsinstrumenten abzugrenzen. Sponsoring ist vielmehr ein bestimmter Blickwinkel, aus dem der Einsatz von neuen Werbemöglichkeiten unter zusätzlichem Einsatz der bestehenden Kommunikationsinstrumente gesehen wird.

Von besonderer Bedeutung sind daher die Gemeinsamkeiten zwischen Sponsoring und den klassischen Instrumenten. Betrachtet man die Unterschiede und Gemeinsamkeiten zwischen den einzelnen Instrumenten, dann wird deutlich, daß die kommunikativen Möglichkeiten des Sponsoring auch in den Einsatz der anderen Instrumente einbezogen werden:

Sponsoring und Werbung

In der klassischen Werbung werden (Massen-)Kommunikationsmittel mit dem Ziel einer systematischen Kundenbeeinflussung eingesetzt. Im Vordergrund steht die Werbung in Printmedien (Zeitung, Zeitschrift) und elektronischen Medien (Radio, TV) für Produkte, Dienstleistungen oder das Unternehmen selbst.

Gemeinsamkeiten zwischen Sponsoring und der Werbung treten zunächst dadurch auf, daß das Sponsoring auf die bekannten Werbeträger und Werbemittel zurückgreift (z. B. Fernsehen, Radio, Prospekte, Plakate).

Darüber hinaus werden Sponsoring-Aktivitäten in der klassischen Werbung als Thema eingesetzt. Dies kann beispielsweise dadurch geschehen, daß bekannte Personen als gesponserte Präsenter auftreten (Verwendung von Gesponserten in der Werbung).

Von besonderer Bedeutung als Teilbereich des Sponsoring ist die Sportwerbung, die sich in den letzten Jahren sehr expansiv entwickelt hat. Die Sportwerbung kann wie folgt gegliedert werden (Hermanns 1985; Hermanns/Drees 1986):

- Werbung im und beim Sport,
- Werbung mit sportlichen Ereignissen,
- Werbung mit Sportlern und Sportidolen.

Die Übermittlung der Sportwerbung kann direkt sein, z. B. im Stadion an den Zuschauer. Sie kann aber auch indirekt und zusätzlich über andere Medien wie Fernsehen, Tagespresse, usw. erfolgen (Roth 1986c). Vielfach ist es Gegenstand der Sponsoring-Vereinbarungen, daß das Unternehmen Werbung mit einer

Veranstaltung, einer Mannschaft oder einer Einzelperson betreiben kann.

Sponsoring und Verkaufsförderung

Im Vordergrund der Verkaufsförderung stehen kommunikative Maßnahmen am Verkaufsort. Durch gezielte Aktivitäten wie Ausgaben von Proben, Sonderangebote, Wettbewerbe u. a. m. werden Kunden zum Kauf angeregt. Ebenso sollen durch Schulungen, Wettbewerbe u. a. die Mitarbeiter im Handel und das eigene Verkaufspersonal motiviert werden. Die Verkaufsförderungsaktionen beabsichtigen, direkt oder indirekt den Abverkauf der eigenen Produkte zu fördern.

Gemeinsamkeiten zwischen Sponsoring und Verkaufsförderungsmaßnahmen treten immer dann auf, wenn z. B. gesponserte Personen oder Gruppen in Verkaufsförderungsaktionen einbezogen werden, die sich an das eigene Verkaufspersonal, den Handel oder die Konsumenten richten (ESOMAR 1986; Monk 1986; Gussekloo 1986). Hier seien vor allem Maßnahmen wie Autogrammstunden, Vorträge und Besichtigungen erwähnt.

Sponsoring und Public Relations

Die Öffentlichkeitsarbeit wird mit dem Ziel betrieben, Vertrauen und Verständnis bei verschiedenen Zielgruppen (z. B. Kunden, Meinungsführer, Banken, Staat) zu gewinnen bzw. zu erhalten. Im Mittelpunkt stehen dabei die verschiedenen Aktivitäten des Unternehmens wie Produktangebote, Ausbildungsleistungen oder innerbetriebliche Maßnahmen.

Gemeinsamkeiten zwischen Sponsoring und Public Relations-Maßnahmen liegen vor, wenn das Sponsoring-Engagement des Unternehmens in die Öffentlichkeitsarbeit eingebunden wird. Dies kann im einzelnen dadurch erfolgen, daß sportliche, kulturelle und soziale Förderungsmaßnahmen in Form von Ausstellungen, Pressekonferenzen, Werkzeitungen, Stiftung von Preisen, Seminaren u. a. m. den Zielpersonen dargestellt werden. Darüber hinaus können Sponsoring-Maßnahmen zur Kontaktpflege mit unternehmensrelevanten Personen genutzt werden

(z. B. Einladung des Unternehmens zu Veranstaltungen). Sponsoring-Aktivitäten eignen sich in besonderer Weise für die Public Relations-Arbeit, weil das Sponsor-Unternehmen eine nicht-unternehmensgesteuerte Aktivität unterstützt und damit auch eine gesellschaftspolitische Verantwortung des Unternehmens verdeutlichen kann. Dies gilt in ganz besonderem Maße für das Kultur-Sponsoring (z. B. Unterstützung von Ausstellungen, Theateraufführungen) und Sozio-Sponsoring (z. B. Förderung von Krankenhäusern oder Hochschulen).

Sponsoring und Product Publicity

Product Publicity verfolgt das Ziel, die Produkte bzw. das Unternehmen im redaktionellen Teil der Massenmedien (Zeitungen, Rundfunk, Fernsehen) zu plazieren. In vielen Fällen erfolgt dies durch Bilanzpressekonferenzen, Bekanntgabe von neuen Entwicklungen bzw. Produkten u. a.

Sponsoring ist eine neue Form der Schaffung von Publicity für Unternehmen. Gerade die sportlichen, kulturellen und sozialen Aktivitäten von Personen bzw. Organisationen stehen im Vordergrund der redaktionellen Beiträge der Massenmedien. Durch Sponsoring versucht das Untenehmen, mittels optischer (Bilder, Texte) oder akustischer (Sprache, Musik) Zeichen in das redaktionelle Umfeld von Medien (z. B. Sportberichterstattung) zu gelangen. Es bedarf keiner Erläuterung, daß die mediale Wirkung der Sponsoring-Aktivitäten ein zentrales Motiv des Sponsors darstellt.

Sponsoring und Product Placement

Bei dem relativ neuen Instrument des Product Placement handelt es sich um die „gezielte Plazierung von Marken-Produkten als reale Requisite in der Handlung eines Spielfilms" (Wilde 1986; Disch 1986).

Das Product Placement ist eine spezielle Form des Sponsoring. Durch die Entwicklung der neuen Medien und das Vordringen von privaten Programmanbietern ist zu erwarten, daß in naher Zukunft ein intensives *TV-Sponsoring* entstehen wird. Hierbei unterstützen Sponsoren Kino- und Fernsehfilme und verhandeln mit den Produzenten, in welcher Form das Unternehmen bzw. die Marken in die Filme einbezogen werden.

Sponsoring ist ein eigenständiges Kommunikationsinstrument, das neue Möglichkeiten der kommunikativen Ansprache von Zielgruppen ermöglicht. Dabei werden Personen und Situationen im sportlichen, kulturellen oder sozialen Bereich genutzt, um für Unternehmenszwecke zu kommunizieren. Jedes Unternehmen wird bemüht sein, die Sponsoring-Aktivitäten auch für die klassische Werbung (z. B. Sportwerbung) oder Verkaufsförderung (z. B. Sport-Promotions) einzusetzen.

Selbstverständlich liegen neben den hier genannten Gemeinsamkeiten zwischen dem Sponsoring und den anderen Instrumenten des Kommunikations-Mix (z. B. Persönlicher Verkauf, Messen und Ausstellungen, Verpackung, Schaufenster, Direct Mail) Beziehungen vor, die hier jedoch vernachlässigt werden sollen.

Einigkeit besteht darüber, daß sich Sponsoring – ebenso wie andere Kommunikationsinstrumente – an der *Corporate Identity* eines Unternehmens auszurichten hat. Der Corporate Identity kommt die Funktion einer Leitstrategie aller kommunikativen Strategien und Maßnahmen eines Unternehmens zu (Birkigt/Stadler 1985; Antonoff 1984). Die Corporate Identity ist die Basis für die *Corporate Communication*, bei der die Identität des Unternehmens in Kommunikation umgesetzt wird. Die Corporate Communication bildet das strategische Dach für die unterschiedlichen Kommunikationsaktivitäten nach innen und außen (Raffée/Wiedmann 1983; Hannebohn/Blöcher 1982). Durch Corporate Communication als strategisches Aktionsinstrumentarium soll

– die Koordination und Steuerung aller Kommunikationsaktivitäten und
– die Entwicklung übergreifender, auf Synergieeffekte bedachter Kommunikationsprogramme

erreicht werden. Ein systematischer Einsatz des Sponsoring orientiert sich an dem durch Corporate Communication gesetzten Rahmen (Demuth et al. 1984; Raffée/Wiedmann 1983).

Bedeutungswandel des Sponsoring

Das professionelle und systematische Sponsoring hat in der Bundesrepublik keine lange Tradition. Es waren bzw. sind vor allem die ablehnende Haltung sportlicher, kultureller und sozialer Organisationen, Verbände und Einzelpersonen, sowie die negative Einstellung der Redakteure in den Massenmedien, die das Sponsoring lange Zeit verhindert bzw. behindert haben. Am stärksten ausgeprägt ist in der Bundesrepublik das Sport-Sponsoring, weniger intensiv das Kultur-Sponsoring und – kaum bzw. fast gar nicht vorhanden – das Sozio-Sponsoring. Versucht man die ernstzunehmenden Aktivitäten des Sponsoring in den einzelnen Bereichen zeitlich zu fixieren, dann kann für die Bundesrepublik etwa von folgender Schätzung ausgegangen werden:

Bereich	*Beginn*
Sport-Sponsoring	Anfang der 70er Jahre
Kultur-Sponsoring	Anfang der 80er Jahre
Sozio-Sponsoring	Anfang der 90er Jahre

Es ist zu erwarten, daß der erfolgreiche Einsatz des Sponsoring im sportlichen Bereich auch positive Ausstrahlungen auf das Kultur-Sponsoring haben wird. Seit einigen Jahren suchen Unternehmen verstärkt Betätigungsfelder im kulturellen und künstlerischen Bereich. Trotz der fehlenden Tradition ist auch beim Sponsoring im sozialen Bereich abzusehen, daß Unternehmen und soziale Institutionen Formen des Sponsoring entwickeln, die für beide Seiten von Vorteil sein werden.

Im Vergleich mit anderen westlichen Ländern ist das Sponsoring in Deutschland nicht weit entwickelt. In England, Frankreich, Japan u. a. sind vergleichsweise hohe Sponsoringaufwendungen in den Bereichen Sport und Kultur zu beobachten. Dies gilt in noch stärkerem Maße für die Vereinigten Staaten, in denen zusätzlich ein intensives Sozio-Sponsoring (vor allem in den

Bereichen Gesundheit und Hochschulen) und das Sponsoring von Fernsehsendungen (TV-Sponsoring) betrieben werden. Als einen Indikator für die Verbreitung des Sponsoring in den einzelnen Ländern kann man das Entstehen von spezialisierten Sponsoring-Agenturen ansehen, die in den USA, England und Frankreich große Bedeutung haben und seit einigen Jahren auch in der Bundesrepublik entstehen (vgl. eine Auswahl mit Adressen im Anhang dieses Buches).

Bislang haben sich Unternehmen und Agenturen sehr stark auf das *Sport-Sponsoring* konzentriert. Nach einer Schätzung aus dem Jahre 1985 liegen die Werbeeinsätze für den Sport in der Bundesrepublik bei etwa 300 Mio. DM. Dieser Betrag verteilt sich dabei wie folgt auf die einzelnen Sportarten (Birkholz 1985; Gerke 1986):

Sportart	*Werbeeinsatz 1985 in Mio. DM (geschätzt)*
Motorsport	150
Fußball	75
Reitsport	30
Ski	15
Tennis	10
Leichtathletik	5
Handball	3
Golf	3
Eissport	2
Volleyball	2
Radfahren	2

Unter Berücksichtigung der Fußball-Weltmeisterschaft und anderer publikumswirksamer Sportveranstaltungen ist damit zu rechnen, daß die Werbeeinsätze 1986 zwischen 330 – 380 Mio.

DM lagen. Geht man von einer groben Schätzung von 20–80 Mio. DM für das Kultur-Sponsoring aus (die Etats für Sozio-Sponsoring können vernachlässigt werden), dann lag das gesamte Sponsoring-Volumen in der Bundesrepublik 1986 bei schätzungsweise 350–460 Mio. DM. Bei einem Werbevolumen von etwa 15 Mrd. DM liegt der Anteil des Sponsoring bei etwa 2,5–3 Prozent der Gesamtwerbung. Es kann damit gerechnet werden, daß sich das Volumen innerhalb der nächsten 2–3 Jahre verdoppelt.

Die steigende Bedeutung des Sponsoring im sportlichen Bereich ist vor allem durch das zunehmende Interesse der Medien an Veranstaltungen zu erklären. Das deutsche öffentlich-rechtliche Fernsehen hat jahrzehntelang eine Verweigerungshaltung bei der Übertragung von Sportveranstaltungen mit Werbeflächen eingenommen. Die deutschen Sendeanstalten bezeichneten verschiedene Sponsoring-Maßnahmen (z. B. Bandenwerbung) als *„Schleichwerbung"*. Die Forderungen der Sport-Organisationen und der zunehmende Konkurrenzdruck der privaten Programmanbieter haben dazu geführt, daß das Sponsoring vom deutschen Fernsehen zwischenzeitlich weitgehend akzeptiert wird. Die Sendeanstalten achten dabei vor allem auf die Einhaltung von „Werberegeln", die von verschiedenen Sportverbänden für die Durchführung von Sport-Veranstaltungen aufgestellt werden (Thiel 1986).

Diese Richtlinien für die Übertragung von Sportveranstaltungen sind beispielsweise in einem 9-Punkte-Programm festgehalten, das von der European Broadcasting Union (EBU) in Zusammenarbeit mit 80 Ländern ausgearbeitet wurde (Müller 1983). Die Regelungen legen fest, daß etwa durch Bandenwerbung das Fernsehbild für die Zuschauer nicht beeinträchtigt werden darf. So ist die Werbung zwischen dem Sportereignis und der Kamera verboten. Ebenso muß die Größe der Bande in einem bestimmten Verhältnis zu dem gesamten Fernsehbild stehen. Die Firmenlogos dürfen nicht in phosphorisierenden Farben oder in Leuchtschrift geschrieben sein. Als weitere Einschränkung müssen die jeweiligen nationalen Gesetze zur Werbung beachtet werden, die im Land des Veranstalters gelten (z. B. landesspezifische

Werbeverbote für Tabakerzeugnisse in bestimmten Medien). Die maximale Größe der Bandenwerbung wurde auf 10 Meter Länge und 0,90 Meter Höhe begrenzt, und die Banden müssen mindestens 8 Meter von den Spielrandseiten und 12 Meter hinter den Torlinien entfernt sein.

Die Entstehung und Verbreitung des Sponsoring ist vor dem Hintergrund der Interessenlage und der Beziehungen zwischen drei unterschiedlichen Institutionen zu sehen:

- nicht-kommerzielle Organisationen im sportlichen, kulturellen und sozialen Bereich,
- kommerzielle Organisationen der Wirtschaft (Unternehmen),
- Massenmedien in Form von Presse, Rundfunk und Fernsehen.

Diese drei Institutionen weisen ein Beziehungsmuster auf, das man als „magisches Dreieck" des Sponsoring bezeichnen kann (vgl. Schaubild 1). Dies bedeutet im einzelnen:

☐ Die *Sport-/Kultur-/Sozio-Organisationen* sind an der Erfüllung ihrer Aufgaben interessiert, die finanzielle Aufwendungen erfordern. Durch Veranstaltungen wird aufgrund des Interesses eines Publikums eine mediale Wirkung erzielt.

☐ Die *Medien* orientieren sich an Einschaltquoten und Reichweiten. Sie übertragen – entgeltlich oder unentgeltlich – Ereignisse, die ein breites Publikum ansprechen.

☐ Die *Wirtschaft* ist an der Werbewirkung der Medien interessiert. Die Schaltungen für Werbezeiten im öffentlich-rechtlichen Fernsehen sind begrenzt und werden insgesamt als teuer angesehen. Dies wird verstärkt durch das sog. „Zapping", wobei vom Zuschauer immer dann das Programm gewechselt wird, wenn Werbung erscheint. Es wird geschätzt, daß bereits 30–50 Prozent der Zuschauer „Zapping" betreiben. Nicht zuletzt aus diesem Grund zielt die werbetreibende Wirtschaft auf eine effizientere Erreichbarkeit ihrer Zielgruppen.

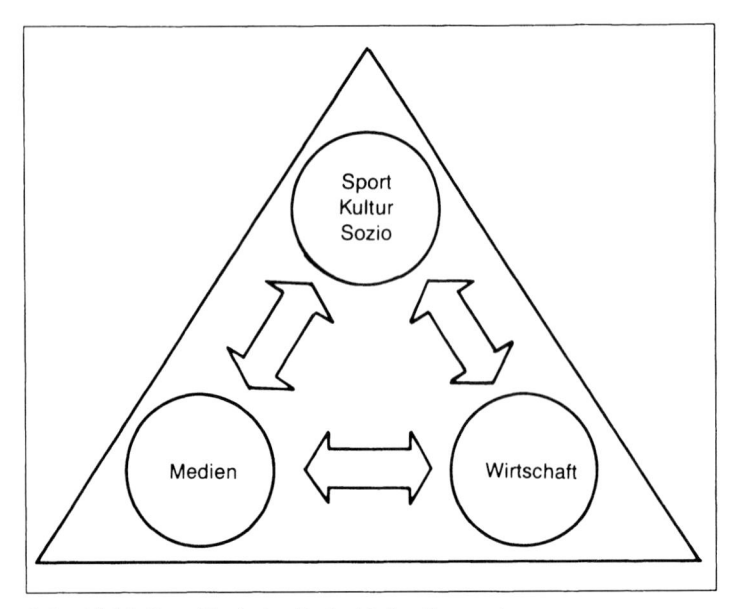

Schaubild 1: Das „Magische Dreieck" des Sponsoring

Diese sich überschneidenden Interessenlagen eröffnen Möglichkeiten des Sponsoring in verschiedenen Bereichen. Sponsoring bietet den beteiligten Organisationen die Möglichkeit, ihre eigenen Ziele mit diesem Kommunikationsinstrument zu realisieren. Deshalb gehen immer mehr Unternehmen dazu über, Sponsoring zum gegenseitigen Vorteil von Sponsor und Gesponserten einzusetzen.

Analyse des Sponsoring-Marktes

Sponsoring ist aus der Sicht des Unternehmens ein Kommunikationsinstrument. Es bietet sich an, die bekannten Denkschemata der Marktkommunikation auch für das Sponsoring zu verwenden. Das Denkschema des Sponsoring läßt sich durch folgende Frageformulierungen aufstellen:

Paradigma des Sponsoring		
WER	sagt	Sponsor
WAS	und fördert	Kommunikations-botschaft
WEN	unter	Gesponserter
WELCHEN BEDINGUNGEN	mit	Sponsoring-Budget
WELCHEN MASSNAHMEN	über	Sponsoring-Mix
WELCHE KANÄLE	zu	Medien, Kommuni-kationsträger
WEM	mit	Zielgruppen, Ziel-personen
WELCHEN WIRKUNGEN?		Kommunikations-wirkung

Durch diese einprägsamen Frageformulierungen lassen sich die Problemschichten des Sponsoring vereinfacht verdeutlichen. Für eine systematische Analyse des Sponsoring empfiehlt es sich, die mit dem Aufbau und der Durchführung eines Sponsoring-Engagements verbundenen Strukturen und Prozesse zu betrachten. Dazu dient der in Schaubild 2 wiedergebene Bezugsrahmen, der die wichtigsten Elemente des Sponsoring-Systems enthält (ähnliche Systeme findet man bei Spieser 1983; von Specht 1985/1986). Er verdeutlicht auch die wesentlichen Strukturen und Prozesse im Sponsoring-System.

Sponsoren sind in der Regel ein oder mehrere Unternehmen. Bislang sind überwiegend Unternehmen der Konsumgüter- und Dienstleistungsbranchen als Sponsoren tätig. Großunternehmen sind als Sponsoren häufiger zu beobachten als kleine und mittlere Unternehmen. Der Sponsor muß im Rahmen seiner Unternehmens-, Marketing- und Kommunikationsstrategie prüfen, in welchen Bereichen und in welcher Form er als Sponsor tätig werden möchte (Sponsoring-Strategie).

Bezugsrahmen zur Analyse des Sponsoring

Die *Gesponserten* kommen aus den Bereichen Sport, Kultur oder dem sozialen Bereich. Hierbei sind mehrere Ebenen des Sponsoring denkbar; es kommen in Betracht:

– Die Förderung von *Individuen* in verschiedenen Sport- und Kulturbereichen. Hierbei ist etwa an einzelne Spitzensportler, Künstler oder Wissenschaftler zu denken.
– Die Förderung von *Gruppen* ist in vielfältigen Formen möglich, z. B. Sportmannschaften, Theatergruppen, Musikensembles, Bürgeraktionen usw.
– Die Förderung von *Organisationen*, die zur Erfüllung nichtkommerzieller und öffentlicher Aufgaben gegründet wurden: Sportverbände und -vereine, Theater, Museen, Zoos, Krankenhäuser, Hochschulen, Wohlfahrtsorganisationen u. a. m.

Von besonderer Bedeutung sind als Gesponserte die Veranstalter von sportlichen, kulturellen und sozialen Ereignissen. Meistens handelt es sich dabei um Organisationen, die das Finanzierungsrisiko von Veranstaltungen tragen und es durch die Suche nach Sponsoren einschränken wollen. Dies betrifft beispielsweise nationale und internationale Sportverbände, die Wettbewerbe und Meisterschaften austragen (Olympische Spiele, Fußball-Meisterschaften, Deutsche und Internationale Meisterschaften der verschiedenen Sportarten). Auch die Veranstalter von Schaukämpfen tragen ein Finanzierungsrisiko (z. B. Tennis, Golf), das durch Eintrittsgelder, Übertragungsgebühren und Sponsorenbeträge aufgefangen werden muß. Weiterhin ist an die zahlreichen künstlerischen Veranstaltungen zu denken (Ausstellungen, Aufführungen), die ebenso mit finanziellen Risiken verbunden sind.

Sponsor und Gesponserter gehen eine *Partnerschaft (Sponsorship)* ein, d. h. auf der Grundlage von

☐ *Leistungen des Sponsors* durch Geld, Sachmittel und

☐ *Gegenleistungen des Gesponserten* durch die Einbeziehung des Gesponserten in die Kommunikation des Sponsors

wird ein einmaliges oder fortlaufendes Sponsorship vereinbart.

Sponsor und Gesponserte verpflichten sich zu Leistungen und Gegenleistungen.

Als Berater und Vermittler wird teilweise (besonders im sportlichen Bereich) eine Sponsoring-Agentur einbezogen. Sie fördert die Planung, Organisation, Durchführung und Kontrolle des Sponsorships. So werden beispielsweise Sponsoring-Agenturen zur Vermarktung von Titel-Rechten und Werbemöglichkeiten bei größeren Sportveranstaltungen mit einbezogen (z. B. Golfmeisterschaften, Tennisturniere, Ski-Meisterschaften, Fußballwettbewerbe u. a. m.).

Durch die Sponsoring-Aktivitäten sollen bestimmte Zielgruppen erreicht werden. Der Sponsor möchte die für seine Produkt- und Unternehmenswerbung definierten Teilsegmente ansprechen. Der Gesponserte erreicht durch seine Aktivitäten Besucher, Zuschauer usw. Das Zielpublikum des Gesponserten wird durch die verschiedenen Massenmedien wesentlich erweitert. Für den Sponsor ist es für das Eingehen eines Sponsorships von entscheidender Bedeutung, welche Überschneidungen sich zwischen den Zielgruppen ergeben, d. h. welchen Anteil seiner Zielgruppen er durch die Sponsoring-Aktivitäten erreichen kann.

Die Einsicht in das System des Sponsoring wird erleichtert, wenn man die unterschiedlichen Perspektiven von Sponsor und Gesponserten aus Marketingsicht betrachtet. Schaubild 3 verdeutlicht die Zusammenhänge.

Aus der Sicht des Gesponserten wird – bei einer professionellen Vorgehensweise – Sport-Marketing, Kultur-Marketing bzw. Sozio-Marketing betrieben. Die Organisationen versuchen, durch ein systematisches Marketing ihre Leistungen zu verbessern. Dazu zählt etwa die Entwicklung von Veranstaltungskonzepten, die Suche nach Medienwirkungen, die Suche nach Finanzierungsquellen (Sponsoren) u. a. m. So vermarktet beispielsweise das Deutsche Nationale Olympische Komitee seine Rechte mit Hilfe einer eigenen Gesellschaft, der Deutschen Sport-Marketing GmbH (Frankfurt/M.).

In den letzten Jahren sind zahlreiche sportliche, kulturelle und soziale Organisationen dazu übergegangen, verstärkt Marke-

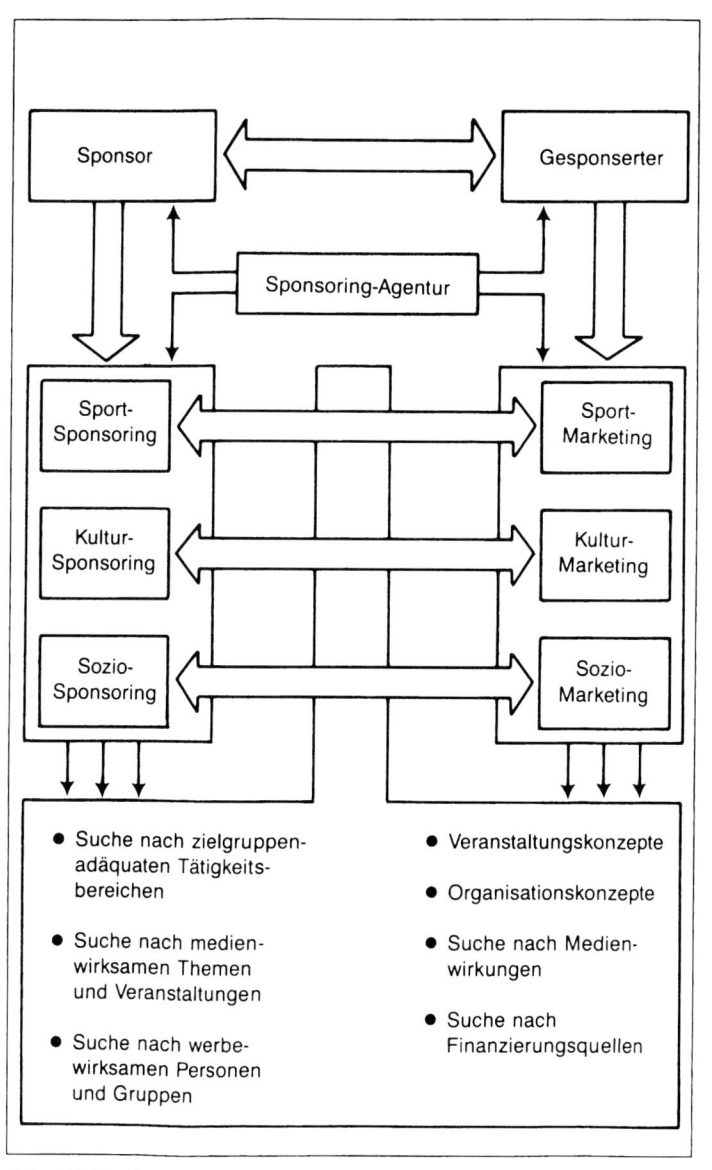

Schaubild 3: Sponsoring aus der Sicht von Sponsor und Gesponserten

tingprinzipien zur Erreichung eigener Ziele anzuwenden. Im Sport-Marketing gilt dies etwa für das Internationale Olympische Komitee und die Nationalen Olympischen Komitees sowie für die Verbände der Sportarten Ski, Golf und Tennis. Auch das Kultur-Marketing hat sich in der Bundesrepublik weiterentwickelt und wird von zahlreichen Museen bereits professionell betrieben. Dies ist ebenfalls für das Sozio-Marketing zu beobachten. Hierbei werden in einigen Bereichen systematisch Marketinguntersuchungen durchgeführt und darauf aufbauend Werbekampagnen entwickelt (z. B. Spendenaktionen).

Aus der Sicht des Sponsors geht es um ein Sponsoring in den verschiedenen Bereichen. Auf der Basis seiner Interessenlage ist er auf der Suche nach zielgruppenadäquaten Tätigkeitsbereichen, indem medienwirksame Themen und Veranstaltungen sowie werbewirksame Personen und Gruppen gesucht werden. Ein Sponsorship kommt zustande, wenn für beide Seiten Vorteile entstehen.

2. Kapitel

Erscheinungsformen des Sponsoring

Hat sich ein Unternehmen für Sponsoring-Maßnahmen entschieden, so steht es nun vor einer Vielfalt von Möglichkeiten. Angesichts der zunehmenden Bedeutung dieses Kommunikationsinstrumentes empfiehlt es sich, dessen Einsatz systematisch zu planen. Wie soll die Leistung des Sponsors aussehen, und welche Gegenleistung wird vom Gesponserten erwartet? Auf welchem Gebiet will der Sponsor sich betätigen und in welchem Umfang? Das 2. Kapitel liefert zunächst einen Überblick über die verschiedenen Ausprägungen des Sponsoring und zeigt viele Beispiele für Sport-, Kultur- und Sozio-Sponsoring auf. Danach wird begründet, warum beim Sponsoring ein systematischer Planungsprozeß durchlaufen werden muß.

Die Erscheinungsformen des Sponsoring sind in der Praxis der Kommunikationsarbeit sehr vielfältig. Neben der bisher zugrundegelegten Unterscheidung in die Sponsoring-Bereiche Sport, Kultur und Soziales soll durch verschiedene Klassifikationen ein Überblick über die Vielfalt des Sponsoring gegeben werden.

Klassifikationen im Überblick

Zunächst bietet es sich an, aus der Sicht des Sponsors verschiedene Erscheinungsformen des Sponsoring zu unterscheiden. Die folgenden Kriterien sollen unterschiedliche Ausprägungen und Beispiele des Sponsoring aufzeigen:

- die Art der Leistung des Sponsors,
- die Anzahl der Sponsoren,
- die Art des Sponsors,
- die Vielfalt des Sponsoring.

Art der Leistung des Sponsors

Der Sponsor hat verschiedene Möglichkeiten, dem Gesponserten Zuwendungen zukommen zu lassen. Am häufigsten sind ein bestimmter Sponsoring-Geldbetrag, entsprechende Sachmittel oder Dienstleistungen im Zusammenhang mit Sponsoring-Veranstaltungen zu beobachten:

- *Geld*
  - Einmaliger Geldbetrag,
  - Laufende, regelmäßige Zahlungen,
- *Sachmittel*
  z. B. Ausstattung von Sportlern, Verpflegung bei Veranstaltungen,
- *Dienstleistungen*
  z. B. Durchführung der Einladungen für Veranstaltungen, organisatorische Durchführung von Veranstaltungen.

Anzahl der Sponsoren

Je nach der Zahl der beteiligten Sponsoren ergibt sich ihre Stellung im Vergleich zu den anderen Sponsoren. Neben einer dominanten Stellung einzelner Sponsoren (Exklusiv-Sponsorship) können sich auch eine Vielzahl weiterer Sponsoren beteiligen (Co-Sponsorship):

– *Exklusiv-Sponsorship*
  d. h. ein Sponsor erhält das alleinige Recht zur werblichen Nutzung des Sponsoring; vielfach verbunden mit einem Titel-Sponsoring.

– *Co-Sponsorship*
  d. h. mehrere (eine vorher festgelegte oder nicht begrenzte Anzahl) Sponsoren beteiligen sich an der Unterstützung und Nutzung des Gesponserten. Dies kann erfolgen:

  – mit Konkurrenzklauseln
    d. h. aus verschiedenen Branchen wird lediglich ein Co-Sponsor akzeptiert,

  – ohne Konkurrenzklauseln
    d. h. jedes Unternehmen wird zu den gestellten Bedingungen akzeptiert.

Bei bestimmten Sport-Veranstaltungen (Tennis, Golf) sind häufiger Exklusiv-Sponsorships zu beobachten. Auch beim Kultur- und Sozio-Sponsoring ist es in der Regel nur ein Sponsor, der sich engagiert. Zahlreiche sportliche Veranstaltungen (Fußball, Motorsport, Leichtathletik) akzeptieren mehrere Sponsoren gleichzeitig, um die Wettkämpfe zu finanzieren.

Art des Sponsors

Beim klassischen Sponsoring vermarkten die Unternehmen Produkte oder Dienstleistungen, die in keiner Beziehung zur Durchführung der sportlichen oder kulturellen Aktivitäten stehen.

Diese Unternehmen nutzen Sponsoring als Kommunikationsinstrument, um ihren Umsatz zu fördern. Demgegenüber gibt es jedoch auch professionelle Sponsoren, die ein unmittelbares Interesse an der Durchführung der sportlichen und kulturellen Veranstaltungen aufweisen:

– *Professionelle Sponsoren*

d. h. Unternehmen, die durch die Art ihrer angebotenen Produkte und Dienstleistungen ein originäres Interesse an der Durchführung der sportlichen, kulturellen bzw. sozialen Aktivitäten haben und als Sponsoren auf verschiedenen Ebenen auftreten, z. B. die Hersteller von Sportgeräten, Sportkleidung und Spezialausrüstungen, Motorfahrzeugen, Musikinstrumenten, Zeitmeß-Instrumenten, Erfrischungsgetränken u. a .m.

– *Semi-professionelle Sponsoren*

z. B. Stiftungen, die mit dem ausschließlichen Zweck der finanziellen Förderung von sportlichen, kulturellen und wissenschaftlichen Institutionen und Personen gegründet wurden (Deutsche Sporthilfe, Stiftung Volkswagenwerk, Krankenhaus-Stiftungen).

– *Klassische Sponsoren*

d. h. Unternehmen, die über kein originäres Interesse wie die professionellen Sponsoren verfügen, jedoch das Sponsoring als eine Möglichkeit der Einbeziehung in die Kommunikationsarbeit des Unternehmens ansehen. Die klassischen Sponsoren professionalisieren zunehmend ihr Sponsoring-Engagement.

Vielfalt des Sponsoring

Je nach Umfang und Intensität des Sponsoring-Engagements können sich Unternehmen auf bestimmte Sponsorships konzentrieren (einseitiges Sponsoring) oder als Sponsor in verschiedenen Bereichen tätig sein (vielseitiges Sponsoring):

- *Einseitiges Sponsoring*

  d. h. Sponsoring in nur einem Bereich (Sport, Kultur oder Soziales), das mit der Konzentration auf

  - z. B. eine Sportart
  - z. B. mehrere Sportarten

  erfolgen kann.

- *Vielseitiges Sponsoring*

  d. h. der Sponsor ist in mehreren Bereichen tätig und unterstützt verschiedene sportliche, kulturelle und soziale Aktivitäten.

Neben diesen verschiedenen Sponsoring-Formen lassen sich auch aus der Sicht der Gesponserten unterschiedliche Erscheinungsformen aufzeigen. Zur Unterscheidung sollen die folgenden Kriterien zugrundegelegt werden:

- die Art der Gegenleistung des Gesponserten,
- die Art der gesponserten Individuen/Gruppen,
- die Leistungsklasse des Gesponserten,
- die Art der gesponserten Organisation,
- die Art der gesponserten Veranstaltung.

Art der Gegenleistung des Gesponserten

Der Sponsor erwartet vom Gesponserten eine Gegenleistung in Form der (direkten und/oder indirekten) Werbung für eine Produktmarke oder das Unternehmen. Diese Art der Gegenleistung kann durch Trikotwerbung beim Sport oder durch Namensnennung bei kulturellen Veranstaltungen erfolgen. Beim Sponsoring von Veranstaltungen wird der Sponsor insgesamt bemüht sein, während der Veranstaltung die verfügbaren Werbemittel (z. B. Bandenwerbung, Veranstaltungsplakate, Eintrittskarten) zu nutzen. Findet ein Sponsoring in Form des Erwerbs von Titeln statt, dann werden diese Titel in der klassischen Unternehmenswerbung genutzt. So wird etwa bei Rundfunkspots von Clausthaler darauf hingewiesen, daß Clausthaler (bzw. die

Brauerei) offizieller Förderer der Deutschen Fußball-Nationalmannschaft ist. Ferner ist daran zu denken, die gesponserten
Personen oder Gruppen selbst in die Unternehmenswerbung
einzubeziehen (z. B. Rosi Mittermaier empfiehlt verschiedene
Produktmarkten, Toni Schumacher fordert zum Kauf bestimmter Produkte auf).

Als Gegenleistung der Gesponserten kommen im einzelnen beispielsweise in Frage:

Werbung während einer Veranstaltung
- *Personenbezogene Werbung*
  z. B. bei Sportlern in den Bereichen Motorsport, Fußball,
  Tennis, Ski.

- *Werbung am Veranstaltungsort*
  durch verschiedene Werbemittel wie Eintrittskarten, Plakate,
  Banden, Flaggen, Durchsagen, Videos sowie an verschiedenen Geräten (z. B. Sportgeräte, Transportfahrzeuge, Geträn-
  kewagen, technische Hilfsmittel).

Nutzung von Titeln in der Unternehmenskommunikation
- *Offizielle Titel*
  z. B. Offizieller Ausstatter oder Förderer von Olympischen
  Spielen, internationalen oder nationalen Turnieren − vergeben durch Organisationskomitees (Titel-Sponsoring).

- *Inoffizielle Titel*
  durch Hinweise in der Werbung, daß Personen, Aktionen,
  Veranstaltungen usw. durch das Unternehmen unterstützt
  werden; Preiswettbewerbe von Unternehmen.

*Einsatz der Gesponserten
in der Unternehmenskommunikation*
- *Einzelpersonen*
  z. B. Spitzensportler in der Werbung, bei Verkaufsförderungsaktionen.

- *Gruppen*
  wie Sportlerteams, Künstlergruppen u. a. in der Anzeigen-werbung.
- *Objekte*
  wie Gemälde, restaurierte Objekte usw., die gesponsert werden, in der Anzeigenwerbung und Public Relations-Arbeit.

Art der gesponserten Individuen / Gruppen

Nicht nur die Sponsoren, sondern auch die Gesponserten weisen einen unterschiedlichen Professionalisierungsgrad auf. Die Spannweite reicht von den „Professionellen" (z. B. Berufssportler) bis zu den „Amateuren", die ihren Lebensunterhalt nicht im gesponserten Bereich verdienen. Insgesamt lassen sich drei Grundtypen unterscheiden:

- *Professionelle*
  d. h. Personen, die ihren Lebensunterhalt überwiegend durch Sport oder Kultur verdienen und systematisch nach Sponsorships suchen (überwiegend im sportlichen Bereich wie Tennis-, Fußball-, Motorsport-, Golf-Berufssportler).
- *Halb-Professionelle*
  d. h. Personen, die über ein festes Einkommen verfügen und sich durch „gesponserte Nebeneinkünfte" mehr Freiraum für ihre sportlichen oder künstlerischen Aktivitäten schaffen.
- *Amateure*
  d. h. Personen, die über ein festes Einkommen verfügen und die einen Teil der Kosten ihres sportlichen oder künstlerischen Engagements durch Sponsoren abdecken möchten (z. B. Ausrüstungen, Reisen). Die Amateure können ihre Aktivitäten auf unterschiedlichen Leistungsniveaus betreiben (z. B. Freizeitsport im lokalen Verein gegenüber dem Spitzensport bei den Olympischen Spielen).

In den letzten zwei Jahrzehnten hat sich der Status der Amateure gerade im sportlichen Bereich sehr stark verändert. Jahrzehntelang war es den Teilnehmern an den Olympischen Spielen nicht gestattet, Zahlungen von Sponsoren zu erhalten. Nach einer Liberalisierung der Regel 26 der IOC-Charta, die den Amateur-Status regelt, sind nur direkte Zahlungen an die Athleten nicht erlaubt. Jedoch ist es gestattet, daß Zahlungen für die Athleten an eine dazu autorisierte Stelle geleistet werden. In der Bundesrepublik ist es die Fördergesellschaft Deutsche Sporthilfe (FDSH), die die Zahlungen von Sponsoren vereinnahmt.

Je nach der Art der Aktivitäten treten Professionelle, Halb-Professionelle und Amateure als Einzelpersonen oder Gruppen (z. B. Sportler mit Beratern) auf.

Leistungsklasse der Gesponserten

Der Grad der Professionalisierung steht in der Regel in einem engen Zusammenhang zu der Leistungsklasse von Personen oder Gruppen. Sportliche und kulturelle Aktivitäten können auf breiter Ebene ohne stark ausgeprägte Leistungsanreize oder stärker leistungsbezogen angelegt sein (Spitzenleistungen). Dementsprechend kann sich auch das Engagement von Sponsoren auf unterschiedliche Leistungsklassen beziehen:

- *Breitenebene*
  d. h. Unterstützung von Personen und Gruppen, die auf breiterer Ebene in ihrer Freizeit auf einem vergleichsweise geringem Leistungsniveau ihre sportlichen, kulturellen und sozialen Aktivitäten betreiben.

- *Leistungsebene*
  d. h. Unterstützung von Personen und Gruppen, die ihre jeweiligen Aktivitäten durch die Teilnahme an Wettbewerben und öffentlichen Auftritten professionalisieren. Die Organisationen sind in der Regel straffer organisiert.

- *Spitzenebene*
  d. h. Unterstützung von Personen und Gruppen, die in ihren jeweiligen Bereichen national und international konkurrenzfähige Spitzenleistungen erbringen.

Verschiedene Beispiele für Leistungsklassen in den sportlichen, kulturellen und sozialen Bereichen sind in Schaubild 4 aufgeführt.

Art der gesponserten Organisation

Die gesponserten Personen werden nur in Ausnahmefällen direkt nach Sponsoren suchen. Dies gilt nicht für gesponserte Gruppen, die in Form von Vereinen, Stiftungen oder anderen öffentlichen, nicht-kommerziellen Institutionen organisiert sind. In diesen Fällen übernehmen es die Organisationen, systematisch Sponsoren zu finden. Einige Beispiele für die gesponserten Organisationen:

- *Verbände*
  im nationalen und internationalen Raum, die über die Legitimation zur Durchführung von Veranstaltungen, Vergabe von Ehrungen usw. verfügen.

- *Vereine,*
  die sich zur Erfüllung sportlicher, kultureller, sozialer, wissenschaftlicher oder ähnlicher Aufgaben gebildet haben. Die Vereine arbeiten überwiegend nach den Prinzipien der Gemeinnützigkeit und sind im allgemeinen auf finanzielle Zuwendungen durch öffentliche und private Geldgeber angewiesen.

- *Stiftungen,*
  die sich zur Unterstützung von bestimmten Stiftungszwecken gebildet haben (in der Bundesrepublik vor allem zur Förderung der Wissenschaft und der Bildung ausgeprägt).

- *Öffentliche, nicht-kommerzielle Institutionen,*
  die einen öffentlichen Auftrag erfüllen (Kunst, Kultur, Ausbildung, Gesundheit), überwiegend durch staatliche Zuschüsse finanziert werden und eine bessere Leistungserfüllung durch die Erschließung neuer Finanzquellen durch Sponsoren anstreben, z.B. Theater, Museen, Opernhäuser, Universitäten, Krankenhäuser u.a.

Schaubild 4: Leistungsklassen der Gesponserten in verschiedenen Bereichen

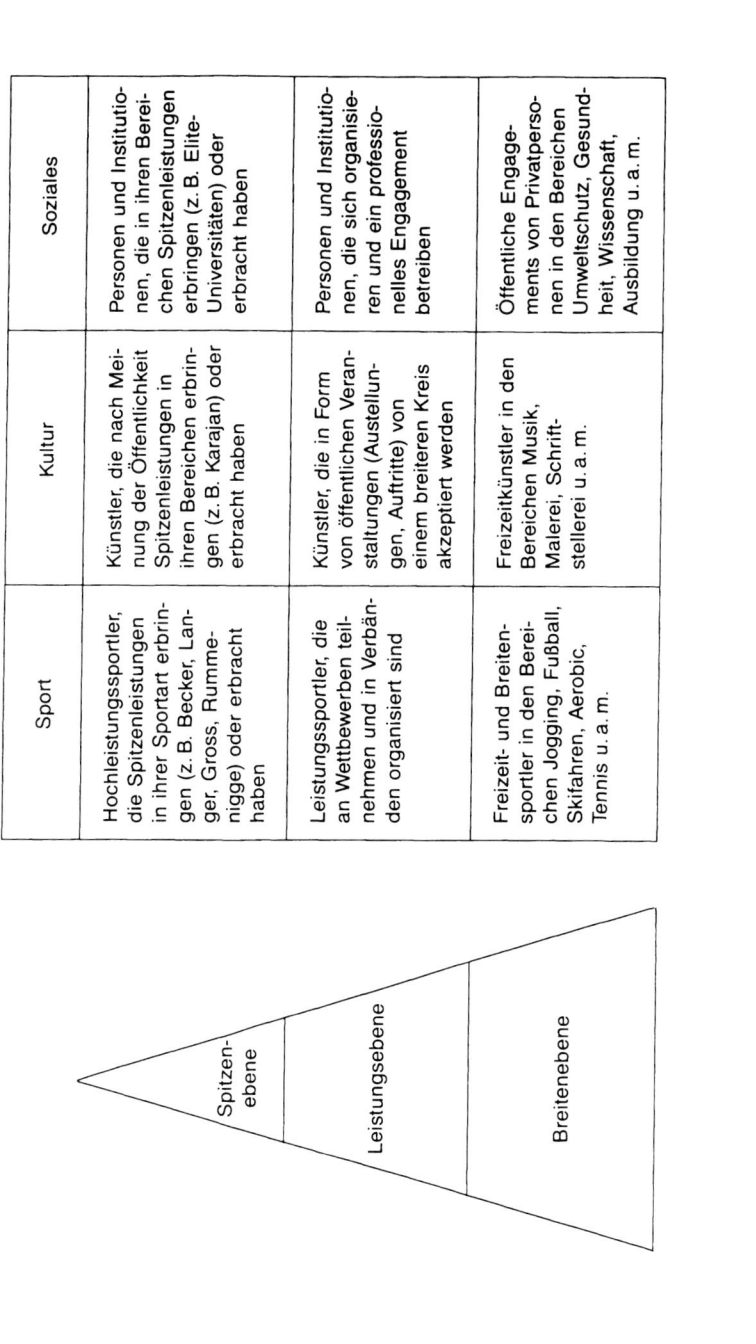

	Sport	Kultur	Soziales
Spitzenebene	Hochleistungssportler, die Spitzenleistungen in ihrer Sportart erbringen (z. B. Becker, Langer, Gross, Rummenigge) oder erbracht haben	Künstler, die nach Meinung der Öffentlichkeit Spitzenleistungen in ihren Bereichen erbringen (z. B. Karajan) oder erbracht haben	Personen und Institutionen, die in ihren Bereichen Spitzenleistungen erbringen (z. B. Elite-Universitäten) oder erbracht haben
Leistungsebene	Leistungssportler, die an Wettbewerben teilnehmen und in Verbänden organisiert sind	Künstler, die in Form von öffentlichen Veranstaltungen (Austellungen, Auftritte) von einem breiteren Kreis akzeptiert werden	Personen und Institutionen, die sich organisieren und ein professionelles Engagement betreiben
Breitenebene	Freizeit- und Breitensportler in den Bereichen Jogging, Fußball, Skifahren, Aerobic, Tennis u. a. m.	Freizeitkünstler in den Bereichen Musik, Malerei, Schriftstellerei u. a. m.	Öffentliche Engagements von Privatpersonen in den Bereichen Umweltschutz, Gesundheit, Wissenschaft, Ausbildung u. a. m.

Schaubild 5: Erscheinungsformen des Sponsoring im Überblick

Erscheinungsformen des Sponsoring								
Sport-Sponsoring				Kultur-Sponsoring		Sozio-Sponsoring		
Sponsor				Gesponserter				
Art der Leistung des Sponsors	Anzahl der Sponsoren	Art des Sponsors	Vielfalt des Sponsoring	Art der Gegenleistung des Gesponserten	Art der gesponserten Individuen	Leistungsklasse des Gesponserten	Art der gesponserten Organisation	Art der gesponserten Veranstaltung
• Geld	• Exklusiv-Sponsorship	• Professionelle Sponsoren	• Einseitiges Sponsoring	• Werbung während einer Veranstaltung	• Professionelle	• Breitenebene	• Verbände • Vereine	• Offizielle Veranstaltungen
• Sachmittel	• Co-Sponsorship	• Semi-professionelle Sponsoren	• Vielseitiges Sponsoring	• Nutzung von Titeln	• Halb-Professionelle	• Leistungsebene	• Stiftungen	• Inoffizielle Veranstaltungen
• Dienstleistungen		• Klassische Sponsoren		• Einsatz des Gesponserten in der Unternehmenswerbung	• Amateure	• Spitzenebene	• Öffentliche Institutionen	• Kreierung eigener Projekte

Art der gesponserten Veranstaltung

Sponsorships finden häufig in Form von bestimmten Ereignissen (z. B. Wettkämpfe, Ausstellungen, Aufführungen) statt. Es ist die Aufgabe des Veranstalters (oder Ausrichters), Sponsoren zur Finanzierung der Veranstaltungen zu finden. Dies gilt für offizielle Veranstaltungen gleichermaßen. Darüber hinaus gehen Unternehmen auch dazu über, eigene Veranstaltungen zu kreieren und für kommunikative Zwecke zu nutzen. Als Beispiele für die gesponserten Veranstaltungen seien genannt:

– *Offizielle Veranstaltungen*
  z. B. nationale und internationale Sportwettbewerbe, Durchführung von Kulturprogrammen durch offizielle Organisationen.
– *Inoffizielle Veranstaltungen*
  z. B. von Unternehmen unterstützte Sportwettbewerbe (Schaukämpfe) oder von nicht-offiziellen Institutionen (z. B. Medien, Veranstalter) durchgeführte Kultur- und Kunstprogramme.
– *Kreierung eigener Projekte durch den Sponsor*
  z. B. durch die Ausschreibung von Sport-, Kunst- und Kulturwettbewerben, Durchführung von Kulturprogrammen, Initiierung eigener Forschungsprojekte u. a. m.

Zusammenfassend gibt Schaubild 5 einen Überblick über die verschiedenen Formen des Sponsoring.

Beispiele für Sport-Sponsoring

In der Bundesrepublik und anderen westlichen Ländern ist das Sport-Sponsoring in vielfältigen Formen zu beobachten. Zu den am stärksten gesponserten Sportarten zählen Fußball, Reiten, Tennis, Ski und Motorsport – aber auch die anderen Sportarten erschließen sich immer mehr neue Finanzierungs- und Werbemöglichkeiten durch das Sponsoring (z. B. Flögel 1979; Höller

1981; Kernebeck 1977; Biglia/Mazzani 1986; Shalofsky/San Germano 1986; o. V. 1986; Renner/Tischler 1982; Roth 1985; Sprung 1985; Gundermann/Weischer 1983; CWL-Werbung 1985). Unabhängig von den jeweiligen Sportarten sind drei Sponsorships von besonderer Bedeutung: das Sponsoring von Einzelpersonen, Sportmannschaften und Sportveranstaltungen.

Sponsoring von Einzelsportlern

Bei dem Sponsorship mit Einzelpersonen werden aktive (oder ehemals erfolgreiche) Sportler finanziell unterstützt. Als Gegenleistung übernehmen sie kommunikative Maßnahmen für das Sponsor-Unternehmen. Dabei kann der Gesponserte aktiv oder passiv für den Sponsor Werbung betreiben. Am häufigsten sind bei dem Sponsoring von Einzelsportlern die folgenden Formen zu beobachten:

- *Trikotwerbung* am Sportler

  sog. „Mannwerbung" bei der Sportlerbekleidung. Dieses Sponsoring ist manchmal mit einem Ausrüstungsvertrag verbunden (sog. Endorsement).

- *Klassische Werbung* mit den Sportlern (Anzeigen-, Fernsehwerbung)

  d. h. die Sportler empfehlen in Anzeigen (bzw. in TV-Spots) den Kauf von Produkten bzw. Dienstleistungen.

- *Verkaufsförderung* mit den Sportlern

  d. h. die Einbeziehung des Sportlers in spezielle Aktionen (Autogrammstunden). Der Sportler soll durch Verkaufsförderungsaktionen kurzfristig den Umsatz des Sponsor-Unternehmens erhöhen.

- *Kontaktpflege* mit den Sportlern

  d. h. Treffen mit Meinungsbildnern und anderen für das Unternehmen relevanten Personen unter Einbeziehung von prominenten Sportler-Persönlichkeiten. Dieses erfolgt sowohl im Zusammenhang mit den Sportveranstaltungen als auch in Unternehmen.

Die Sportartikel-Unternehmen arbeiten im Rahmen ihrer Sport-Promotions überwiegend mit *Ausrüstungsverträgen.* Dabei sollen Sportler und Prominente als glaubwürdige Multiplikatoren auftreten. So unterscheidet beispielsweise der Sportartikelhersteller adidas zwischen fünf verschiedenen Ausrüstungsvarianten (Müller 1986):

☐ Ausrüstung von Sportlern oder sonstigen prominenten Multiplikatoren mit kostenlosen adidas-Artikeln ohne vertragliche Bindung.

☐ Ausrüstung von Sportlern, Vereinen oder Verbänden oder sonstigen prominenten Multiplikatoren mit kostenlosen adidas-Artikeln auf vertraglicher Basis.

☐ Ausrüstung von Sportlern, Vereinen oder Verbänden sowie prominenten Multiplikatoren mit kostenlosen adidas-Artikeln auf vertraglicher Basis mit zusätzlicher Barvergütung.

☐ Lizenz- oder Werbeverträge mit Spitzensportlern. Hier werden unter dem Namen des Athleten Produktlinien aufgebaut, wie zum Beispiel im Fall des Tennis-Weltranglisten-Ersten Ivan Lendl, der sowohl Textilien wie auch Schuhe und Schläger für das Haus adidas promotet.

☐ Finanzielle und materielle Unterstützung von Sportveranstaltungen, wie zum Beispiel Olympische Spiele, Fußball-Weltmeisterschaften, Eishockey-Weltmeisterschaften, Marathonläufe u. a.

Das Sponsorship mit Einzelsportlern eignet sich für Einzelsportarten (Tennis, Golf, Ski, Fechten) wie Mannschaftssportarten gleichermaßen. Bei dem Sponsoring von Spitzensportlern sind bestimmte Anforderungen an die Auswahl der Sportler zur Durchführung von Sponsoring-Maßnahmen zu stellen (von Specht 1985; Roth 1986 b):

— *Bekanntheit des Spitzensportlers*
Die Bekanntheit ist eine notwendige Voraussetzung zur Erzielung von Aufmerksamkeitswirkung bei den Werbemaß-

nahmen. Unbekannte Personen erreichen keine Wirkung bei den Medien.

– *Sympathie des Spitzensportlers*
Die Sympathie ist eine Voraussetzung, um Akzeptanz für die Persönlichkeit bei der Zielgruppe zu erzielen.

– *Glaubwürdigkeit des Spitzensportlers*
Die Glaubwürdigkeit ist notwendig, um Akzeptanz für das umworbene Produkt bzw. die Dienstleistung bei der Zielgruppe zu erhalten.

Das Sponsorship mit aktiven Einzelsportlern ist für das Unternehmen mit Risiken verbunden. Dabei wird man insbesondere das Niveau und die Dauerhaftigkeit der Leistungsfähigkeit des Sportlers, die Sicherheit im Umgang mit Medien, den Abnutzungseffekt durch bisherige Werbemaßnahmen, die mit dem Privatleben verbundenen Risiken u. a. berücksichtigen. So sind beispielsweise Boris Becker und Toni Schumacher zu Beginn des Jahres 1987 in verschiedener Form öffentlich kritisiert worden. Daraufhin wurden einige der Sponsoren zurückhaltender mit der Verwendung dieser Sportler in der Unternehmenswerbung.

Als Beispiele für die *Kosten* von Sponsorships mit Einzelsportlern seien erwähnt:

☐ Der Wimbledon-Sieger *Boris Becker* erhielt für die Trikotwerbung 1985
150000 DM vom Chemie-Unternehmen BASF
100000 DM vom Uhrenhersteller Ebel
350000 DM vom Sportausstatter Ellesse
600000 DM vom Sportartikelhersteller Puma

☐ Es wird geschätzt, daß der Vertrag zwischen der *Deutschen Bank* und Boris Becker sich auf etwa 3 Mio. DM für 3 Jahre beläuft (Gegenleistung: Verwendung in der Unternehmenswerbung, Treffen mit ausgewählten Kunden). Der im Jahre 1986 neu verhandelte Vertrag zwischen *Puma* und Boris

Becker soll bei einer Laufzeit von 5 Jahren den Gesamtbetrag von 26 Mio. DM beinhalten.

☐ Für das Sponsoring eines Spitzenfahrers der *Formel 1-Klasse* muß man mit einer Jahresgage von etwa 250000 bis 1 Mio. Dollar rechnen.

☐ Der Sportartikelhersteller *adidas* zahlt an die Sportler Karl-Heinz Rummenigge, Toni Schumacher und Jürgen Hingsen etwa 100000 DM pro Jahr. Mit Franz Beckenbauer besteht ein Vertrag auf Lebenszeit. Ivan Lendl erhält etwa 500000 DM pro Jahr.

☐ Darüber hinaus rüstet das Unternehmen *adidas* seit 1960 bei allen Olympischen Spielen etwa 80 Prozent der teilnehmenden Athleten mit adidas-Produkten aus. Diese Größenordnung wird auch bei den Fußball-Weltmeisterschaften erreicht.

☐ *Steffi Graf* hat einen Vertrag mit dem Automobilhersteller Opel in Höhe von 1 Mio. DM abgeschlossen.

Einige Beispiele für Werbemöglichkeiten mit Einzelsportlern im Rahmen des Sponsoring-Engagements sind auf den Seiten 131 ff. wiedergegeben.

Neben dem Sponsoring von Spitzensportlern ist eine Förderung von Nachwuchssportlern eine weitere Möglichkeit des Sponsoring. So hat beispielsweise die Ruhrgas 1986 zum ersten Mal einen „Förderpreis Deutscher Jugendsport" an die besten Sportlerinnen und Sportler des Jahrgangs 1970 und jünger in allen olympischen Einzeldisziplinen vergeben. Das Unternehmen schaltet bei dieser Aktion zahlreiche Anzeigen, in denen zur Teilnahme aufgefordert und der Zusammenhang zwischen der Nachwuchsförderung und der Unternehmensleistung deutlich gemacht wird.

Sponsoring von Sportmannschaften

Bei dem Sponsorship mit Sportmannschaften wird ein Team finanziell unterstützt, das (passiv oder aktiv) Werbung für das Sponsor-Unternehmen betreibt. Ähnlich wie bei dem Sponsoring mit Einzelsportlern sind die folgenden Formen zu erwähnen:

- Trikotwerbung und Ausstattung der Mannschaft,
- Anzeigenwerbung mit der Mannschaft,
- Verkaufsförderung und Kontaktpflege mit ausgewählten Sportlern der Mannschaft.

Am häufigsten ist das Sponsoring von *Vereinsmannschaften* – insbesondere bei den deutschen Fußballigen – zu beobachten (GfK 1985). Hierzu zählt dann nicht nur die klassische Trikotwerbung, sondern eine Vielzahl weiterer Maßnahmen: Bandenwerbung, Lautsprecherdurchsagen, Werbung in Programmheften und auf Eintrittskarten, Ehrenloge oder VIP-Raum für den Sponsor, Ehrenkarten, Pausenaktionen, Gestaltung des Mannschaftsbusses u. a. m.

Weiterhin sind *Verbandsmannschaften* Gegenstand von Sponsorship-Aktivitäten. Hierzu zählen Sportlerteams, die bei Turnieren, Olympiaden, Welt- oder Europameisterschaften, Länderspielen u. a. auftreten. In der Regel handelt es sich hierbei um den Lizenzerwerb und die Nutzung bestimmter Embleme mit Titeln (Titel-Sponsoring). Als Beispiele seien vor allem genannt:

- Offizieller Ausrüster/Lieferant der Deutschen Fußball-Nationalmannschaft und des Deutschen Fußball-Bundes,
- Offizieller Förderer der Deutschen Olympia-Mannschaften.

Das Sponsoring von Vereins- oder Verbandsmannschaften ist mit geringeren Risiken verbunden als das Engagement mit Einzelsportlern. Bei der Auswahl von Sportmannschaften wird man vor allem auf das Image der Sportart und die Bedeutung für die Zielgruppe achten. Das gilt insbesondere beim Sponsoring von

Verbandsmannschaften. Hier soll die besondere Leistungsfähigkeit und Spitzenklasse in einer Sportart für die Leistungsfähigkeit der umworbenen Produkte bzw. Dienstleistungen genutzt werden.

Eine nachträgliche Umbenennung einer Vereinsmannschaft in Verbindung mit dem Sponsor-Unternehmen hat sich in Deutschland als schwierig herausgestellt. Dies wurde 1983 dem Jägermeister-Fabrikanten bei dem Fußballverein Eintracht Braunschweig untersagt. Auf die mit der öffentlichen Diskussion verbundene Medienwirkung soll hier nicht eingegangen werden. Für die ablehnende Entscheidung war weniger die Namensverbindung von Bedeutung (vgl. etwa Bayer Leverkusen, Bayer Uerdingen, Salamander Kornwestheim, Quelle Fürth u. a.), als vielmehr eine nachträgliche Umbenennung des Vereins aus kommerziellen Gründen. Wegen eines Verfahrensfehlers wurde diese Entscheidung zwar aufgehoben, jedoch verzichteten Verein und der Jägermeister-Fabrikant zwischenzeitlich auf einen neuen Antrag auf Umbenennung.

Als Beispiele für die Kosten von Sponsorships mit Sportmannschaften seien erwähnt:

☐ Die *Fußball-Bundesligavereine* erhalten durch die Trikotwerbung zwischen 300000 DM und 1,2 Mio. DM, für die Bandenwerbung und andere Werbemaßnahmen rd. 1,7 Mio. DM und vom deutschen Fernsehen pauschal 300 000 DM für die Übertragungen (Erste Bundesliga).

☐ Der Hauptsponsor eines A-Teams in der *Formel 1-Motorsportklasse* muß mit Kosten in Höhe von 4 – 15 Mio. DM rechnen.

☐ Dem *Deutschen Skiverband* sind in der letzten Wintersaison etwa 800 000 DM von Sponsoren zugegangen, davon 500 000 DM von Ski- und Bekleidungsunternehmen. Die Sportler erhalten unterschiedlich gestaffelte Siegesprämien (in Abhängigkeit vom Erfolg und des Zeitpunktes: Im Dezember liegen die Prämien wegen der besseren Vermarktungsmöglichkeiten um 30 Prozent höher).

☐ Für die Teilnahme am *Fußball Casio-Cup* investierte die Computerfirma ca. 1 Mio. DM und zahlte jedem der vier Vereine 100000 DM für die Teilnahme.

Sponsoring von Sportveranstaltungen

Bei dem Sponsoring von Sportveranstaltungen werden Sportereignisse mit dem Ziel, die Veranstaltung für das Unternehmen werblich zu nutzen, finanziell unterstützt. Diese Art des Sponsoring hat in den letzten Jahren erheblich an Bedeutung gewonnen. Die Gründe liegen in den zunehmenden Kosten der Durchführung nationaler und internationaler Meisterschaften, Olympiaden usw. Die Veranstalter dieser Wettbewerbe tragen mit der Ausführung der Sportveranstaltung ein hohes finanzielles Risiko. Diese Veranstaltungen sind durch reine Zuschauereinnahmen oder Übertragungsgebühren von Sendeanstalten nicht mehr abgedeckt und müssen deshalb durch Sponsoren finanziell abgesichert werden. Dazu zählen vor allem internationale Veranstaltungen des Hochleistungssports. Es wird geschätzt, daß einige dieser Veranstaltungen in verschiedenen Sportarten ohne Sponsoren nur zum Teil bzw. gar nicht durchgeführt werden können, so z. B.:

- Olympische Spiele: 100%
- Motorsport-Rennen: 100%
- Golfturniere: 90%
- Tennisturniere: 50%
- Reitturniere: 50%
- Fußballturniere: 20%

Es kann also davon ausgegangen werden, daß die Olympischen Spiele und Motorsport-Rennen heute ohne Sponsoren nicht mehr finanzierbar und damit undurchführbar wären. Auch die Hälfte der national und international bedeutsamen Tennis- und Reitturniere könnte ohne die Unterstützung von Sponsoren nicht stattfinden. Neben den offiziellen nationalen und internationalen Sportwettbewerben sind natürlich besonders die inoffiziellen Wettbewerbe (sog. „Schaukämpfe") auf die Finanzierung durch Sponsoren angewiesen. Diese Veranstaltungen sind besonders bei den Sportarten Tennis, Golf und Reiten zu beobachten.

Die folgenden *Maßnahmen* stehen bei dem Sponsoring von Sportveranstaltungen im Vordergrund:

– Bandenwerbung im Umfeld der Sportveranstaltung,
– Werbung auf Sportgeräten und Transportfahrzeugen,
– Trikotwerbung der beteiligten Sportler und Veranstaltungshelfer,
– Nutzung von Titeln im Zusammenhang mit der Veranstaltung,
– Werbung auf Programmheften, Fahnen, Eintrittskarten u. a. m.

Von entscheidender Bedeutung bei der Auswahl der Sportveranstaltung ist für den Sponsor die Medienwirkung, die besonders bei den offiziellen Wettbewerben gegeben ist. Darüber hinaus wird das Sponsor-Unternehmen besonders auf seine Stellung zu den Co-Sponsoren achten, denn die Stellung als *Haupt- oder Nebensponsor* bestimmt die Werbemöglichkeiten (z. B. Stellung und Häufigkeit der Banden im Stadion, Durchsagen usw.). Eine dominierende Stellung erhält ein Sponsor durch ein *Titel-Sponsorship*, wenn ein Unternehmens- oder Produktname in den Veranstaltungstitel einbezogen und entsprechend angekündigt wird. Einige Beispiele für ein Titel-Sponsoring bei verschiedenen Sportarten sind in Schaubild 6 aufgeführt.

Die Vergabe von Sponsorships kann bei Veranstaltungen nicht nur direkt durch die Verbände erfolgen. In der Bundesrepublik sind sowohl Vermarktungsgesellschaften von Verbänden als auch Sport-Agenturen beauftragt, das Sponsoring von Veranstaltungen ganz oder teilweise zu übernehmen. Hier seien vor allem die *Vermarktungsgesellschaften* der Verbände erwähnt, z. B. Deutscher Ski-Pool, Tennis-Pool Partner GmbH, Deutsche Sport-Marketing GmbH (Vermarktungsgesellschaft des Nationalen Olympischen Komitees). Darüber hinaus sind in einigen Disziplinen auch *Sport-Agenturen* beteiligt, die im Auftrag des

Schaubild 6: Beispiele für Titel-Sponsoring bei verschiedenen Sportveranstaltungen

Tennis	Golf	Ski	Leichtathletik	Fußball	Reiten
• Ebel German Open • Mercedes-Cup (Stuttgart) • Braun-Tennis-Cup (1979/80) • Davis Cup by Nec • Portas-Cup • BASF European Cup • Trevira-Tennis-Cup • Ambre Solaire Cup (Düsseldorf) • Porsche Grand Prix (Filderstadt)	• Lufthansa German Open (1985) • Benson & Hedges-Matchplay (England) • Lancome-Trophy (Frankreich) • Braun-Nation-Cup (1977) • Braun-Trophy German Open (1978–1980) • American Express-Pokal (Deutsche Meisterschaft)	• BASF-Ski-Weltcup	• Hoechst-Marathon • IAAF Mobil Grand Prix • Langnese-Schwimm-Festival	• Casio-Cup 1986 in Mönchengladbach • Fifa Coca Cola youth soccer Cup	• IBM PC Pokal (Deutsches Galopp-Derby) • Aramis Devin-Cup (Deutsches Spring-Derby) • Visacard-Trophy (Wiesbaden 1984) • Bankamericard-Trophy (Wiesbaden 1985) • Grand Prix du Jockey Club Lancia (Chantilly 1985)

Veranstalters die Veranstaltungsrechte (z. B. Titel-Rechte, Übertragungsrechte) und andere Sponsoring-Maßnahmen vermarkten. In der Bundesrepublik sind beispielsweise die folgenden Agenturen tätig:

☐ *Birkholz + Jedlicki GmbH* (Frankfurt)
z. B. Davis Cup, Offene Deutsche Golfmeisterschaften, Kings Cup.

☐ *CWL-Werbung* (Kreuzlingen/Schweiz)
z. B. Fußball-Länderspiele der Deutschen Nationalmannschaft, Eishockey Welt- und Europameisterschaft 1986 in Moskau.

☐ *Effekt-Werbung* (Hamburg)
z. B. Internationale Tennismeisterschaften von Deutschland, Deutsches Galopp-Derby.

☐ *Högel-Sportmarketing – Segeln + Surfen* (Wuppertal)
z. B. Admiral's Cup Programm, Internationale und Nationale Meisterschaften, Travemünder Woche, Sail '89, Euro-Funboard-Cup.

☐ *International Management Group GmbH* (München)
z. B. Offene Internationale Golf- und Tennismeisterschaften in Europa.

☐ *ISL Marketing GmbH* (Luzern/Schweiz)
z. B. Olympisches Programm (Olympische Sommerspiele in Seoul, Olympische Winterspiele 1988 in Calgary); Internationale Fußball-Wettbewerbe (Weltmeisterschaft 1986 in Mexiko, Europameisterschaft 1988 in der Bundesrepublik Deutschland, Weltmeisterschaft 1990 in Italien); Internationale Leichtathletik-Wettbewerbe (Hallen-Weltmeisterschaft 1987 in Indianapolis/USA, Weltmeisterschaft 1987 in Rom).

☐ *PSM (Professionelles Sport-Management)* (München)
z. B. Olympia City-Marathon München, ADAC 1000 km-Rennen 1985/86.

☐ *Schnell + Partner* (Frankfurt)
z. B. Deutsches Turnfest 1987 in Berlin.

☐ *West Nally GmbH* (Stuttgart)
z. B. Leichtathletik Europa-Meisterschaften 1986 in Stuttgart, BASF Ski World Cup, Davis Cup by NEC, Hockey World Cup.

Ein besonders professionelles Vorgehen im internationalen Bereich liegt beispielsweise im *Sponsoring der Olympischen Spiele* vor. Die weltweiten Rechte liegen in den Händen der Sponsoring-Agentur *ISL Marketing GmbH* (Hauptquartier in Luzern mit Vertretungen in London, New York, Paris, Seoul, Tokio und München). Die Agentur hat das konzeptionelle Marketing-Programm für die Olympischen Spiele erarbeitet und kooperiert eng mit dem Internationalen Olympischen Komitee. Ferner bestehen Verträge mit etwa 120 Nationalen Olympischen Komitees (Radmann 1986). Mehrheitsgesellschafter an der Agentur ISL Marketing AG sind fünf Eigentümer des Sportartikelherstellers adidas. Die restlichen 49 Prozent trägt die japanische Agentur Dentsu.

Für das deutsche NOK wurde die Vergabe von Lizenzen an Förderer, Lieferanten oder Ausrüster der Olympiamannschaft lange Zeit von einer eigens gegründeten *Sportausrüstungs- und Lizenzverwertungsgesellschaft (SLG)* vorgenommen. Seit 1986 besteht die *Deutsche Sport-Marketing GmbH* (Frankfurt), die sich umfassender mit dem Sponsoring der deutschen Olympischen Mannschaft beschäftigt.

Die Kosten für das Sponsoring von Sportveranstaltungen variieren in Abhängigkeit von der Bedeutung der Veranstaltung, der Medienwirkung sowie der Inanspruchnahme verschiedener Werbemöglichkeiten. Einen zusammenfassenden Überblick über die Bandbreiten von Sponsoring-Maßnahmen und Preisen im Sport gibt Tabelle 1 am Beispiel des Fußballs.

Als Beispiele für die Kosten von Sponsorships ausgewählter Veranstaltungen seien genannt (o. V. 1985):

☐ Die Unternehmen *Boss* und *Ebel* zahlten 500 000 DM im Jahr für die Rechte an den Internationalen Tennismeisterschaften von Deutschland („Ebel German Open").

Tabelle 1: Kosten für Sponsoring-Maßnahmen im Fußballsport
Quelle: In Anlehnung an o. V. 1984.

| Form | Kosten | | pro... |
	von	bis	
Trikotwerbung für Mannschaft	300 DM	1,5 Mio. DM	Jahr (Saison)
Ausstattung der Mannschaft mit Spiel- und Trainingsbekleidung	1500 DM	250 000 DM	Jahr (Saison)
Veranstaltungen mit Namen des Sponsoren	70 DM (Pokal)	600 000 DM	Veranstaltung
Auftritt einer Mannschaft für Werbezwecke	500 DM	15 000 DM	Aktion
Autogrammstunde eines Sportlers	300 DM	15 000 DM	Aktion
Bandenwerbung im Stadion	5 DM	175 DM	Monat für lfd. Meter
Sonderbanden bei Europacup-Spielen	–	360 DM	Fernsehminute
Stadiondurchsagen und Einblendungen auf Anzeigetafeln	50 DM	1000 DM	Durchsage/Einblendung
Werbung auf Eintrittskarten	100 DM	6800 DM	Veranstaltung
Werbestreifen auf Plakaten	400 DM	5000 DM	Veranstaltung
Anzeige in Vereinszeitschrift	80 DM	3000 DM	Seite

☐ Für die Umbenennung des Deutschen Galopp-Derbys in „IBM PC Pokal" wurden von *IBM* 300 000 DM gezahlt.

☐ Die Kosmetikfirma *Estée Lauder* sponserte mit 300 000 DM das Deutsche Spring-Derby und konnte eine Namensänderung in „Aramis Devin Cup" vornehmen.

☐ *Lufthansa* und *American Express* zahlten zusammen 600 000 DM, um mit der Deutschen Golfmeisterschaft („Lufthansa German Open") werben zu können.

☐ Das Unternehmen *Mars* sponsert jährlich mit 150 000 DM den „Mars Spring Cup" der Volleyballspieler.

☐ Für die Umbenennung des Düsseldorfer Tennis-Weltcup-Turniers in „*Ambre Solaire* Cup" zahlt das Unternehmen jährlich etwa 300 000 DM.

☐ *Porsche* sponsert das Tennisturnier von Filderstadt („Porsche Grand Prix") mit jährlich 600000 DM.

☐ Beim Stuttgarter Weißenhof-Tennisturnier („Mercedes Cup") investiert *Mercedes* etwa 1 Mio. DM.

☐ Der alle zwei Jahre stattfindende *Hoechst*-Marathon kostete dem Unternehmen zuletzt (1986) etwa 1,7 Mio. DM.

☐ Der Automobilhersteller *Opel* sponsert ab 1987 den Davis-Cup, den Federation-Cup der Damen-Nationalmannschaften, den Opel European Cup, den World Youth Cup, den Opel Junior Cup u. a.

Die Kosten für die Sponsorships der Olympischen Spiele haben sich in den letzten Jahren sehr expansiv entwickelt. Bei den Spielen 1980 in Lake Placid erbrachten 381 Sponsoren insgesamt nur 10 Mio. Dollar. Dabei wurden mehrere Sponsoren für eine Branche zugelassen. Das *Los Angeles Official Olympic Committee (LAOOC)* schaffte Exklusivität unter den Sponsoren und vergab den offiziellen Titel „By appointment through the LAOOC – official olympic sponsor". Als offizielle Sponsoren traten bei den Olympischen Spielen 1984 in Los Angeles auf: Coca Cola (14 Mio. Dollar), AT & T (13 Mio.), Anheuser-Busch (11 Mio.), Atlantic Richfield, McDonalds (9 Mio.), Fuji Film (7 Mio.), General Motors, IBM, Levi Strauss, Motorola, Xerox (je 6 Mio.), ABC Television, American Express, ARA Services, Arrowhead Puritas Waters, Atari, Canon, Converse Allied, First Interstate Bank, Mars, Sanyo, Southland, Time, Transatlantic, United Airlines, Warner Communications, Warner Bros. TV Division, Westinghouse Electric (je 4 Mio. Dollar). Die 28 Sponsoren investierten insgesamt 161 Mio. Dollar (Murphy 1983).

Die Sponsor-Unternehmen haben über die gezahlten Summen hinausgehend Werbezeiten im amerikanischen Fernsehen zur Verstärkung ihrer olympischen Sponsorships eingekauft. Bei Preisen zu 250000 Dollar für einen 30-Sekunden-Spot während der Olympischen Spiele hat die Brauerei Anheuser-Busch für 50 Mio. Dollar, Coca Cola für 30 Mio. und Levi Strauss für 40 Mio. Dollar Fernsehspots bezahlt (Yovovich 1983).

Neben dem Sponsoring durch Unternehmen ist für die Veranstalter die *Vergabe der Fernsehrechte* eine weitere Finanzierungsquelle. Durch den zunehmenden Konkurrenzkampf zwischen den Fernsehgesellschaften sind die Preise für die Fernsehrechte in den vergangenen Jahren erheblich gestiegen. Als Beispiele seien genannt:

☐ *Olympische Spiele*
Die US-Fernsehrechte an den Olympischen Spielen erhielten die Fernsehgesellschaften zu folgenden Preisen:

Rom 1960	CBS	0,4 Mio. Dollar
Mexiko City 1968	ABC	4,5 Mio. Dollar
München 1972	ABC	7,5 Mio. Dollar
Montreal 1976	ABC	25,0 Mio. Dollar
Moskau 1980	NBC	87,0 Mio. Dollar
Los Angeles 1984	ABC	225,0 Mio. Dollar
Calgary 1988	ABC	309,0 Mio. Dollar

Zum Vergleich: Für die Übertragungsrechte in Los Angeles 1984 zahlten die westeuropäischen Fernsehgesellschaften 19 Mio., die osteuropäischen 3 Mio. und die japanischen 11 Mio. Dollar.

☐ *Fußball-Bundesliga* in Deutschland
ARD und ZDF erhielten in der Saison 1986/87 für 16 Mio. DM das Recht, in ihren Sportsendungen über die Spiele zu berichten.

☐ *Länder- und Pokalspiele* des Deutschen Fußball-Bundes (DFB)
Der DFB hat die Übertragungsrechte für Pokal- und Länderspiele dem „Medienberater des DFB", Hans R. Beierlein, für einen nicht öffentlich genannten Betrag verkauft. Man rechnet mit einer Summe für fünf Jahre von bis zu 5 Mio. DM (mit Gleitklausel). Unter Vermittlung von H. R. Beierlein wurde beispielsweise erstmalig am 18. 4. 1987 ein Länderspiel im Deutschen Fernsehen gesponsert. Das Sponsor-Unternehmen AGFA erschien im Vor- und Abspann der Übertragung mit einem entsprechenden Hinweis.

☐ Veranstaltungen des *Deutschen Sportbundes* (DSB)
ARD und ZDF zahlen in den nächsten 5 Jahren jährlich
5 Mio. DM für die Übertragungsrechte der im DSB zusammengeschlossenen deutschen Sportverbände.

Möglichkeiten des Sponsoring sind jedoch nicht nur bei größeren nationalen und internationalen Wettbewerben gegeben. So hat beispielsweise *Alpirsbacher Klosterbräu* unter Beweis gestellt, daß auch mittelständische Unternehmen erfolgreiches Sponsoring von Sportveranstaltungen im regionalen Bereich betreiben können. Das Unternehmen organisiert seit mehr als zehn Jahren in Zusammenarbeit mit dem regionalen Ski-Verein den „Alpirsbacher Wandertag". Rund 2500 Wanderfreunde beteiligen sich an dieser Veranstaltung (Glauner 1986).

Beispiele für die werbliche Nutzung im Rahmen eines Sponsoring für Sportveranstaltungen sind auf den Seiten 132 ff. zu finden.

Beispiele für Kultur-Sponsoring

Die weltbekannte *Tate Gallery* in London ist eine aus staatlichen Mitteln finanzierte Kunstinstitution. Sie könnte ohne die Förderung von Unternehmen überleben, jedoch wäre die Durchführung der bedeutenden Ausstellungen in den letzten Jahren nahezu undenkbar. Von den durch den Staat zur Verfügung gestellten Mitteln von 3,84 Mio. Pfund pro Haushaltsjahr müssen 80 Prozent zur Deckung der laufenden Kosten verwendet werden. Für Neuankäufe stehen kaum Mittel zur Verfügung. Deshalb sucht die Tate Gallery systematisch nach Sponsoren, um Kunstankäufe zu tätigen und Ausstellungen auf einem hohen künstlerischen Niveau zu ermöglichen. So hat man beispielsweise 1986 zur Finanzierung von dringend erforderlichen Neubauten eine Stiftung gegründet, die sich um Gelder von Privatpersonen, Unternehmen und staatlichen Stellen bemüht. Für die Sponsoren hat die Tate Gallery Richtlinien erarbeitet, auf deren Basis die Unternehmen Werbung betreiben können. Dazu zählt etwa die Nennung des Sponsors auf allen Presseveröffentlichungen und Veranstaltungsankündigungen, im Ausstellungsprogramm und Katalog, auf Plakaten, Flugblättern, Faltblättern, Einladungskarten, Fahnen, Hinweisschildern, bei Führungen per Tonband, Zeitungs- und Zeitschriftenwerbung usw. Ebenso stehen als Gegenleistungen für eine Ausstellungsförderung die Möglichkeit für einen Empfang in der Galerie in den Abendstunden zur Verfügung sowie Freikarten für Mitarbeiter und Kunden des Unternehmens usw. (Voigt-Karbe 1987).

Das Kultur-Sponsoring umfaßt die finanzielle Unterstützung der Arbeit von kulturellen Organisationen und der Schaffung von künstlerischen Produktionen. In der Bundesrepublik und vielen anderen westlichen Ländern verfügt es über keine langjährige Tradition. Die Idee des Kultur-Sponsoring stammt aus den Vereinigten Staaten und hat sich dort in vielen Bereichen stark entwickelt. Gerade in den USA war eine größere Notwendigkeit für die Suche nach Sponsoren gegeben, denn die kulturellen Institutionen erhalten dort vergleichsweise geringe staatliche Subventionen.

Betrachtet man das Kultur-Sponsoring im Vergleich mit dem Sport-Sponsoring, dann ist auf einige wesentliche Unterschiede zu achten (Sedgewick 1982; von Specht 1985):

- Die *Gesponserten* erfordern beim Kultur-Sponsoring eine *sensiblere Behandlung* als im sportlichen Bereich.
- Die *Zielgruppen* sind beim Kultur-Sponsoring in der Regel kleiner und *genauer abgrenzbar*.
- Der *Sponsor* kann sich beim Kultur-Sponsoring deutlicher hervorheben und häufiger *exklusiv* auftreten, als dies im Sportbereich möglich ist.

In der Bundesrepublik ist das Kultur-Sponsoring noch schwach ausgeprägt. Vielfach treten auch die Sponsoren nicht in besonderem Maße nach außen hin in Erscheinung. Es erstaunt deshalb auch nicht, daß nach einer empirischen Erhebung über Sponsoring in der Bundesrepublik viele Manager das Kultur-Sponsoring noch eher als Mäzenatentum einstufen (von Specht 1985).

Die Kulturarbeit der Sponsoren kann sich auf verschiedenen Ebenen vollziehen. Neben einer Förderung von Individuen (künstlerische Selbstverwirklichung) und Gruppen (soziale Kommunikation) ist ebenso an eine Unterstützung von Gemeinden (Stadt- und Stadtteilentwicklung) und Regionen (ländliche Gebiete und Regionalentwicklung) zu denken. Dabei werden in vielfältiger Weise verschiedene Instrumente des Kultur-Sponsoring eingesetzt (Wiesand 1980; Fohrbeck 1981; Hüchtermann/Spiegel 1986; Bezold 1986). Als Möglichkeiten der *individuellen Kunstförderung* sind zu nennen:

- Stipendien (Arbeits-, Wohn-, Reise-, Auslandsstipendien),
- Nachwuchsförderung und Erstausstellungen,
- Materialhilfen,
- Ateliers, Werkstätten, Künstlerhäuser,
- Ausstellungshonorare,
- Weiterbildung, Qualifizierung, Künstlerkongresse.

Ebenso bestehen für Sponsoren zahlreiche Möglichkeiten zur Förderung der *Kunstvermittlung*. In diesem Zusammenhang ist beispielsweise an die folgenden Formen der Unterstützung zu denken:

- Ausstellungspolitik
  (Museen, Kunsthallen, Kunstvereine, Galerien, Kunstmessen, Kunstmärkte, Banken, Biennalen, Kunstfestivals, Unternehmen),
- Künstlerische Museumsarbeit
  (Museumszeitungen, Kurse und Programme, Kindermuseum, Kinderkataloge, Kunstferien, Jugendarbeit, Werkstätten, Malstuben, Künstleraktionen),
- Artotheken, Art-Leasing und Art-Banken
  (Vertriebs-, Verleih- und Leasingsysteme für die Bildende Kunst),
- Mobile Formen der Kunstvermittlung,
- Kunstforen und Kulturwochen
  (Sommerakademien, Kultursommer, Kunstferien, Symposien),

- Kunst und Arbeitswelt
  (Galerien in Unternehmen, Kunstvereine, Mitarbeiterprogramme),
- Künstlerische Kinder- und Jugendarbeit,
- Kultur- und Kommunikationszentren
  (Kreativhäuser, Freizeitzentren, Animationszentren, Stätten der Begegnung, Bürgerhäuser, Kulturhäuser, Dorfclubs, Kunstzentren),
- Laienkunst, Animation, kulturelle Öffentlichkeit
  (Vereine, soziale Gemeindearbeit, musische Bildungsarbeit, kirchliche und gewerkschaftliche Kulturarbeit).

Zahlreiche Unternehmen engagieren sich als Sponsoren bei der Förderung des *Kunstmarktes*. Auch hier bestehen unterschiedliche Möglichkeiten:

- Unterstützung von Galerien
  (Private Galerien, Künstler- und kommunale/öffentliche Galerien)
- Ankaufs- und Auftragspolitik
- Förderung von Kunstzeitschriften und Kunstpublikationen
- Kunst und Architektur: Künstlerische Aus- und Außengestaltung von Bauwerken.

Versucht man die vielfältigen Möglichkeiten des Sponsoring im kulturellen Bereich zu systematisieren, dann lassen sich die in Schaubild 7 aufgeführten Kultur- und Kunst-Bereiche wiedergeben.

Im folgenden sollen einige Beispiele für die Kultur-Sponsoringbereiche Theater, Ausstellungen, Musik, Literatur und Film aufgezeigt werden.

Sponsoring im Kulturbereich Theater

Hier sind es vor allem *Opern-, Operetten-* und *Schauspielhäuser*, die gesponsert werden können. Dies gilt sowohl für die Arbeit des Schauspielhauses generell als auch für einzelne Ensembles

Bereiche	Ausprägungen
Theater	• Oper • Operette • Ballett • Schauspiel
Ausstellungen	• Museum • Galerie • Unternehmenseigene Gebäude
Musik	• Klassische Musik (Konzerte, Orchester, Chöre u. a.) • Unterhaltungs-Musik (Konzerte, Tourneen, Festivals u. a.)
Literatur	• Reiseführer • Bildbände • Sonstige Bücher
Film	• Spielfilme • Fernsehsendungen

Schaubild 7: Möglichkeiten des Kultur-Sponsoring in verschiedenen Bereichen

und ausgewählte Veranstaltungen. Meistens erfolgt eine Erwähnung des Sponsors im Einladungsprogramm, bei Pressemitteilungen, auf Plakaten usw. Der Sponsor kann auch das Recht der eigenen werblichen Nutzung (z. B. Anzeigenwerbung) sowie Eintrittskarten für spezielle Unternehmens-Zielgruppen erhalten und Empfänge mit den Künstlern durchführen. Die Sponsoring-Bemühungen sind im Bereich des Theaters darauf ausgerichtet, künstlerisch wertvolle Veranstaltungen zu ermöglichen.

So stellt beispielsweise das Unternehmen *Philips* in den Jahren 1986 und 1987 „deutschen Opernhäusern und anderen unterstützungswürdigen künstlerischen Veranstaltern für eine Opern-Neuinszenierung jeweils einen namhaften Beitrag" (Bossers 1986) zur Verfügung. Philips sponsert(e) z. B. in den Jahren 1986/87 die folgenden Aufführungen:

1986	Bonn	Der fliegende Holländer
	München	Hoffmanns Erzählungen
	Berlin	Turandot
	Köln	Der Rosenkavalier

1987	Hamburg	Don Giovanni
	München	Neuinszenierung des „Ring"
	München	Ariadne
	Bonn	Aida
	Stuttgart	Frau ohne Schatten
	Berlin	Oedipus

Sponsoring im Kulturbereich Ausstellungen

Möglichkeiten des Sponsoring von Ausstellungen sind in Museen und Galerien sowie in Unternehmen gegeben. Der Sponsor wird in Pressemitteilungen, auf Katalogen, Plakaten, Einladungen usw. erwähnt. Darüber hinaus ergeben sich für das Unternehmen zweckmäßige Kontaktmöglichkeiten durch Eröffnungstage, Vernissagen oder andere Treffen mit den Künstlern. Als Beispiele für das Sponsoring von Ausstellungen seien genannt:

☐ *Daimler Benz* finanzierte mit fast 1,2 Mio. DM die vielbeachtete Ausstellung „Gotik und Renaissance in Nürnberg" im New Yorker Metropolitan Museum.

☐ Der *Schweizerische Bankverein* führt regelmäßig eigene Ausstellungen in eigenen Galerien (traditionelle und moderne Kunst) durch. Darüber hinaus werden Wanderausstellungen konstruktiver Kunst finanziert.

☐ *BAT* finanziert eigene Ausstellungen im BAT-Haus in Hamburg.

☐ Der Zigarettenkonzern *Philip Morris* hat in den USA eine Tournee ausgewählter Werke des Vatikans mit 7,5 Mio. DM mitfinanziert.

☐ *Alpirsbacher Klosterbräu* organisiert seit 10 Jahren die „Alpirsbacher Galerie" als einen Teil verschiedener Sponsoring-Maßnahmen im kulturellen und sozialen Bereich (vgl. obiges Bildbeispiel).

☐ *Philips* sponserte in Amsterdam eine einzigartige Ausstellung der modernen Malerei (Besucher 1985: 340000).

☐ Das Dienstleistungsunternehmen *American Express* sponserte in der Bundesrepublik die Roy Lichtenstein-Ausstellung in Köln, die Cartier-Bresson-Ausstellungen in Hamburg und München, die Ausstellung Europa-Amerika der neuen Museen Wallraf-Richarts und Museum Ludwig u. a.

Sponsoring im Kulturbereich Musik

Möglichkeiten des Sponsoring sind im Rahmen der klassischen Musik durch Konzerte, Gastspielreisen von Orchestern und Chören sowie im Rahmen der U-Musik durch Rock-, Pop- und Volksmusikkonzerte, Tourneen und Festivals vorhanden. Ähnlich wie bei Ausstellungen wird der Sponsor in Pressemitteilungen, in Programmheften, auf Plakaten usw. genannt. Neben einem bestimmten Kontingent an Eintrittskarten sind auch Treffen mit ausgewählten Gästen und den Künstlern als Sponsoring-Maßnahmen zu nennen. Bei den Veranstaltungen der U-Musik können die Sponsor-Unternehmen in der Regel stärker in den Vordergrund gerückt werden als bei der klassischen Musik. Neben dem professionellen Sponsoring durch die Musik- und Unterhaltungsindustrie seien beispielhaft die folgenden Sponsoring-Aktivitäten genannt:

☐ Der Autohersteller *Audi* hat 1985 mit einem Zuschuß von 800000 DM die erste, sehr erfolgreiche Amerika-Tournee der Münchener Philharmoniker ermöglicht.

☐ Der Zigarettenkonzern *BAT* stellte für die BAT-Zigarette „du Maurier" dem Londoner Philharmonia Orchestra den Betrag von 2,4 Mio. DM für 2 Jahre (ca. 60 Konzerte) zur Verfügung. In dieser Zeit waren das gesamte Promotion-Material, die Blumen-Arrangements im Konzertsaal sowie die Kleider bzw. Fräcke der Orchestermitglieder in den „du Maurier"-Farben Rot-Silbergrau gehalten.

☐ Die Genfer Uhrenfirma *Patek Philippe* sponsert Konzerte mit ausländischen Pianisten im eigenen Land.

☐ Der *Schweizerische Bankverein* sponsert verschiedene Musikveranstaltungen, z. B. Jazzfestivals, Popkonzerte, klassische Musik, Volksmusik und Galakonzerte mit weltberühmten Orchestern und Dirigenten. Ebenso sponsert die *Schweizerische Bank-Gesellschaft* Feierabend-Konzerte mit jungen Künstlern und Mitarbeitern des Unternehmens.

☐ Das *Popkonzert Live Aid* im Wembley Stadion wurde von zahlreichen Weltmarken gesponsert (z. B. Coca Cola, Pepsi, Sony, Philips). Die Unternehmen erhielten das Recht, als „Sponsor of Live Aid" aufzutreten. In Meinungsumfragen wurde dieses Sponsoring sehr positiv beurteilt (Pike/Spiers/ Elston 1986).

☐ Die amerikanische Rap-Musik-Gruppe *RUN DMC* wird seit einiger Zeit von *adidas* ausgerüstet und hat einen erfolgreichen Titel „my adidas" herausgebracht. Im Umfeld der Auftritte von RUN DMC registrierten amerikanische Händler einen spürbar gesteigerten Absatz von adidas-Artikeln (Müller 1986).

☐ Der Ölkonzern *Texaco* stellt der Metropolitan Opera in New York jährlich 3 Mio. Dollar zur Verfügung.

☐ *Philips* sponsert regelmäßig Popkonzerte in verschiedenen Ländern und ebenso Tourneen einzelner Rockgruppen (z. B. Dire Straits).

Sponsoring im Kulturbereich Literatur

Faßt man den Literaturbegriff etwas weiter als üblich, dann bestehen Sponsoring-Möglichkeiten durch die Förderung von Büchern (Erstausgaben, Übersetzungen, Herausgabe von Gesamtwerken, Reiseführern, Bildbänden, Atlanten usw.). In den meisten Fällen erfolgt eine Nennung des Sponsors in den jeweiligen Publikationen. Darüber hinaus tritt der Sponsor bei der Werbung der Erzeugnisse auf und kann sie für eigene Werbe- oder Verkaufsförderungsaktivitäten nutzen (z. B. Werbegeschenke). Beispielhaft seien genannt:

☐ Die *Allianz-Versicherung* unterstützt die Baedeker-Reiseführer (Länderbände und Städteführer) mit einem Etat von schätzungsweise jährlich etwa 1 Mio. DM.

☐ *Ausstellungskataloge* mit einer kostenintensiven Produktion werden regelmäßig gesponsert, um den Verkaufspreis in einem akzeptablen Bereich zu halten.

Sponsoring im Kulturbereich Film

Zu dem Kulturbereich Film sollen jene Erzeugnisse zusammengefaßt werden, die für das Kino und Fernsehen produziert werden. Dabei handelt es sich vor allem um Spielfilme und verschiedene Formen von Fernsehsendungen.

Für den Sponsor ergeben sich verschiedene werbliche Möglichkeiten:

☐ Die Sponsoren können vor, nach oder während der Spielfilme bzw. Fernsehsendungen erwähnt werden. Teilweise spricht man hier von „*nichtgestalteter Sponsorwerbung*", bei der Sendungen den Zuschauern von Unternehmen gewidmet werden. Die Widmung erscheint in der An- oder Absage der Sendung. So sponserte beispielsweise IBM das Neujahrskonzert der Wiener Philharmoniker in Österreich.

☐ Die Produkte und Markennamen des Sponsors können in die Filme bzw. Sendungen einbezogen werden *(Product Placement)*.

☐ Die Filmbeiträge können ebenso für die *eigene Unternehmenswerbung* (z. B. Public Relations-Maßnahmen, Unternehmensbesichtigungen und -präsentationen) Verwendung finden.

Das Sponsoring von Spielfilmen und insbesondere von verschiedenen Formen von Fernsehsendungen (z. B. Sachbeiträge über Themenbereiche aus Natur, Wirtschaft, Soziales, Politik usw.; auch Übertragungen von kulturellen und sportlichen Veranstaltungen) wird bei Zunahme privater Fernsehanbieter erheblich an Bedeutung gewinnen *(TV-Sponsoring)*. Als Beispiele seien genannt:

☐ Die *Deutsche Agrar- und Weinwirtschaft* sponsert die ZDF-Sendereihe „Essen wie Gott in Deutschland", in der berühmte Köche Menüs zubereiten, für die sie ausschließlich Produkte aus der Bundesrepublik verwenden. Die Sendungen werden ebenso von Varta und dem Stern unterstützt, die im Abspann jeder Sendung erscheinen.

☐ Die Zeitschrift *GEO* vom Verlag Gruner + Jahr (Hamburg) sponsert regelmäßig im ZDF eine Wissenschafts-Serie.

☐ In dem Kinofilm ROCKY IV trug der Hauptdarsteller Sylvester Stallone einen speziell entworfenen Trainingsanzug des Sportartikelherstellers *adidas*. Nach Angaben des Unternehmens konnte der Trainingsanzug weltweit in sechsstelligen Stückzahlen abgesetzt werden.

☐ Der amerikanische Hersteller *Kellog Co.* sponsert mit 4 Mio. Dollar eine beliebte US-Unterhaltungsserie.

☐ Das Unternehmen *Procter & Gamble* hat eine Fernsehreihe mit mehreren hundert Folgen in Höhe von 20 Mio. Dollar gesponsert.

☐ Im *TV-Sponsoring* existieren in der Bundesrepublik bereits heute bei den privaten Fernsehanbietern Sendungen, die gesponsert werden. In diesem Zusammenhang sei auf das „Café Nescafé", die Coca-Cola Eurochart Top 50 Show im Sky Channel-Programm u. a. m. hingewiesen. Darüber hinaus werden Unterhaltungssendungen, insbesondere Gewinnspiele und Sportsendungen, von namentlich genannten Sponsoren unterstützt. Es ist zu erwarten, daß sich aufgrund der besonderen Situation der privaten Sendeanstalten der Anteil der gesponserten Sendungen erhöhen wird.

In den letzten Jahren hat sich in der Bundesrepublik das *Product Placement* expansiv entwickelt. Man schätzt, daß ein Marktvolumen von etwa 50 Mio. DM erreicht wird (weltweit werden ca. 6 – 10 Mrd. Dollar umgesetzt). In den Vereinigten Staaten beschäftigen sich bereits 200 spezialisierte Agenturen („Product Pluggers") mit der Plazierung von Produkten und Marken in Kino- und Fernsehfilmen.

Das Product Placement ist in verschiedenen Erscheinungsformen zu beobachten:

– *Visuelle Produkt-Einblendungen*
  Beispiele: Zigaretten, Textilien, Getränke usw.
– *Bereitstellung von Dienstleistungen*
  Beispiele: Transportmittel, Unterkunft usw.
– *Akustische Plazierung*
  Beim „verbal product placement" erfolgt eine Erwähnung und positive Wertung von Markennamen im Filmdialog.

Für das Product Placement eignen sich vor allem Produkte des täglichen Bedarfs, bei denen Leitbilder einen Einfluß auf die Kaufentscheidung ausüben. Je nach Umfang und Intensität des

Product Placement werden Beträge zwischen 20000 DM und 100000 DM gezahlt. In Ausnahmefällen werden die Summen erheblich überschritten.

Als Beispiele für Product Placement seien erwähnt (Limmer 1986; Bürger 1986):

☐ In der WDR-Sendereihe „Lindenstraße" ist deutlich die Verwendung diverser Markenartikel sichtbar, wie z.B. *Nesquik, Badischer Wein, Becel Margarine, Dash, Brother-Schreibmaschine.*

☐ Die Sendung „Schöne Ferien" vom SFB zeigte verschiedene Marken wie *Lacoste, adidas, TUI-Reisen* u.a. Die Reisegesellschaft TUI hat die Produktion mit 500000 DM unterstützt.

☐ Der Automobilkonzern *Daimler Benz AG* sponserte mit 6 Mio. DM die Jubiläumssendung für das deutsche Automobil im ARD.

☐ In der ZDF-Serie „Grenzenloses Blau" mit Inge Meysel war das Signet der *Deutschen Lufthansa* häufig im Bild. Das Fernsehteam konnte kostenlos die Fluglinie benutzen – es ergab sich eine Ersparnis für die Produktion in Höhe von 350000 DM.

☐ Die öffentlich-rechtlichen Fernsehanstalten stellen Fernsehzeiten für die Verleihung des „Bambi" durch den *Burda-Verlag* und der „Goldenen Kamera" durch die *Hörzu* zur Verfügung.

☐ *Philips* soll für das Product Placement im 007-Kinofilm „Im Angesicht des Todes" 3 Mio. DM gezahlt haben.

Das Product Placement ist in der öffentlichen Diskussion zur Zeit sehr umstritten. Dies gilt vor allem für die öffentlich-rechtlichen Sendeanstalten, die sich mit dem rechtlich umstrittenen Begriff der „Schleichwerbung" auseinanderzusetzen haben und Richtlinien für die Werbung außerhalb der Werbeblöcke erarbeitet haben (vgl. 6. Kapitel).

Unabhängig von den einzelnen Bereichen des Kultur-Sponsoring sind teilweise Sponsoring-Engagements in Form von Kultur-, Kunst- und Filmpreisen zu beobachten. Das Spektrum reicht von Preisen für junge Bildhauer über Gesangswettbewerbe bis zur Krönung des „Feinschmecker des Jahres". Die einzelnen Maßnahmen umfassen neben der reinen Preisverleihungs-Veranstaltung auch die Medienarbeit vor und nach der Veranstaltung.

Auf den Seiten 143 ff. sind einige Beispiele für das Kultur-Sponsoring aufgeführt.

Beispiele für Sozio-Sponsoring

Als dritter Einsatzbereich des Sponsoring kann das Engagement von Unternehmen zur Bewältigung gesellschaftspolitischer Aufgaben unter gleichzeitiger kommunikativer Nutzung der Aktivitäten gelten. Diese Art des Sponsoring soll als Sozio-Sponsoring bezeichnet werden, weil die in diesem Bereich tätigen Organisationen überwiegend auf nicht-kommerzieller Basis arbeiten und die Unternehmen entsprechende Aktivitäten als Ausdruck eines sozialen und gesellschaftspolitischen Engagements ansehen.

Das Sozio-Sponsoring wird heute eher noch dem Mäzenatentum und dem Spendenwesen zugerechnet. Es ist jedoch ebenso wie im sportlichen und kulturellen Bereich möglich, das finanzielle Engagement von Unternehmen im sozialen Bereich als einen Teil einer Sponsoring-Strategie anzusehen.

Insgesamt ist es schwierig, die vielfältigen Organisationen im sozialen Bereich strukturiert wiederzugeben, denn teilweise ergeben sich auch Überschneidungen mit den kulturellen Organisationen. Hier seien erwähnt:

- Organisationen der freien Wohlfahrtspflege (Bünde, Vereine, Aktionen, Hilfswerke, Arbeitsgemeinschaften, Werke),
- Forschungsinstitute, Seminare, Archive,
- Stiftungen in Form von Gedächtnisstiftungen, Geburtstagsspenden, Preisen usw. zur Unterstützung sozialer

Zwecke im Bereich Gesundheit, Wissenschaft, Nachwuchsförderung u. a.,
- Hochschulen, Universitäten, Fachhochschulen,
- Fördergemeinschaften und Selbsthilfeorganisationen,
- Organisationen des Gesundheitswesens (Krankenhäuser, Heilanstalten, Pflegeheime, Vereinigungen, Ausbildungs- und Forschungsstellen in der Gesundheitsfürsorge, Rettungswesen),
- Organisationen der Jugendwohlfahrt (Bünde, Häuser, Werke, Verbände),
- Vereinigungen zum Umweltschutz, Tierschutz, Gartenkunst, Denkmalschutz u. a. m.

In der Bundesrepublik bestehen etwa 10000 bis 12000 Organisationen im sozialen Bereich (Statistik des Deutschen Zentralinstituts für soziale Fragen, Berlin).

Als Beispiele für Möglichkeiten des Sozio-Sponsoring sollen die Bereiche *Gesundheit, Umweltschutz, Wissenschaft* und *Bildung* herausgegriffen werden.

Sponsoring im Bereich Gesundheitswesen

Möglichkeiten des Sponsoring im Bereich Gesundheit sind beispielsweise gegeben durch die Förderung von:

- Krankenhäusern, Spezialkliniken,
- Organisationen des Rettungswesens (DRK, MHD, JUH),
- Verbänden und Vereinigungen im Gesundheitswesen,
- Aktionen zur gesundheitlichen Aufklärung (z. B. Strahlenbelastung, AIDS, Lebens- und Eßgewohnheiten).

Als Sponsoren sind heute bereits Versicherungsunternehmen tätig, die ein besonderes Interesse an dem Gesundheitsbereich haben. Aber auch für andere Unternehmen können durch eine pauschale oder gezielt projekt-bezogene finanzielle Förderung (z. B. Ausstattung mit Geräten, Krankenfahrzeugen) Ansatzpunkte für ein Sponsoring-Engagement bestehen. Der Sponsor kann direkt durch Erwähnung (auf Geräten und Fahrzeugen, in

Broschüren und Pressemitteilungen usw.) in Erscheinung treten oder das Sponsorship in der eigenen Unternehmenswerbung (Anzeigenwerbung, PR-Schriften) nutzen.

Sponsoring im Bereich Umweltschutz

Auch beim Umweltschutz sind zahlreiche Möglichkeiten des Sponsoring gegeben. Dabei ist an die Förderung der folgenden Institutionen zu denken:

- Umweltschutz-Organisationen,
- Bürgerinitiativen zum Schutz bestimmter Umweltbelange (Waldsterben, Wasserverunreinigung),
- Aktionen zur Aufklärung über den und Verbesserung des Umweltschutzes (z. B. Informationsschriften, Baumpflanzaktionen, Reinigungsaktionen).

Der Sponsor wird in der Regel ein bestimmes Umweltschutzprojekt im lokalen, regionalen oder nationalen Bereich unterstützen, damit eine bessere Zuordnung zum Unternehmen vorgenommen werden kann. Ähnlich wie im Gesundheitsbereich kann der Umweltschutz-Sponsor bei den Projekten direkt als Förderer genannt werden oder er nutzt das Sponsorship durch Erwähnung in der eigenen Werbung.

Sponsoring im Bereich Wissenschaft und Bildung

Im Bereich der Lehre und Forschung sind Sponsoring-Möglichkeiten gegeben durch die Förderung von Schulen, Hochschulen und Forschungsinstituten. Dies kann durch die Unterstützung in verschiedenen Bereichen erfolgen:

- Lehrstühle (Personal und Ausstattung),
- Bibliotheken,
- Forschungsprojekte,

- Spezielle Ausbildungskurse (z. B. Computerkurse),
- Lehrmaterialien (z. B. Fallstudien, Lehrgeräte).

Je nach Intensität des Sponsoring liegen die Kosten zwischen 1000 DM (Bibliothekspende) und 400000 DM (Ausstattung eines Lehrstuhls) bzw. höheren Beträgen bei größeren Forschungsarbeiten.

Für das Sponsor-Unternehmen sind mehrere Möglichkeiten der kommunikativen Nutzung gegeben: Erwähnung und Werbung in Vorlesungsverzeichnissen und anderen Hochschulschriften, Bezeichnung von Lehrstühlen und Instituten mit dem Unternehmensnamen (Titel-Sponsoring), Beschriftung von Hochschulausstattungen mit dem Namen des Sponsor-Unternehmens (z. B. Räume, Lehrmaterialen, Bücher), Herausgabe von Schriftenreihen mit Forschungsergebnissen durch das Unternehmen, Durchführung von Firmenpräsentationen in der Hochschule u. a. m.

In der Bundesrepublik werden Hochschulen beispielsweise von Unternehmen wie Nixdorf, IBM, Siemens, Shell u. a. gefördert. Insgesamt ist das Hochschul-Sponsoring in der Bundesrepublik nur gering ausgeprägt, insbesondere wenn man das Engagement von Privatpersonen und Unternehmen in den Vereinigten Staaten zur Unterstützung von Schulen und Hochschulen betrachtet. Ein Grund wird darin liegen, daß das deutsche Ausbildungswesen überwiegend durch staatliche Institutionen abgedeckt wird und hier nur sehr geringe Möglichkeiten der kommunikativen Nutzung der Sponsorships durch das Unternehmen gegeben sind. Bei Hochschulen und Instituten in freier Trägerschaft sind in diesem Bereich bessere Möglichkeiten gegeben.

Als Beispiele für Sponsoring-Engagements im sozialen Bereich seien genannt:

☐ Der *Schweizerische Bankverein* unterstützt einen europäischen Aufsatzwettbewerb zum Thema „Management und Ökologie", der von der Hochschule St. Gallen betreut wird. Ebenso ist der Bankverein Hauptsponsor eines Mobils, das an der umweltfreundlichen „Tour de Sol" teilnimmt. Darüber hinaus ermöglichte die Bank, daß alle Lehrgänge der Medizinischen Fakultät Basel auf Bildplatte gespeichert werden konnten (Kühner 1986).

☐ Der amerikanische Spirituosenkonzern *General Wine and Spirits Co.* hat sich für den Naturschutz engagiert und unterstützt z. B. die Wiederansiedelung wilder Adler, Einrichtung von Pflege- und Beobachtungscamps, Reservatsbeschilderung, Aufklärungsaktionen u. a. (Stevens 1981).

☐ Der Mineralwasseranbieter *Perrier* sponserte in den Vereinigten Staaten mehr als 200 komplette Fitness-Parcours.

☐ Die Brauerei *Diebel* unterstützt in ihrer Heimatregion Ausstellungen niederrheinischer Künstler, Baumpflanzaktionen in niederrheinischen Städten u. a. (Erdtmann 1985).

☐ Eine Natur-Dokumentar-Serie „National Geographic Specials" sponsert der *Ölkonzern Gulf Oil* im öffentlichen Fernsehkanal CBS mit einem Betrag von 1 Mio. Dollar jährlich. Das Unternehmen gibt darüber hinaus 2,4 Mio. Dollar jährlich für flankierende Maßnahmen aus (Fernsehwerbung, Printmedien u. a.).

☐ *American Express* engagiert sich weltweit für die Renovierung historischer und für den Tourismus bedeutsamer Objekte, z. B. das „Mystische Lamm" in der Kathedrale St. Bavon zu Gent aus dem 15. Jahrhundert, eine Statue von James Joyce in Dublin u. a. (Aumüller 1986). Darüber hinaus stellt American Express im Rahmen des „Cause-Related Marketing" Geldbeträge für bestimmte Projekte zur Verfügung: z. B. Unterstützung der Restaurierung der amerikanischen Freiheitsstatue sowie des World Wildlife Fund in verschiedenen Ländern.

☐ *Alpirsbacher Klosterbräu* unterstützt Maßnahmen zum regionalen Umweltschutz und Naturschutz durch verschiedene Projekte (Buch „Rettet die Wildtiere", Studie „Ökologisch orientierter Tourismus"). Das Unternehmen will durch Sponsoring-Maßnahmen dieser Art soziales Engagement demonstrieren.

☐ *Philips* sponsert regelmäßig im sozialen Bereich, so etwa einen europäischen Wettbewerb zur Förderung junger Wissenschaftler und die Renovierung erhaltungswürdiger Gebäude.

☐ Das Unternehmen *Shell* finanziert seit vielen Jahren regelmäßig Forschungsarbeiten über die Situation der Jugendlichen in der Bundesrepublik.

☐ Die Optiker-Einzelhandelskette *Fielmann* unterstützt die Umweltschutz-Organisation Greenpeace, führt Baumpflanzaktionen durch und stellt das Engagement in der Anzeigenwerbung heraus (siehe Bildbeispiel Seite 149).

☐ Die *Uhu-Vertriebs GmbH* engagiert sich bei einer Aktion zur Wiederansiedelung des Uhu.

☐ Das Textilunternehmen *Falke* fördert die Zucht des gleichnamigen Raubvogels.

☐ Das Handelsunternehmen *Deutsche Spar* hat im Jahr 1985 insgesamt 12 000 Bäume gepflanzt. Eine stilisierte Tanne ist das Firmenzeichen der Deutschen Spar.

Insgesamt ist das Sozio-Sponsoring nur wenig vertreten. Die hier tätigen sozialen Institutionen werden überwiegend durch staatliche Zuwendungen oder aus Spenden finanziert. Es ist jedoch in den 90er Jahren mit einer wachsenden Bedeutung des Sponsoring im öffentlichen und sozialen Bereich zu rechnen. Dies gilt insbesondere für die zu beobachtende Tendenz, daß die staatlichen Zuschüsse zur Bewältigung der Aufgaben geringer werden, die hier tätigen Personen und Institutionen aktiv nach Sponsoren suchen und die Unternehmen den kommunikativen Nutzen von Sponsorships im sozialen Bereich erkennen und realisieren.

Bedeutung des Sponsoring für Unternehmen

Die Bedeutung des Sponsoring für Unternehmen ist in Abhängigkeit von der spezifischen Unternehmens- und Marktsituation zu sehen. Das Engagement von Unternehmen für Sponsoring-

Aktivitäten wird geprägt durch verschiedene Bestimmungsfaktoren:

- die Bedeutung des Sponsoring für das unternehmerische Kommunikationskonzept,
- die Erzielung von Synergieeffekten mit anderen Kommunikationsinstrumenten,
- die verfügbaren finanziellen Möglichkeiten und die Höhe des Kommunikations-Budgets,
- die Auswahl geeigneter Sponsorships, eventuell in verschiedenen Bereichen,
- die bisherigen Erfahrungen mit Sponsorships und die Beurteilung des kommunikativen Erfolgs durch das Unternehmen.

Intensität des Sponsoring-Engagements

Bei Zugrundelegung dieser Kriterien lassen sich verschiedene Typen des Sponsoring von Unternehmen bilden.

Schaubild 8 verdeutlicht die Zusammenhänge und zeigt drei Typen des Sponsoring mit unterschiedlicher Intensität auf:

☐ *Passives Sponsoring*
Bei einem eher passiven Sponsoring engagieren sich die Unternehmen nur sporadisch, temporär, in einem Bereich, mit einem kleineren Betrag und ohne vorher große Erwartungen hinsichtlich der kommunikativen Wirkung zu haben. Überspitzt formuliert: Das Unternehmen „versucht es einmal" und wartet ab, „was passiert" (Gussekloo 1986).

☐ *Focussiertes Sponsoring*
Als focussiertes Sponsoring kann ein Engagement verstanden werden, bei dem sich das Unternehmen einen bzw. wenige Bereiche herausgreift und ein sehr gezieltes, intensives und dauerhaftes Sponsoring betreibt. Das Sponsoring-Budget macht einen nennenswerten Anteil am Kommunika-

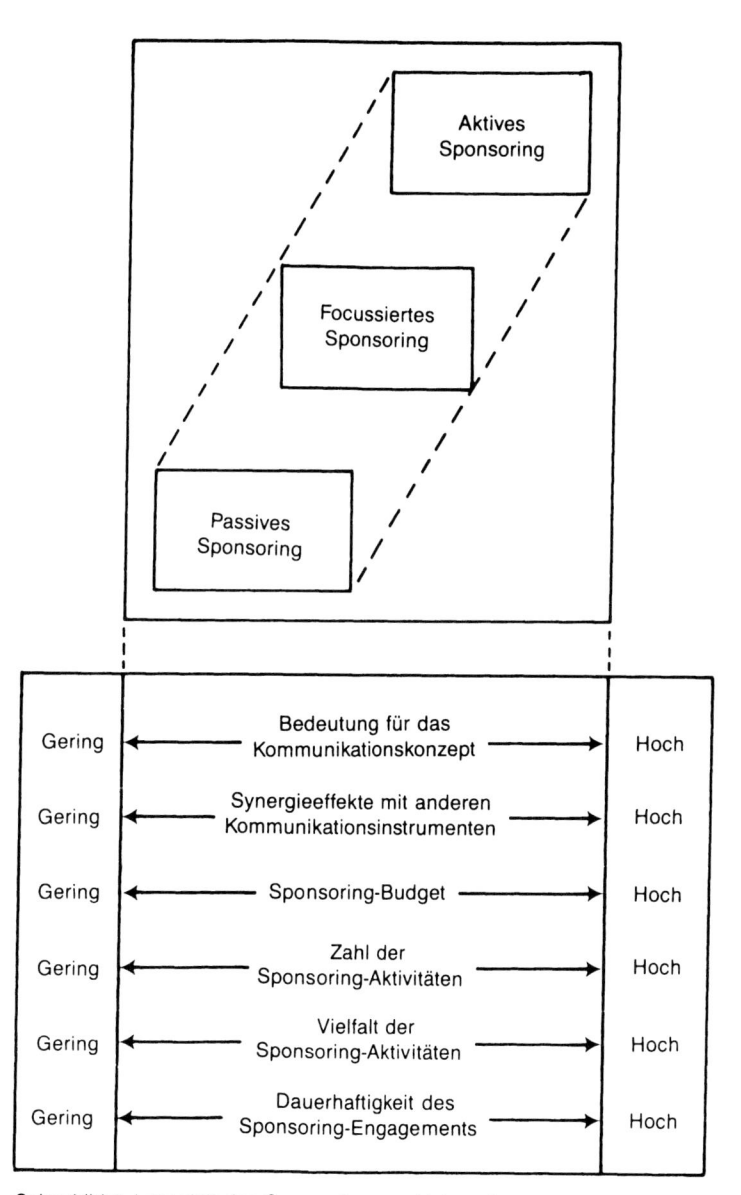

Schaubild 8: Intensität des Sponsoring von Unternehmen

tions-Etat aus, und das Unternehmen achtet systematisch auf Synergieeffekte im Einsatz mit den anderen Kommunikationsinstrumenten. In Deutschland lassen sich beispielhaft Unternehmen wie Braun, Mercedes, BAT, Porsche, American Express, Diners Club u. a. m. nennen.

□ *Aktives Sponsoring*
Bei einem aktiven Sponsoring ist ein Unternehmen in vielen unterschiedlichen Bereichen tätig. Daher spielt das Sponsoring für das Unternehmen eine wesentliche bis zentrale Rolle in der Kommunikationsarbeit. Das Sponsoring-Budget ist vergleichsweise hoch, und es werden laufend neue Möglichkeiten des Sponsoring gesucht. In Deutschland könnte man Unternehmen und Marken wie Coca Cola, Marlboro, Bayer, Hoechst, Agfa, Jägermeister, Boss, Portas, Commodore u. a. dazu zählen.

Sowohl das focussierte als auch das aktive Sponsoring erfordern ein systematisches Vorgehen bei der Planung und Durchführung der Sponsorships. Dies setzt einen entsprechenden Planungsprozeß voraus.

Sponsoring als systematischer Entscheidungsprozeß

In den letzten Jahren hat sich das Sponsoring sehr expansiv entwickelt. Immer mehr Unternehmen nutzen es als Kommunikationsinstrument. Darüber hinaus suchen immer häufiger Organisationen im sportlichen, kulturellen und sozialen Bereich nach Sponsoren. So hatte etwa das Unternehmen Philips im Jahr 1982 etwa 2000 schriftliche Sponsoranfragen erhalten. Bereits 1985 ist die Zahl auf ca. 10000 angestiegen (Radmann 1986).

Bei zunehmender Bedeutung des Sponsoring für Unternehmen ist es notwendig, Sponsoring systematisch zu planen. Sponsoring als ein kommunikatives Instrument erfordert ähnliche planerische Überlegungen wie auch die anderen Kommunikationsinstrumente. Der Sponsor durchläuft eine Reihe spezifischer Planungsaktivitäten, deren Ablauf in Schaubild 9 wiedergegeben ist.

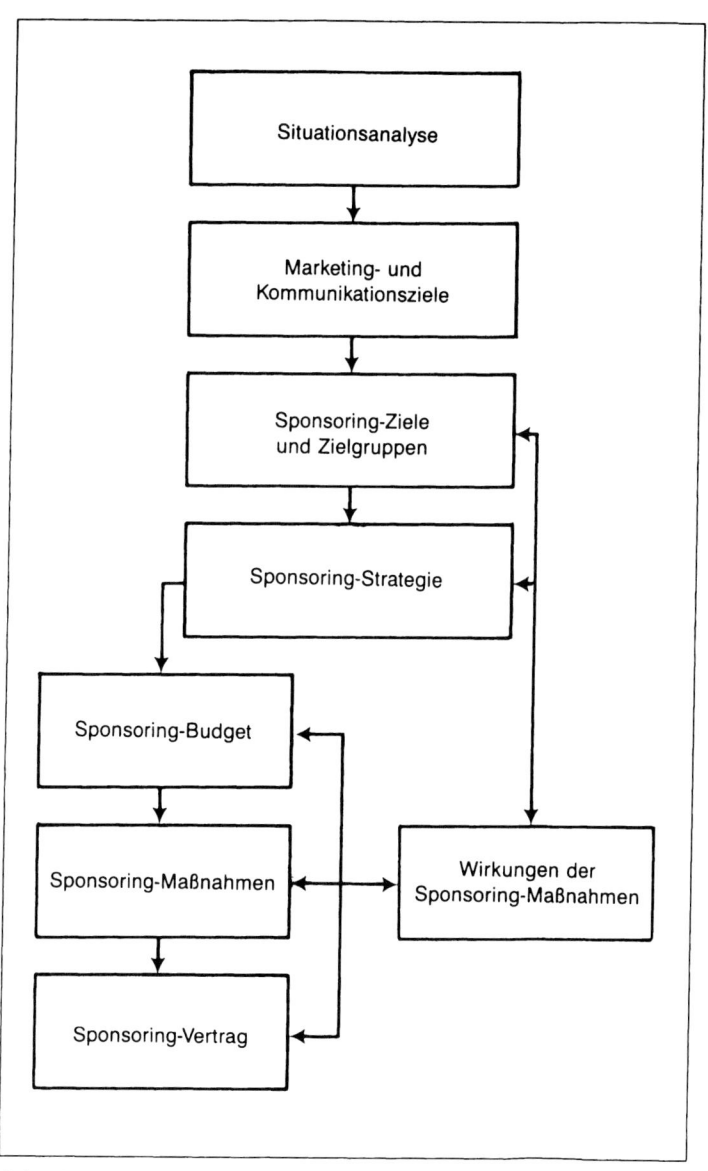

Schaubild 9: Planungsprozeß des Sponsoring

Im Vordergrund stehen die folgenden Entscheidungstatbestände:

- Der Sponsor muß auf der Basis einer Situationsanalyse, seiner Marketing- und Kommunikationsziele die *Sponsoring-Ziele* und die anzusprechenden *Zielgruppen* festlegen (3. und 4. Kapitel).
- Der Sponsor muß eine *Sponsoring-Strategie* entwerfen, die die Stoßrichtung für die Erreichung der festgelegten Ziele und Zielgruppen sicherstellt (5. Kapitel).
- Der Sponsor muß das *Instrumentarium einer Sponsoring-Politik* zusammenstellen, d. h. auf der Basis seines Sponsoring-Budgets sind *Einzelmaßnahmen* zu bestimmen und vertraglich zu fixieren (6. Kapitel).
- Der Sponsor muß schließlich versuchen, die *Wirkungen der Sponsoring-Maßnahmen* zu messen, um den Erfolg seines Engagements beurteilen zu können (7. Kapitel). Daran schließt sich eine mögliche Korrektur der Ziele, Strategien bzw. Maßnahmen an.

Als Ergebnis dieses Ablaufplans hat der Werbetreibende im Unternehmen oder die Sponsoring-Agentur einen *Sponsoring-Plan* schriftlich zu formulieren, der die wesentlichen Einzelschritte des Sponsoring-Engagements festhält.

3. Kapitel

Ziele einer Sponsoring-Politik

Durch Sponsoring sollen kommunikative Ziele für das Unternehmen erreicht werden. So etwa die Erhöhung des Bekanntheitsgrades und Imageverbesserung für Marken und Unternehmen. Es soll ein Imagetransfer stattfinden, also die Übertragung vom Image des Gesponserten auf das Sponsor-Unternehmen. Ist der Gesponserte eng mit dem Produkt des Sponsors verbunden, dann kann auch der Umsatz meßbar steigen: So besteht nach Boris Becker-Siegen häufig eine erhöhte Nachfrage nach Tennisschlägern seiner Marke. Im folgenden Kapitel geht es um die Formulierung der Sponsoring-Ziele, belegt durch empirische Studien.

Marketing- und Kommunikationsziele als Ausgangspunkt

Befragungen von Sponsoren nach ihren Motiven für das Eingehen eines Sponsorships zeigen sehr häufig, daß von den Unternehmensvertretern vielfach keine klaren Ziele formuliert werden können. Nur wenige Unternehmen unterziehen sich der Mühe einer schriftlich formulierten Sponsoring-Politik mit vorher festgelegten Zielen. Bei wachsender Bedeutung des Sponsoring für die Kommunikation von Unternehmen ist es jedoch unabdingbar, sich intensiver mit den anzustrebenden Zielen bei einem Sponsoring-Engagement auseinanderzusetzen.

Ausgangspunkt für die Zielformulierung sind die bestehenden *Marketing- und Kommunikationsziele* für das Unternehmen bzw. die Produktmarken (Absatz, Umsatz, Bekanntheitsgrad, Imageprofil usw.). Sie bilden die Grundlage für die Prüfung,

- ob überhaupt ein Sponsoring-Bedarf besteht, wenn die Marketing- und Kommunikationsziele bereits erreicht werden, oder
- ob eine konkrete Sponsoring-Aktivität als Alternative geeignet ist, solche Ziele besser als bisher zu erreichen.

Marketing- und Kommunikationsziele stellen die Basis für die Positionierung des Unternehmens bzw. der Marken dar. Die kommunikative Idee der Positionierung ist der Orientierungsrahmen für die Realisierung der Sponsoring-Ziele. Grundsätzlich kann zwischen ökonomischen und psychografischen Sponsoring-Zielen unterschieden werden.

Ökonomische und psychografische Sponsoring-Ziele

Für ausgewählte Sponsoring-Aktivitäten haben ökonomische Sponsoring-Ziele, z. B. Umsatzsteigerung, eine gewisse Bedeutung. Dies gilt vor allem für Produkte, die direkt oder indirekt mit der Ausübung der sportlichen oder kulturellen Aktivitäten verbunden sind: z. B. Sportgeräte und -bekleidung, Erfrischungsgetränke, Musikinstrumente usw. Bei diesen „professionellen Sponsoren" ist es vorstellbar, daß ökonomische Ziele formuliert und realisiert werden. So wird beispielsweise regelmäßig über Verkaufssteigerungen von Tennisschlägern bei Puma nach Boris Becker-Siegen bzw. von Hemden der Firma Boss nach Bernhard Langer-Siegen berichtet.

Für das klassische Sponsoring lassen sich jedoch keine genauen ökonomischen Ziele formulieren, da eine eindeutige Zuordnung der Absatz- oder Umsatzwerte zu den einzelnen Sponsoring-Aktivitäten kaum möglich ist.

Von besonderer Bedeutung sind die psychografischen Sponsoring-Ziele. In Anlehnung an die klassische Unterteilung der kommunikativen Ziele nach Wirkungsebenen (Steffenhagen 1984) müssen unter kurzfristigen Aspekten hervorgehoben werden:

– *Bekanntheitsgrad als Sponsoring-Ziel*
d. h. Steigerung oder Stabilisierung der Bekanntheit einer Marke (Markenbekanntheit) oder eines Unternehmens (Firmenbekanntheit). Der Bekanntheitsgrad ist ein zentrales kommunikatives Ziel von Sponsoring-Maßnahmen.

– *Imageverbesserung als Sponsoring-Ziel*
d. h. die Verbesserung oder Stabilisierung der Einstellungen gegenüber Marken bzw. Unternehmen. Dies gilt vor allem für die Verbesserung einzelner Imagedimensionen (z. B. Sportlichkeit, Jugendlichkeit, Wertanmutung, Exklusivität, Dynamik, Leistung usw.). Da das Sponsoring in einem realen Umfeld stattfindet, können die Atmosphäre und die Eindrücke der Situation der Gesponserten (z. B. Stadion, Theater, Hochschule) auf das Image des Sponsors übertragen werden. In diesem Sinne findet durch das Sponsoring ein Imagetransfer statt.

– *Goodwill und Kontaktpflege als Sponsoring-Ziel*
d. h. die Verbesserung oder Stabilisierung der Beziehungen zu unternehmensrelevanten Personen durch die Einbeziehung von Gesponserten. Das Sponsoring stellt einen Anlaß dar, die Beziehungen mit ausgewählten Großkunden, Handelspartnern, Meinungsbildern und Meinungsmultiplikatoren in einer attraktiven Umgebung zu pflegen.

Bekanntheit, Einstellungen und Kontaktpflege sind die drei zentralen kommunikativen Sponsoring-Ziele. Es ist kaum möglich, durch den Einsatz von Sponsoring das Wissen über bestimmte Produkteigenschaften bei den Konsumenten zu erhöhen oder beispielsweise neue Verwendungsmöglichkeiten von Produkten aufzuzeigen. Bei den meisten Sponsoring-Möglichkeiten tritt der Marken- oder Firmenname in Erscheinung, ohne daß der Sponsor differenzierter argumentieren kann. Deshalb eignet sich Sponsoring besonders für eingeführte Produktmarken.

Die Eignung von Sponsoring-Aktivitäten zur Erfüllung von kommunikativen Zielen in verschiedenen Unternehmens- und Marktsituationen ist in Tabelle 2 wiedergegeben.

Neben den kurzfristig vom Sponsor-Unternehmen angestrebten Zielen, wie Bekanntheit, Einstellung und Kontaktpflege, wird jedes Unternehmen Überlegungen anstellen, welche mittel- und langfristigen Ziele durch das Sponsoring erreicht werden sollen. Betrachtet man die Bedeutung ökonomischer und psychografischer Ziele im Zeitablauf, dann ergeben sich die in Schaubild 10 aufgezeigten Zusammenhänge. Mittel- und langfristig werden ökonomische Ziele angestrebt, d. h. das Sponsoring muß langfristig einen Beitrag zur Umsatzsteigerung leisten. Im psychologischen Bereich geht es mittel- bis langfristig um die Frage, ob das Sponsoring zu einer Imageverbesserung und -profilierung des Unternehmens geführt hat und ob es gelungen ist, positive Imagekomponenten des Gesponserten auf den Sponsor zu übertragen (Imagetransfer). Es bedarf keiner Begründung, daß auch das Erreichen bestimmter psychologischer Ziele letztlich angestrebt wird, um die ökonomischen Ziele (Umsatz, Marktanteil, Gewinn) besser erreichen zu können.

Tabelle 2: Eignung des Sponsoring für ökonomische und psychografische Kommunikationsziele
Quelle: in Anlehnung an Hanrieder 1986.

	Kommunikationsziele	Eignung	Kommunikationsziele	Eignung	
psychografische Ziele	Steigerung der Marken- und Firmenbekanntheit	1	Kontaktpflege mit Meinungsmultiplikatoren	1	psychografische Ziele
	Bekanntmachung von neuen Produkten und Dienstleistungen	2–3	Steigerung des Good-Wills gegenüber Unternehmen	1	
	Verbesserung ausgewählter Imagedimensionen	1	Einbindung in die PR-Maßnahmen des Unternehmens	1	
	Verbesserung des gesamten Images	2–3	Unterstützung von Verkaufsförderungsaktionen	2	
	Aktualisierung von Produktmarken und Firmennamen	1	Umgehung von Werberestriktionen	1	
	Beeinflussung der Idealvorstellungen von Produkteigenschaften	3–4	Umsatzexpansion bei Einführungswerbung	4	ökonomische Ziele
	Schaffung und Ausbau von Markentreue	1–2	Umsatzexpansion bei eingeführten Marken und bisherigen Märkten	2–3	
	Informationsverbesserung über den Produktgebrauch	3	Umsatzexpansion durch Erschließung neuer Märkte	3	
	Verdeutlichung des spezifischen Produktnutzens (USP)	2–3	Ausgleich regionaler Unterschiede von Marktanteilen	4	
	Intensivierung des Informationsverhaltens von Meinungsführern	2	Forcierung von Schwerpunktmärkten	3	
	Unterstützung von Verkaufsgesprächen	2–3	Ausgleich saisonaler Absatzschwankungen	4	
	Kontaktpflege mit Meinungsbildnern	1	Rückgewinnung abgewanderter Käufer	3	

Eignungs-Kennziffer; 1 = sehr gut geeignet   2 = gut geeignet   3 = teilweise geeignet   4 = nur gering geeignet

Schaubild 10: Bedeutung von Zielen für das Sponsoring im Zeitablauf

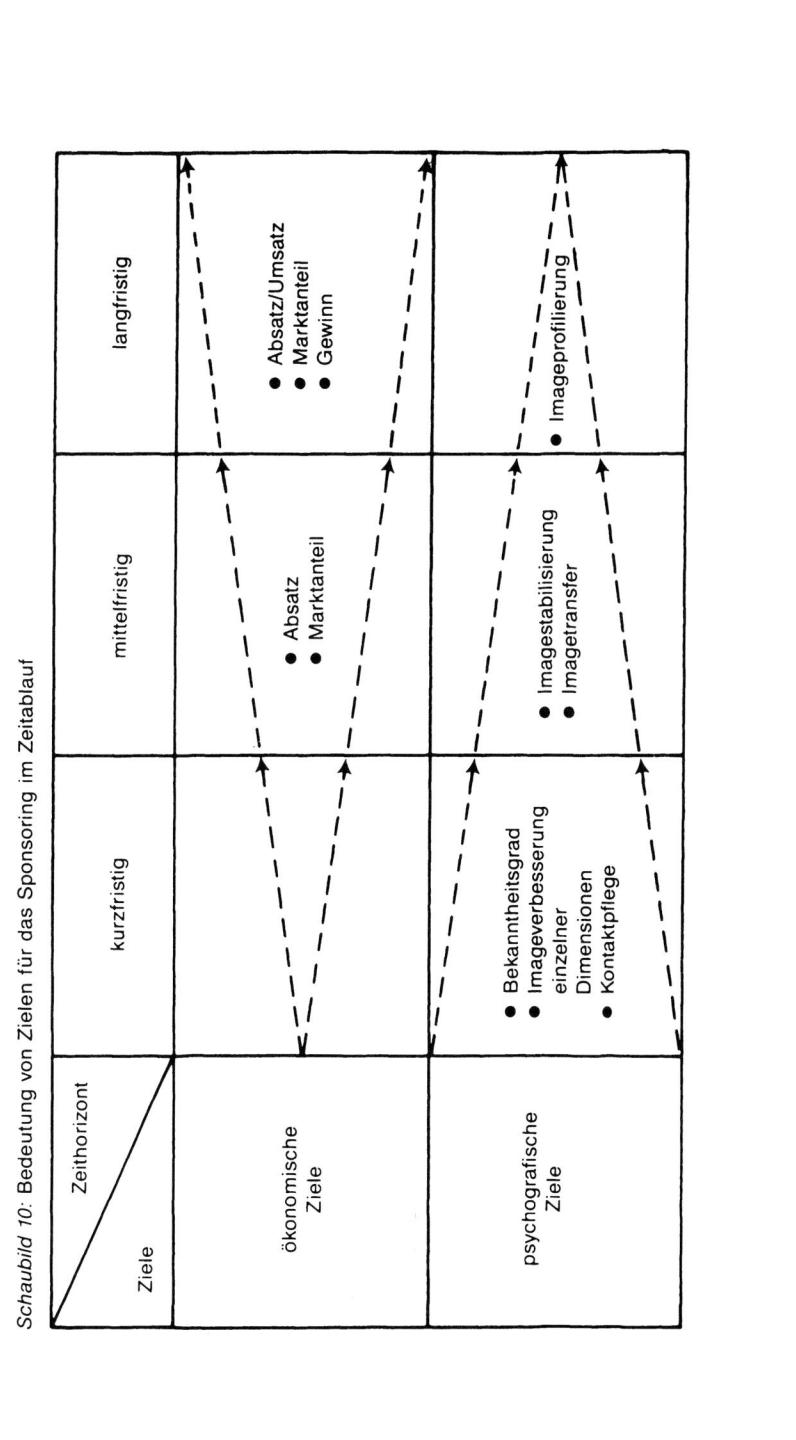

Empirische Studien über Sponsoring-Ziele von Unternehmen

In Deutschland liegen nur wenige empirische Untersuchungen über Sponsoring-Engagements von Unternehmen vor. Nach einer im Jahre 1981 durch die „Absatzwirtschaft" bei 50 Unternehmen durchgeführten Befragung über Sportwerbung ergaben sich folgende Ziele (o. V. 1981 a):

Ziele		Zahl der Unternehmensnennungen
Bekanntmachung		30
Stabilisierung:	16	
Erhöhung:	14	
Imageprofilierung		8
Stabilisierung:	6	
Veränderung:	2	
(mittelfristige) *Abverkaufserhöhung*		6
Erschließung neuer Zielgruppen		3

Als weitere Zielsetzungen wurden angegeben: Außendienst und Beratungsstellen regional positionieren (Deutsche Sparkasse); Vehikel für Promotion-Aktivitäten (Lingner + Fischer); Anschriftenbeschaffung, Bekanntheitsgrad für öffentliche Mitarbeiter (Iduna).

Ebenso liegt eine empirische Studie über Ziele bei der Motorsportwerbung vor. Bei einer Befragung von 39 Unternehmen (davon 26 mit sportnaher Produktpalette und 13 mit sportfremden Produkten) ergaben sich für 1985 die folgenden Ergebnisse (Häfele 1986; Angaben in Prozent):

Ziele	Gesamt	Produkte Sportnahe	Sonstige
Stabilisierung des Bekanntheitsgrades	35,9	42,3	23,1
Erhöhung des Bekanntheitsgrades	71,8	69,2	76,9
Anvisierte Zielgruppe wird optimal erreicht	38,5	42,3	30,8
Zielgruppe wird teilweise erreicht	28,4	34,6	15,4
Erschließung neuer Zielgruppen	20,6	11,6	38,6
Umsatzsteigerung	43,6	53,8	23,1
Imagestabilisierung	46,2	46,2	46,2
Imageveränderung	23,1	26,9	15,4
Steigerung der Mitarbeitermotivation	20,6	30,8	0
Beitrag zur Corporate Identity	20,6	26,9	7,8
Beitrag zum Sozio-Marketing	12,9	11,6	15,4
Sonstige Ziele	17,9	19,3	15,4

In der letzten Kategorie der „sonstigen Ziele" waren angegeben: lokale Public Relations-Wirkung, Goodwill bei Opinion Leaders, Propagierung innovativer Problemlösungen, Nutzung „abstrahlender" Imagefacetten, antizyklische Werbung, Händlerwerbung, Steigerung des Exportanteils.

Weitere empirische Ergebnisse über die mit der Sportwerbung verbundenen Zielsetzungen von Unternehmen sind einer schriftlichen Befragung aus dem Jahre 1986 zu entnehmen (Hermanns/ Drees/Püttmann 1986). Die 106 befragten Unternehmen gaben die folgenden Ziele an:

Ziele	Nennungen in Prozent (Mehrfachnennungen möglich)
Imagetransfer	65
Erhöhung des Bekanntheitsgrades	45
Unterstützung klassischer Werbung	7
Unterstützung der Öffentlichkeitsarbeit	6
Unterstützung der Verkaufsförderung	6

Die Ergebnisse belegen den hohen Stellenwert der Imageziele und die Steigerung des Bekanntheitsgrades. Darüber hinaus kommt der unterstützende Charakter der Sportwerbung als Ergänzung zur klassischen Werbung zum Ausdruck.

In einer anderen empirischen Untersuchung wurden 35 Unternehmen nach ihren Motiven und Zielen im Sport- und Kultur-Sponsoring schriftlich und mündlich befragt: Die Sponsorships bezogen sich überwiegend auf Aktivitäten in der Bundesrepublik. In der Meinung der für Sponsoring in Unternehmen Verantwortlichen ergaben sich im einzelnen die folgenden Ergebnisse für das Sport-Sponsoring beim Fußball, Motorsport und Tennis (von Specht 1985):

☐ *Ziele und Motive für Fußball-Sponsorships*
- Steigerung oder Stabilisierung des Bekanntheitsgrades (z.B. Portas),
- Image-Dynamisierung für Produkt oder Firma (z.B. Erdgas),
- Image-Positionierung (z.B. Doppeldusch),
- Publicity-Sog des Gesponserten (z.B. Jägermeister),
- Einsatz des Gesponserten für Werbe- oder Verkaufsförderungsaktionen (z.B. Holsten-Brauerei),
- Abverkaufssteigerung (z.B. Campari)

- Regionales oder lokales Goodwill schaffen (z. B. Deutscher Ring).

☐ *Ziele und Motive für Motorsport-Sponsorships*
- Publicity für Produkte, die sonst Werberestriktionen unterliegen (z. B. Rothmans, Marlboro),
- Dynamisierung des Produkt-Images (z. B. Vaillant),
- Steigerung des Bekanntheitsgrades (z. B. Warsteiner Brauerei),
- Assoziation mit dem „international jet-set-image" des Motorrennsports (z. B. Martini),
- Übertragung der Attribute „moderne Technik", „Präzision", „starke Belastbarkeit" oder „Sicherheit" auf das Produkt (z. B. Goodyear),
- Testen von Produkten bei hohen Anforderungen (z. B. Shell),
- Kontaktpflege mit geladenen Gästen (z. B. Philips),
- „persönliche Motive" z. B. des Vorstandes.

☐ *Ziele und Motive für Tennis-Sponsorships*
- Image-Plazierung (z. B. Trevira, Ambre Solaire),
- Publicity-Wirkung der Veranstaltung (z. B. Seiko),
- Möglichkeiten der Gästebetreuung (z. B. Porsche),
- Aktivierung der eigenen Mitarbeiter (z. B. Hoechst),
- Image des Spielers mit dem Produkt in Zusammenhang bringen (z. B. Kim, Dunlop),
- Umgehung von Werberestriktionen (z. B. Zigaretten),
- Möglichkeit, den Produkt- oder Firmennamen in den offiziellen Titel miteingehen zu lassen (z. B. Volvo, Hoechst, Kim),
- Nutzung von Spitzensportlern für Werbemaßnahmen (z. B. Puma),
- Publicity-Wirkung der Spieler (z. B. Dunlop, Tacchini),
- Ansprache breiter Zielgruppen (z. B. Coca Cola Light).

Die Angaben durch die Unternehmensvertreter zeigen, daß beim Sport-Sponsoring vor allem die Verbesserung des Bekanntheitsgrades und Imageveränderungen im Vordergrund stehen. In den meisten Fällen erwarten die Unternehmen einen Imagetransfer vom Gesponserten auf die eigene Produktmarke. Vielfältiger sind die mit dem Kultur-Sponsoring verbundenen Zielsetzungen. In der gleichen empirischen Untersuchung gaben die Unternehmensvertreter in den Bereichen Schauspiel, Ausstellungen, Musik, Kultur-Wettbewerbe, Lehre und Forschung die folgenden Ziele an (von Specht 1985):

☐ *Ziele und Motive für Schauspiel-Sponsorships*
- Kontaktpflege zu unternehmensrelevanten Gruppen,
- Schaffung lokalen oder regionalen Goodwills,
- Publicity-Wirkung.

☐ *Ziele und Motive für Ausstellungs-Sponsorships*
- Publicity der Ausstellung nutzen (z. B. Allianz),
- Verbesserung der Kontakte mit den Medien (z. B. BAT Ind., London),
- lokalen, regionalen oder nationalen Goodwill schaffen (z. B. McDonalds),
- Kontakte mit der Öffentlichkeit pflegen (z. B. Henkell),
- Verbesserung des Images herstellen (z. B. Olivetti),
- Bekanntheitsgrad erhöhen (z. B. BATIG).

☐ *Ziele und Motive für Musik-Sponsorships*
Klassische Musik
- Konzerte als sogenannte Nachbarschaftsveranstaltungen (z. B. Henkell),
- Förderung des „Club-Gedankens" (Diners Club),
- Nutzung des Gesponserten für PR und Werbung (z. B. Holsten-Brauerei),
- Schallplatten und Kassetten des Gesponserten als Werbegeschenke (z. B. Rheinbraun),
- Regionale Förderung junger Künstler (z. B. Dortmunder Aktien Brauerei).

U-Musik
- Ansprache einer überwiegend jungen Zielgruppe (z. B. Philips England),

- Nutzung der Publicity des Gesponserten,
- Nutzung des Images einer Gruppe,
- Werbung mit und auf Schallplatten und Kassetten,
- Nutzung eines Konzertes für Verkaufsförderungs-Maßnahmen (z. B. Plattenindustrie).

☐ *Ziele und Motive für Literatur-Sponsorships*
- Verbindung des guten Namens des Gesponserten mit dem Unternehmen (z. B. Allianz),
- Förderung und Stabilisierung des Bekanntheitsgrades,
- Nutzung der Produkte als Werbegeschenke (z. B. Hoechst),
- Verbindung mit einer angenehmen Assoziation (z. B. Allianz),
- Betonung der gesellschafts- und sozialpolitischen Verantwortung des Unternehmens (z. B. Shell),
- Möglichkeit, über den Gesponserten überregional bekannt zu werden.

☐ *Ziele und Motive für das Sponsoring von Kultur-Wettbewerben*
- Goodwill bei bestimmten Zielgruppen erreichen,
- Schaffung direkter Ansprachemöglichkeiten während und nach dem Ereignis bei der Zielgruppe (z. B. Binding Brauerei),
- lokale, regionale oder nationale Publicity,
- Nutzung des Preisträgers für Marketing-Maßnahmen (z. B. Marlboro),
- Distributionssteigerung bei einer spezifischen Zielgruppe (z. B. Binding Brauerei),
- Organisation einer Aktion, die vordergründig keinen Werbecharakter hat.

☐ *Ziele und Motive für Sponsoring im Bereich von Lehre und Forschung*
- Rekrutierung des eigenen Mitarbeiter- bzw. Führungsnachwuchses (z. B. Siemens),

– Verbesserung des Kontaktes mit der Wissenschaft,
– Möglichkeit, verstärkt Forschungsarbeiten an die Hochschule zu vergeben (z. B. Nixdorf),
– Kontaktmöglichkeiten mit jungen Zielgruppen (z. B. BP England),
– Förderung des lokalen oder regionalen Goodwills (z. B. Nixdorf),
– Gesellschaftliches Verantwortungsbewußtsein (z. B. Shell).

Die empirischen Ergebnisse verdeutlichen, daß ökonomische Sponsoring-Ziele nur in Ausnahmefällen angestrebt werden. Vielmehr sind es vor allem drei Sponsoring-Ziele, die für das Sport- und Kultur-Sponsoring gleichermaßen von Bedeutung sind:

– Verbesserung des *Bekanntheitsgrades* durch Nutzung publizitätswirksamer Veranstaltungen,
– Verbesserung des *Images* durch das Umfeld des Sports und der Kultur,
– Verbesserung der *Kontaktpflege* und *Steigerung des Goodwills* durch die Schaffung eines besonderen Rahmens bei bzw. mit den Gesponserten.

Das Ergebnis einer Sponsoring-Zielplanung muß es sein, die mit dem Sponsorship angestrebten Ziele eindeutig, operational und realistisch zu formulieren. Die Zielplanung muß im Hinblick auf vier Dimensionen vom Sponsor präzisiert werden:

– *Zielinhalt*
Beispiel: Durch Bandenwerbung im Fußballstadion soll die Markenbekanntheit, durch die Kreierung eines Kunstpreises das Image angehoben werden.

– *Zielausmaß*
Beispiel: Steigerung der aktiven Markenbekanntheit um 10 Prozent, Verbesserung der Imagedimension „Dynamik" und „Sportlichkeit" um 1 Punkt auf einer 7er Skala.

– *Zeitbezug*

Beispiel: Steigerung der Markenbekanntheit durch 3 Tennisturniere innerhalb eines Jahres.

– *Segmentbezug*

Beispiel: Die Ziele sind für die Abnehmer, Absatzmittler,
Meinungsbildner im einzelnen zu formulieren: etwa die Steigerung des Bekanntheitsgrades beim Endverbraucher.

Nur eine genaue Zielplanung versetzt den Sponsor in die Lage,
seine Erwartungen gegenüber den Gesponserten zu präzisieren
und nach der Durchführung des Sponsorships die Sponsoring-
Wirkung zu kontrollieren. Dies bedeutet im einzelnen, daß sich
Unternehmen bei Vorlage eines konkreten Sponsoring-Ange-
bots Gedanken darüber machen müssen, welche Verbesserung
der Bekanntheit bei den Zielgruppen möglich ist, welches Image
durch das Sponsorship auf den Markennamen übertragen werden kann und inwieweit das Sponsoring zur Kontaktpflege mit
ausgewählten Unternehmensvertretern und Kunden eingebunden werden kann.

Selbstverständlich gelten diese Überlegungen nicht nur für konkrete Angebote von Gesponserten, Sponsoring-Agenturen oder
Public-Relations-Agenturen. Vielmehr können bei einer klaren
Analyse der eigenen kommunikativen Ziele auch selbständig
durch das Unternehmen Sponsoring-Aktivitäten geplant und
durchgeführt werden (z. B. Wandertag, lokale Sportveranstaltung, Baumpflanzaktionen, Ausschreibung von künstlerischen
Wettbewerben).

4. Kapitel

Zielgruppen des Sponsoring

Die vorrangigen Zielgruppen eines Unternehmens sind dessen aktuelle und potentielle Kunden. Diese Basis-Zielgruppen bilden den Ausgangspunkt für das Sponsoring-Engagement von Unternehmen. Der Gesponserte erreicht durch seine Aktivitäten einen Teil dieser Zielgruppen. In diesem Kapitel wird der Frage nachgegangen, wie das Unternehmen die Sponsoring-Zielgruppen abgrenzen kann, und auf welche Kriterien dabei besonderes Augenmerk gelegt werden sollte. Es wird dargelegt, welche Informationen für Zielgruppenbeschreibungen notwendig sind. Jedes Sponsoring-Engagement von Unternehmen setzt eine Zielgruppenplanung voraus.

Systematik von Sponsoring-Zielgruppen

Voraussetzung für den Einsatz des Sponsoring als Kommunikationsinstrument ist eine exakte *Zielgruppenplanung*. Für das Sponsoring ist die Betrachtung der Zielgruppen aus zwei Perspektiven vorzunehmen:

☐ *Zielgruppen des Sponsors*
d. h. nach welchen Merkmalen werden die Basis-Werbezielgruppen des Unternehmens abgegrenzt und beschrieben?

☐ *Zielgruppen des Gesponserten*
d. h. welche Zielgruppen werden durch die Sponsoring-Aktivitäten im sportlichen, kulturellen und sozialen Bereich erreicht?

Die Vorgehensweise bei der Zielgruppenplanung ist in Schaubild 11 verdeutlicht:

☐ Das *Unternehmen* identifiziert seine Zielgruppen für die Unternehmenskommunikation (Werbe- und Public Relations-Zielgruppen) nach Kriterien wie Markenwahlverhalten, Einstellung zur Unternehmung usw. Das Unternehmen beschreibt die Zielgruppen nach verschiedenen Merkmalen wie Alter, Geschlecht, Beruf, Freizeitinteressen, Medienverhalten u. a. m.

☐ Im *Sponsoring-Markt* können Zielgruppen nach ihrem Besucherverhalten bei Veranstaltungen, Interesse am jeweiligen Themengebiet, Medienverhalten bei Fernsehübertragungen und Presseberichten usw. gebildet werden. Die angesprochenen Zielgruppen sind ebenso nach verschiedenen Merkmalen wie Alter, Geschlecht, Beruf usw. zu beschreiben.

Für die Zielgruppenplanung im Sponsoring sind die quantitativen und qualitativen Übereinstimmungen beider Zielgruppenpotentiale von besonderer Bedeutung. Nur wenn es bei der Ana-

Basis-Zielgruppen der Unternehmenskommunikation ↔ **Zielgruppen des Sponsoring-Marktes**

Zielgruppen-Identifikation
- Wissen
- Einstellungen
- Verhalten

Zielgruppen-Beschreibung
- Soziodemografie
- Psychografie
- Konsum und Besitz

Kunden
Lieferanten
Mitarbeiter
Handel
Meinungsbildner

Aktive Teilnehmer

Besucher

Medienzuschauer

Zielgruppen-Identifikation
- Wissen
- Einstellungen
- Verhalten

Zielgruppen-Beschreibung
- Soziodemografie
- Psychografie
- Konsum und Besitz

lyse und Bewertung der Zielgruppen hohe Überschneidungen gibt, wird sich das Unternehmen für ein Sponsoring-Engagement entscheiden.

Basis-Zielgruppen des Unternehmens

Für eine möglichst umfassende Erfassung der Zielgruppen des Unternehmens ist es zweckmäßig, verschiedene *Umweltschichten* zu betrachten (Kotler 1982; Nieschlag/Dichtl/Hörschgen 1985):

☐ Die Zielgruppen der *Makroumwelt* sind für Unternehmen von besonderer Bedeutung. Hierbei arbeitet das Unternehmen sehr intensiv mit den einzelnen Gruppen zusammen, die für seine Geschäftstätigkeit relevant sind. Dazu zählen im besonderen:

- Abnehmer
- Lieferanten
- Absatzmittler
- Absatzhelfer
- Mitarbeiter

☐ Die Einflüsse der *Mikroumwelt* bestimmen die zukünftigen Aktivitäten des Unternehmens. Es handelt sich dabei um Umweltentwicklungen, die von einem einzelnen Unternehmen nicht beeinflußt werden können. In diesem Zusammenhang sind vor allem zu nennen:

- Ökonomische Umwelt
- Technologische Umwelt
- Sozio-kulturelle Umwelt
- Physische Umwelt
- Rechtliche Umwelt

Der Sponsor wird als Ausgangspunkt für seine Sponsoring-Aktivitäten seine eigenen Zielgruppen und mögliche Einflüsse auf seine Basis-Zielgruppen nehmen.

Zielgruppen der Mikroumwelt

Primäre Zielgruppen des Unternehmens sind die aktuellen und potentiellen *Kunden,* die nach den klassischen Kriterien beschrieben werden (Freter 1983):

- Sozio-ökonomische Merkmale (Alter, Geschlecht, Einkommen),
- geografische Merkmale (Nielsen-Gebiete),
- Besitz- und Konsummerkmale,
- Merkmale der Kaufbeeinflussung Dritter (Meinungsführerschaft),
- psychologische Merkmale (Motive, Interessen, Einstellungen).

Für das Sponsoring sind die psychologischen Merkmale der Kunden von besonderer Bedeutung. Hier müssen im einzelnen untersucht werden:

- das aktive Engagement im sportlichen, kulturellen und sozialen Bereich *(Freizeitverhalten),*
- das Interesse an den Themen Sport, Kultur, Soziales *(Freizeitinteressen)* und damit verbunden
- das Medienverhalten bei entsprechenden Veranstaltungen *(Medienkonsum).*

Informationen über das Freizeit- und Medienverhalten sind aus eigenen Kundenanalysen bzw. entsprechenden Konsumententypologien zu entnehmen.

Neben den aktuellen und potentiellen Kunden auf Massenmärkten sind weitere Zielgruppen für Unternehmen von herausragender Bedeutung. Dazu zählen beispielsweise:

- Großkunden
- Handelspartner
- Bankenvertreter
- Bedeutende Lieferanten
- Politiker (lokal und national)

- Verbandsvertreter (Industrie, Handel und Handwerk)
- Führungskräfte
- Mitarbeiter im Unternehmen
- Meinungsmultiplikatoren (Medienvertreter).

Mit diesen Zielgruppen kommunizieren Unternehmen regelmäßig. Die Unternehmen sind darauf angewiesen, die Beziehungen mit den Repräsentanten aufrechtzuerhalten und zu pflegen. Aus Unternehmenssicht ist es zweckmäßig, Informationen über die Interessen der Zielgruppen im Freizeitbereich (Sport, Kultur usw.) zu beschaffen, um Ansatzpunkte für das Sponsoring zu finden. Dem Sponsoring kommt hierbei die Funktion zu, die Kontaktpflege mit den unternehmensrelevanten Personen und Repräsentanten zu erleichtern.

Tabelle 3 zeigt, welche Zielgrupen für eine Unternehmenskommunikation von besonderer Bedeutung sind bzw. – im Idealfall – sein sollten.

Einflüsse der Makroumwelt

Neben einer aktuellen Beschreibung der Basis-Zielgruppen ist es für Unternehmen notwendig, die Einflüsse der Makroumwelt zu beobachten. Aus diesen Umwelteinflüssen sollen Verhaltensänderungen der eigenen Zielgruppen rechtzeitig erkannt werden. So empfiehlt es sich etwa, die folgenden Indikatoren bei den Zielgruppen zu beobachten:

☐ *Ökonomische Umwelt*
- Ausgaben für Sportaktivitäten
- Ausgaben für kulturelle Aktivitäten
- Ausgabenverschiebungen im Freizeitbereich (z. B. Ausgaben für Medien, Reisen, Sport, Kultur)

☐ *Sozio-kulturelle Umwelt*
- Einstellungen zu Sport/Kultur/Sozialem
- Bedeutung der Freizeit
- Wertewandel

Tabelle 3: Kommunikation des Unternehmens mit Zielgruppen
Quelle: Empirische Studie von Parkinson/Rowe 1981.

Zielgruppen, mit denen Unternehmen regelmäßig kommunizieren bzw. kommunizieren sollten	gegenwärtig %	Idealfall %
Top-Manager aus Handel und Industrie		
Kunden	59	78
Lieferanten	45	62
Unternehmens- und Handelsverbände	61	75
Leitende Manager anderer Betriebe	43	35
Regierung		
Parlamentsabgeordnete und andere Volksvertreter	18	42
Regierungsbeamte	43	43
Internationale politische und wirtschaftliche Körperschaften	17	39
Finanzgruppen		
Banken	89	92
Institutionelle Anleger	28	70
Private Aktionäre	58	92
Arbeitnehmer und deren Vertreter		
Top-Management	92	97
Mittleres Management	91	96
Andere Beschäftigte	81	92
Führende Gewerkschaftler	35	59
Lehrer und Studenten/Schüler		
Lehrer	25	40
Studenten/Schüler	26	42
Besondere Interessenvertretungen		
Vertreter der lokalen Gemeinde	33	57
Verbraucherorganisationen	15	56
Umweltschutzverbände	18	46
Allgemeine Öffentlichkeit	37	65

☐ *Technologische Umwelt*
  - Nutzung neuer Kommunikationsmedien
  - Einstellung zu neuen Technologien

☐ *Physische Umwelt*
  - Einstellung zum Umweltschutz
  - Kritik an Sportarten (z. B. in Verbindung mit dem Naturschutz)

☐ *Rechtliche Umwelt*
  - Werbebeschränkungen
  - Werbeverbote
  - Medienkontrolle.

Sind aus den verschiedenen Umweltbereichen Trends bei den eigenen Zielgruppen zu erkennen, so kann dies ein Frühwarnsignal für oder gegen ein Sponsoring-Engagement des Unternehmens sein.

Zielgruppenplanung des Sponsoring-Marktes

In den meisten Fällen liegen grobe Anhaltspunkte darüber vor, in welchen Bereichen die Zielgruppen bestimmte Freizeitinteressen aufweisen. Dann geht es in einem zweiten Schritt darum, den in Aussicht genommenen Sponsoring-Bereich (z. B. Sportart, Kulturbereich) näher zu untersuchen. Auch hier ist es erforderlich, eine möglichst exakte *Zielgruppenplanung des Sponsoring-Marktes* durchzuführen. Dabei ist aus der Sicht eines Sponsoring-Bereiches eine Analyse und Bewertung unterschiedlicher Zielgruppen vorzunehmen. Die Zielgruppenplanung im Sponsoring kann auf drei Ebenen erfolgen:

- *Zielgruppenebene: Aktive Teilnehmer*
  Hierbei handelt es sich um Personen, die sich selbst aktiv im Sponsoring-Bereich betätigen (z. B. Breitensport). Es sind

Informationen zur genaueren Beschreibung dieser Zielgruppe erforderlich.

– *Zielgruppenebene: Besucher*
Die Besucher nehmen an Sponsoring-Veranstaltungen (passiv) teil (z. B. Besucher von Sportwettkämpfen, Ausstellungsbesucher). Auch hier sind genaue Zielgruppenbeschreibungen notwendig.

– *Zielgruppenebene: Medien-Zuschauer*
Die Zuschauer sind an den Sponsoring-Bereichen interessiert und verfolgen sie in den Medien. Für die Zielgruppenplanung ist eine Analyse des Medienkonsums (Fernsehen, Zeitungen) in Abhängigkeit vom Themeninteresse vorzunehmen.

In den einzelnen Sponsoring-Bereichen liegen nur wenige differenzierte Zielgruppenanalysen vor. In den meisten Fällen müssen grobe Strukturdaten und qualitative Informationen über die Zielgruppen zugrundegelegt werden.

Aktive Teilnehmer als Zielgruppen

In den einzelnen Sponsoring-Bereichen können verschiedene Kriterien zur Beschreibung der aktiven Teilnehmer in den Sponsoring-Bereichen herangezogen werden. Beim Sport-Sponsoring sind die aktiven Teilnehmer ein bedeutendes Zielgruppenmerkmal, wenn ein breites Potential der Bundesbürger angesprochen werden soll (sog. Freizeit-Sport).

Zahlen über aktiv Sporttreibende liegen z. B. in Verbindung mit dem Mitgliederbestand von Sportvereinen vor. Tabelle 4 ist zu entnehmen, daß – gemessen an der Mitgliederzahl – der Fußball unter den Sportarten an der Spitze rangiert. Der Vereinssport findet im allgemeinen mehr Anhänger unter Männern als unter Frauen. Turnen gehört neben dem Tanzsport und Reiten zu den wenigen Sportarten, bei denen Frauen in den Vereinen zahlenmäßig dominieren. Bei den Jugendlichen besteht ein großes Interesse an den Sportvereinen. Von den Mitgliedern sind 20 Prozent jünger als 15 Jahre und 41 Prozent unter 22 Jahre (Statistisches Bundesamt 1985).

Tabelle 4: Mitgliederstärke in deutschen Sportverbänden (1984)
Quelle: Statistisches Bundesamt 1985.

Spitzenverband	Mitglieder 1000	Darunter männlich 1000
Fußball	4676	4239
Turnen	3390	1095
Tennis	1686	950
Schützen	1202	984
Leichtathletik	790	436
Handball	751	508
Tischtennis	668	494
Skisport	630	368
Schwimmen	561	289
Reiten	511	216

Aus Befragungen ist ersichtlich, daß über die Organisation in Verbänden hinausgehend das Schwimmen, Radfahren, Laufen/Joggen, Wandern und Gymnastik zu den beliebtesten aktiv betriebenen Sportarten zählen. Tabelle 5 zeigt die Häufigkeit und die Teilnehmer verschiedener Sportaktivitäten.

Weitere Hinweise auf sozio-demografische Zielgruppenmerkmale von aktiv Sporttreibenden sind Schaubild 12 zu entnehmen. Dabei sind die Kriterien Geschlecht, Alter, Schulbildung, berufliche Stellung und Familiensituation aufgeführt. Tabelle 6 zeigt die wichtigsten sozio-demografischen Merkmale für Sportaktive bei unterschiedlichen Sportarten.

Die aktiven Teilnehmer im kulturellen Bereich umfassen vergleichsweise weniger Personen. So berichtet der Deutsche Sängerbund von 1,7 Mio. Mitgliedern. Es gab 1984 insgesamt 18 591 Bundeschöre (Statistisches Bundesamt 1985).

Im sozialen Bereich hat beispielsweise die aktive Teilnahme am Umweltschutz in den letzten Jahren erheblich zugenommen. Eine repräsentative Studie in der Bundesrepublik klassifiziert 37,6 Prozent der Bevölkerung als umweltbewußte Konsumenten. Diese Konsumenten sind eher jünger, verfügen über eine gute Ausbildung und gehören tendenziell den oberen und mittleren sozialen Schichten an (Meffert et al. 1986).

Tabelle 5: Freizeitsportarten der Bundesbürger (Angaben in %)
Quelle: Deutscher Sportbund 1985.

Was machen Sie in Ihrer Freizeit auf sportlichem Gebiet?	wie oft				mit wem			
	insgesamt	regelmäßig	gelegentlich	selten	allein	mit der Familie	mit Freunden, Bekannten	mit Arbeitskollegen
1. Schwimmen	67	26	50	24	19	30	50	1
2. Radfahren	64	39	51	10	45	29	22	4
3. Laufen, Joggen	44	43	42	15	48	12	50	–
4. Wandern	43	25	63	12	9	52	39	–
5. Gymnastik	40	52	40	7	48	10	42	–
6. Tanzen	33	27	34	39	14	28	63	–
7. Tennis	26	52	33	15	8	25	65	2
8. Skilauf alpin	25	21	48	31	6	21	73	–
9. Skilanglauf	21	16	52	32	12	48	50	–
10. Kegeln	20	29	38	33	–	3	67	30
11. Eislaufen	19	8	28	64	8	24	64	4
12. Fußball	17	49	32	19	5	2	67	26
13. Tischtennis	16	25	60	15	4	15	68	13
14. Fitness-Training	15	37	31	32	52	9	39	–
15. Squash	14	33	56	11	5	10	79	6
16. Volleyball	14	33	38	29	10	2	63	15
17. Leichtathletik	12	53	6	41	4	9	84	3
18. Klettern/Bergsteigen	11	13	37	50	50	–	50	–
19. Segeln	11	7	21	72	5	6	86	3
20. Reiten	10	44	22	34	45	22	23	–
21. Windsurfen	10	9	36	55	31	6	46	17
22. Bodybuilding	9	45	31	24	56	10	17	17
23. Asiatische Kampfsportarten	8	85	4	11	15	15	70	–
24. Handball	8	54	31	15	31	4	61	4
25. Basketball	8	8	63	29	17	8	75	–
26. Schießsport	7	21	29	50	50	25	25	–
27. Rudern	7	–	50	50	40	10	50	–
28. Kanufahren	7	42	14	44	70	10	10	10

Geschlecht	Generell treiben Männer wesentlich häufiger Sport als Frauen. Besonders stark dominieren sie in Sportarten mit hohen körperlichen oder technischen Anforderungen (Skihochtouren, Squash, Motor- und Flugsport etc.). Es gibt allerdings auch Ausnahmen von dieser Regel: bei der Gymnastik sind die Frauen aktiver als die Männer, beim Schwimmen und Wandern halten sich beide Geschlechter in etwa die Waage.
Alter	Jüngere Menschen sind im allgemeinen sportlich wesentlich aktiver als Ältere; nach dem 50. Lebensjahr läßt die Lust, Sport zu treiben, meist nach. Je mehr körperliche Anstrengung sie verlangt, desto stärker konzentriert sich die Anhängerschaft einer Sportart auf die jüngeren Jahrgänge. Aktivitäten wie Wandern und Spazierengehen werden dagegen von den über 60jährigen bevorzugt.
Schulbildung	Die Neigung zum Freizeitsport nimmt generell mit steigendem Bildungsgrad zu. Dies liegt zum Teil daran, daß Absolventen höherer Schulen intensiver an sportliche Betätigung herangeführt wurden und zudem mehr Zeit für Sport übrig hatten. Die so herausgebildeten Verhaltensweisen erhalten sich auch nach der Schulzeit.
Berufliche oder soziale Stellung	Je teurer und exklusiver eine Sportart ist, desto häufiger wird sie von Selbständigen und Leitenden Angestellten/Beamten ausgeübt (Golf, Jagen etc.). Angeln und Fußballspielen sind dagegen bei Arbeitern am beliebtesten, während die Rentner (s. o.) beim Wandern, die Hausfrauen in der Gymnastik am aktivsten sind.
Familiensituation	Da ihnen mehr Einkommen zur Verfügung bleibt, sind Familien ohne Kinder in den meisten Sportarten aktiver als Großfamilien. Sportarten wie Rodeln und Ballspielen, aber auch Radfahren und Schwimmen werden dagegen vielfach wegen oder zumindest mit Kindern ausgeübt.

Schaubild 12: Sozio-demografische Zielgruppenmerkmale von Sportaktiven
Quelle: o. V. 1983.

Tabelle 6: Sozio-demografische Merkmale von Sportaktiven nach Sportarten
Quelle: Allensbacher Werbeträgeranalyse AWA Band I (1984).

	Fußball		Volleyball		Tennis		Ski Abfahrt		Surfen	
Durchschnitt in der Bevölkerung ab 14 Jahre	9,3%		4,1%		7,7%		10,2%		2,9%	
Folgende demografische Gruppen sind überdurchschnittlich vertreten:										
Geschlecht	Männer	18,5%	Männer	4,8%	Männer	9,5%	Männer	11,7%	Männer	3,8%
Alter in Jahren	14 bis 39 J.	27,7% 17,5% 11,7%	bis 39 J.	16,7% 7,1% 4,1%	bis 49 J.	11,6% 10,5% 13,0% 10,0%	bis 49 J.	21,6% 17,7% 14,0% 11,0%	bis 39 J.	6,0% 5,8% 3,8%
Tätigkeit	in Ausbildung	27,2%	in Ausbildung	13,9%	Stud.	16,1%	Stud.	26,3%	Stud.	11,4%
Beruf	Facharbeiter	13,3%	Beamte+Angest. Leitende Sonstige	5,6% 5,3%	Selbständig Beamte	12,7% 15,2%	soz. höchste Berufe ca.	13,3%	soz. höchste Berufe ca.	4,7%
Bildung	Höh. Schule o. Abitur	10,3%	Höh. Schule m. Abitur o. Abitur	9,4% 7,2%	Höh. Schule m. Abitur o. Abitur	16,2% 11,5%	Höh. Schule m. Abitur o. Abitur	19,6% 14,5%	Höh. Schule m. Abitur o. Abitur	7,1% 3,9%
Haushalts-Netto-einkommen	2–5 Tsd.	9,5% 12,8% 10,6%	ab 3 Tsd.	5,5%	ab 4 Tsd.	16,5%	ab 3 Tsd.	14,9%	ab 3 Tsd.	4,4%

Lesebeispiel: 9,3% der Bevölkerung ab 14 Jahren spielen in ihrer Freizeit öfter Fußball, von den Männern spielen 18,5% und den Personen in Ausbildung 27,2% öfter Fußball.

Besucher als Zielgruppen

Werden in den gesponserten Bereichen Veranstaltungen durchgeführt, dann sind Informationen über die Besucher der Veranstaltungen von Interesse. Dies gilt unabhängig von der beim Sponsoring üblichen Praxis, daß der Sponsor selbst gezielt Einladungen für die Veranstaltung an unternehmensrelevante Personen ausspricht.

Genaue Merkmalsbeschreibungen über Veranstaltungsbesucher liegen insgesamt kaum vor. Meistens sind allenfalls grobe Hinweise über die Anzahl der Besucher zu erhalten. Hier sind zukünftig differenziertere Studien erforderlich.

Im Bereich Sport-Sponsoring werden beispielsweise im Fußball die Zuschauerzahlen regelmäßig erfaßt. Tabelle 7 zeigt, daß in der Fußball-Bundesliga-Saison 1985/86 pro Spiel zwischen

Tabelle 7: Besucher in der Fußball-Bundesliga-Saison 1985/86

Verein	Kalkul. Schnitt	Zuschauerschnitt	
		Heim-spiele	Auswärts-spiele
VfL Bochum	21 000	19 833	14 950
Werder Bremen	23 000	23 283	24 048
Borussia Dortmund	23 000	19 777	18 850
Fortuna Düsseldorf	12 000	10 370	14 244
Eintracht Frankfurt	20 000	15 330	14 922
Hamburger SV	23 000	17 633	24 220
Hannover 96	22 000	29 362	15 710
1. FC Kaiserslautern	18 000	17 660	17 655
1. FC Köln	18 000	16 000	17 725
Bayer Leverkusen	11 000	10 620	17 950
Bor. Mönchengladbach	19 000	20 950	33 030
Bayern München	28 000	33 888	33 850
1. FC Nürnberg	16 500	26 950	23 375
1. FC Saarbrücken	11 500	21 833	12 850
FC Schalke 04	23 000	24 425	21 370
VfB Stuttgart	27 500	20 955	24 350
Bayer Uerdingen	15 000	13 888	13 070
Waldhof Mannheim	18 000	18 488	16 955

10000 und 33000 Zuschauer zu verzeichnen waren. Bei größeren Turnieren und Veranstaltungen in den Bereichen Golf, Tennis, Segeln, Skifahren, Reiten, Motorsport, Leichtathletik usw. kann mit Besucherzahlen – je nach Größe des Veranstaltungsortes und relativer Bedeutung – zwischen 5000 und 60000 gerechnet werden. Die Besucherzahlen selbst sind für das Sponsoring bei größeren Sportveranstaltungen von geringerer Bedeutung; hier wird der Sponsor vor allem mit der Berichterstattung in den Massenmedien rechnen.

Beim Kultur-Sponsoring sind die Besucher von Theater-, Ausstellungs- und Musikveranstaltungen von Interesse. Schaubild 13 verdeutlicht, daß in Deutschland (bei 33000 Aufführungen) insgesamt 16,5 Mio. Theaterbesucher zu verzeichnen waren. An der Spitze der Besucherzahlen lagen Oper und Ballett mit 6 Mio. Zuschauern; es folgten Schauspiel mit 5,8 Mio. und Operette sowie Musical mit 2,6 Mio. Besuchern. Mit durchschnittlich 500 Besuchern pro Veranstaltung wurden 87 Prozent des Platzangebotes genutzt (Statistisches Bundesamt 1985).

Eine größere Besucherzahl registrierten die 1560 Museen in Deutschland, die insgesamt 52 Mio. Besucher zu verzeichnen hatten. Das Interesse an Sammlungen und Ausstellungen ist in den letzten zwei Jahrzehnten stark angestiegen. Den größten Zuspruch fanden die Heimatmuseen mit 11 Mio. Besuchern, gefolgt von den Kunstmuseen mit 10 Mio. Besuchern.

Betrachtet man insgesamt die Besucherzahlen im kulturellen Bereich, dann wird man – je nach Bedeutung – mit 300 bis 200000 Besuchern (z. B. bei bedeutenden Ausstellungen oder Pop-Konzerten) rechnen können. Genauere sozio-demografische und psychografische Zielgruppenbeschreibungen liegen kaum vor. Für das Kultur-Sponsoring sind nicht nur die von den Kulturorganisationen akquirierten Besucher von Interesse, sondern die Möglichkeit für den Sponsor, gezielt über Eintrittskarten-Kontingente Einladungen auszusprechen und in diesem Rahmen Kontaktpflege zu betreiben.

Letzteres gilt auch für das Sozio-Sponsoring, denn hier sind weniger die gesponserten Veranstaltungen mit hohen Besucher-

Konzerte der Theaterorchester
3,7%

Kinder- und
Jugendstücke
9,2%

Operetten,
Musicals
15,7%

Schauspiele
35,2%

16,5 Mill.

Opern und Ballette
36,2%

zahlen von Bedeutung als vielmehr die Möglichkeit, bei kleineren Veranstaltungen gezielt Gäste einzuladen. Beispielhaft seien Kongresse und Tagungen genannt, die im Hochschulbereich stattfinden.

Medien-Zuschauer als Zielgruppen

Für das Sponsoring ist bei überregionalen Veranstaltungen und größeren Ereignissen die erzielte Medienwirkung von besonderer Bedeutung. Dazu zählen vor allem die Berichte im Fernsehen und in den Printmedien, in denen Fotos mit der Sponsorwerbung erscheinen. Im Hörfunk werden Sponsoren sehr selten genannt. Zur Analyse der Medien-Zuschauer lassen sich heranziehen:

☐ *Informationen über die Kontakthäufigkeit*
Die Kontakthäufigkeit wird gemessen durch Medienkontakte wie Einschaltquoten im Fernsehen, Leser von Printmedien.

☐ *Informationen über die Kontaktqualität*
Ein Indikator für die Kontaktqualität ist das Themeninteresse der Zielgruppen. Daraus lassen sich Hinweise auf das zukünftige Medienverhalten der Zielgruppen ableiten.

Für das Sport-Sponsoring sind beispielsweise die Sportsendungen im deutschen Fernsehen heranzuziehen. Schaubild 14 zeigt die durchschnittlichen Einschaltquoten bei verschiedenen Sportarten; hier dominieren eindeutig Fußballübertragungen, gefolgt von Tennis- und Eiskunstlauf-Sendungen. Durch Boris Becker hat sich Tennis zu einer Sportart entwickelt, die ein breites Interesse mit entsprechenden Einschaltquoten in der Bevölkerung findet. In Tabelle 8 sind beispielsweise verschiedene Tennisübertragungen im deutschen Fernsehen aufgeführt, die bis zu 20,6 Mio. Zuschauer erreicht haben. Hierbei wurden bei 70 Einzelübertragungen und einer Gesamtübertragungszeit von 7051 Minuten (= 117,5 Stunden) insgesamt 370,04 Mio. Zuschauer erreicht.

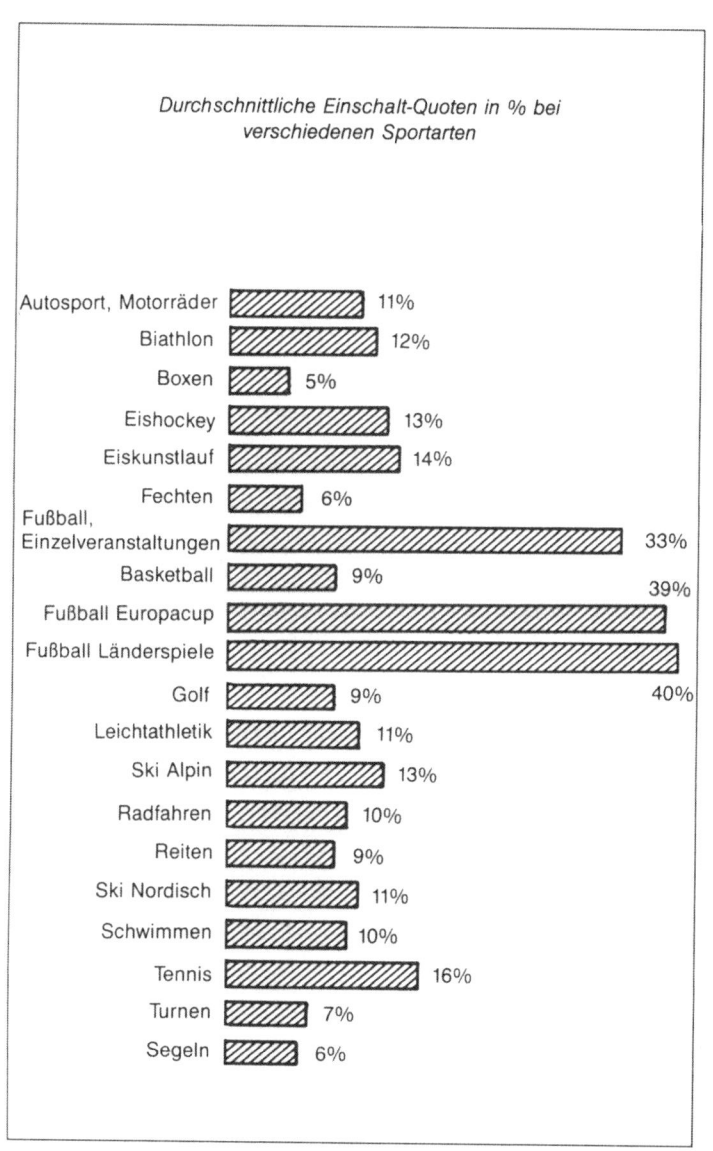

Durchschnittliche Einschalt-Quoten in % bei
verschiedenen Sportarten

Autosport, Motorräder — 11%
Biathlon — 12%
Boxen — 5%
Eishockey — 13%
Eiskunstlauf — 14%
Fechten — 6%
Fußball, Einzelveranstaltungen — 33%
Basketball — 9%
Fußball Europacup — 39%
Fußball Länderspiele
Golf — 9% — 40%
Leichtathletik — 11%
Ski Alpin — 13%
Radfahren — 10%
Reiten — 9%
Ski Nordisch — 11%
Schwimmen — 10%
Tennis — 16%
Turnen — 7%
Segeln — 6%

Schaubild 14: Sportsendungen im deutschen Fernsehen nach Sportarten (1985)

Tabelle 8: Tennisübertragungen im deutschen Fernsehen (1985)
Quelle: Pfister 1986 (GfK-Fernsehforschung).

Tennisveranstaltungen nach Wochen

Sendung	Datum	Tag	Woche	Beginn Uhr	Dauer Min	Sender	Quote %	Zuschauer Mio.
1 Davis Cup BRD-Spanien	9 03	Sa	10	16.46	42	ARD	10	3 66
2 Tennis WM Mannsch.-Finale	2 04	Di	14	23.61	43	ARD	5	1 63
3. Tennis WTC	14 04	So	15	23 42	102	ARD	3	0 86
4 Intern Tennismeistersch BRD	5 05	So	18	16 01	59	ARD	12	3 73
5 Intern Tennis M Deutschl	1 05	Mi	18	15 14	71	ARD	10	3 35
6 Intern Tennis Meistersch	3 05	Fr	18	16 18	6	ARD	12	3 20
7 Tennismeistersch Deutschland	4 05	Sa	18	14 41	62	ARD	6	1 61
8 Intern Tennis M. Deutschland	2 05	Do	18	13 02	159	ARD	5	1 04
9 DT Tennismeisterschaft	15 05	Mi	20	21 03	9	ARD	22	7 19
10. Tennis World Team Cup	25 05	Sa	21	15 45	93	ZDF	4	1 14
11 Tennis World Team Cup	24 05	Fr	21	13 21	193	ZDF	4	1 08
12 Tennis World Team Cup	23 05	Do	21	0 12	33	ZDF	3	0 96
13 Tennis World Team Cup	23 05	Do	21	13 25	104	ZDF	3	0 69
14 Tennis World Team Cup	22 05	Mi	21	0 12	31	ZDF	2	0 67
15 Int Tennis-M Frankreich	8 06	Sa	23	14 01	190	ZDF	9	2 74
16 Int Tennis-M Frankreich	6 06	Do	23	12 00	267	ARD	6	1 73
17 Tennis Herren Einzel Fin	6 06	Do	23	16 38	26	ARD	5	1 37
18 Sport Extra Intern T v Engl	26 06	Mi	26	23.47	32	ARD	4	1 06
19 Intern T v. Engl Fin Herren	7 07	So	27	15 00	217	ZDF	31	10.97
20 Sport am Sonntag	7 07	So	27	22.40	24	ZDF	26	9 87
21 Sport Extra	5 07	Fr	27	22 00	7	ARD	26	9 53
22 Intern T v Engl Halbfin	5 07	Fr	27	18 15	115	ARD	26	8 21
23 Intern T v Engl Halbfin	6 07	Sa	27	13 01	73	ARD	20	6 15
24 Intern T. v Engl Fin Da	6. 07	Sa	27	15 01	120	ARD	17	5 27
25 Intern T. v. Engl Halbfin Her	5 07	Fr	27	16 22	113	ARD	15	4 57
26 Wimbledon Live	3 07	Mi	27	16 35	140	ZDF	15	4 37
27 Die Sportschau	7 07	So	27	18 24	51	ARD	12	4 08
28 Sport Extra Intern T v Engl	2 07	Di	27	13 00	227	ARD	7	2 01
29. Wimbledon Live	3 07	Mi	27	14 40	103	ZDF	7	1 90
30 Intern T v Engl Halbfin Her	5 07	Fr	27	14 59	42	ARD	8	1 77
31 Die Sportreportage Int Tennis	4 07	Do	27	15 01	118	ZDF	5	1 49

32	Sport Extra Intern T v Engl	2	07	Di	27	23 54	45	ARD	4	1 30
33	Die Sportreportage	4	07	Do	27	23 38	59	ZDF	4	1 27
34	Sport Extra US Intern M	27	07	Sa	30	0 54	137	ARD	13	4 21
35	Die Sportreportage	4	08	So	31	13 14	282	ZDF	22	8 02
36	Die Sportreportage	3	08	Sa	31	12 59	311	ZDF	18	6 07
37	Die Sportreportage	2	08	Fr	31	16 00	205	ZDF	16	4 99
38	Sport Extra Davis C BRD-USA	2	08	Fr	31	12.00	239	ARD	14	3 94
39	Sport Extra Int Tennis	27	08	Di	35	21 48	42	ARD	32	11.68
40	Sport Extra Int Tennis MST	29	08	Do	35	23 05	80	ARD	17	5.57
41	Die Sportreportage	2	09	Mo	36	22 15	102	ZDF	30	10 66
42	Sport-Extra int Tennis	6	09	Fr	36	17 25	40	ARD	18	5 87
43	Int Tennis-MS Viertel -Fin	4	09	Mi	36	23 02	31	ARD	10	3 49
44	Die Sportreportage Tennis MS	8	09	So	36	23 46	156	ZDF	6	1 92
45	Sport Extra Int MST	7	09	Sa	36	0 07	197	ARD	6	1 71
46	Fortsetzung	4	10	Fr	40	20 16	172	ARD	32	12 38
47	Fortsetzung	4	10	Fr	40	19 51	99	ARD	30	10.35
48	Fortsetzung	4	10	Fr	40	19 30	13	ARD	29	10 15
49	Fortsetzung	4	10	Fr	40	18.52	23	ARD	27	8.73
50	Davis Cup BRD/CSSR	5	10	Sa	40	14 00	164	ARD	22	7 23
51	Davis Cup BRD/CSSR	6	10	So	40	13 50	174	ARD	20	6 96
52	Fortsetzung	4	10	Fr	40	18 17	29	ARD	22	6 74
53	Sport Extra Dav Cup BRD/CSSR	4	10	Fr	40	17 01	70	ARD	19	5 90
54	Die Sportrep Dav Pok BRD/CSSR	4	10	Fr	40	13 58	181	ZDF	17	5 35
55	Die Sportrep Dav Cup BRD/CSSR	4	10	Fr	40	22 50	35	ZDF	11	3.93
56	Sport Extra Antwerpen	2	11	Sa	44	14 59	99	ARD	24	8.00
57	Sport Extra Tennis Australien	3	12	Di	49	15 00	59	ARD	5	1 24
58	Sport Extra Tennis Australien	7	12	Sa	49	8 01	110	ARD	4	1.02
59	Sport Extra Tennis Australien	8	12	So	49	8 00	80	ARD	4	1.01
60	Sport Extra Tennis Australien	4	12	Do.	49	14 31	59	ARD	4	1 00
61	Sport Extra Tennis Austr Fin	9	12	Mo	50	14 30	58	ARD	4	1.12
62	Die Sportschau Fortsetzung	22	12	So	51	20 05	14	ARD	49	20.59
63	Die Sportschau Davis Cup	22	12	So	51	18 08	116	ARD	47	19.91
64	Die Sportschau Fortsetzung	22	12	So	51	20 19	36	ARD	47	19.82
65	Die Sportrep Davis Cup	22	12	So	51	15 00	190	ZDF	37	14 90
66	Die Sportreportage	20	12	Fr	51	18 57	151	ZDF	40	14 77
67	Die Sportrep Davis Cup	20	12	Fr	51	17.49	61	ZDF	31	10.56
68	Die Sportrep Davis Cup	21	12	Sa	51	14 59	100	ZDF	27	9 03
69	Sport Extra Davis Cup BRD/SCHW	20	12	Fr	51	15 01	166	ARD	25	7 95
70	Sport am Sonntag	22	12	So	51	21 52	8	ZDF	9	3.39

Genauere Hinweise auf die Zielgruppenstruktur der Seher von Sportsendungen sind den laufenden Zielgruppen-Zählungen aus den Paneldaten der Forschungsinstitute wie der Gesellschaft für Konsumforschung (GfK) oder der Teleskopie zu entnehmen (vgl. auch Medienkommission ARD/ZDF 1984).

Darüber hinaus ist das Interesse für Sportarten ein Indikator für das generelle Medienverhalten. In Tabelle 9 sind die Ergebnisse einer Befragung über gewünschte Sportarten im Fernsehen, nach Geschlecht und Alter differenziert, aufgeführt. Ferner findet sich in Tabelle 10 ein Überblick über das Interesse an verschiedenen Sportarten (Segeln, Tennis, Skiabfahrtslauf, Reiten) nach verschiedenen sozio-demografischen Merkmalen. Es zeigt sich, daß die Zielgruppen bei diesen vier aufgezeigten Sportarten teilweise deckungsgleich sind und komplementär eingesetzt werden können.

Betrachtet man Medienberichte über kulturelle und soziale Aktivitäten, so haben diese Zielgruppenbeschreibungen für das Sponsoring nur eine geringe Bedeutung. Es gelingt dem Sponsor relativ selten, mit entsprechenden Berichten in Verbindung gebracht zu werden. Hier ist der Sponsor darauf angewiesen, in Form von Pressemitteilungen oder eigenen Werbemaßnahmen auf das Sponsoring hinzuweisen, um damit eine mediale Wirkung zu erzielen.

Insgesamt sind die für das Sponsoring zur Verfügung stehenden Informationsquellen für die Zielgruppenbeschreibung noch sehr unzureichend. Auch wenn im Sport-Sponsoring noch vergleichsweise gute Daten vorhanden sind durch die Veröffentlichungen der Sportverbände, der Statistischen Ämter, der Fernsehanstalten, der Media-Analysen der Printmedien (MA) und der Marktforschungsagenturen (z.B. GfK, EMNID), so fehlen jedoch differenzierte Analysen. „Im Grunde genommen steht man bei der Zielgruppenplanung im Bereich der Sportwerbung da, wo man Ende der 50er Jahre bei der Zielgruppenanalyse der Werbung allgemein stand" (Hanrieder 1986). Die gleiche Situation gilt ebenso für Zielgruppenanalysen im kulturellen und sozialen Bereich.

Tabelle 9: Gewünschte Sportarten im Fernsehen
Quelle: Media-Perspektiven 1984.

	Ins-gesamt in Prozent	Rangplätze der Sportarten bei...					
		Männern			Frauen		
		14–29 Jahre	30–49 Jahre	50 Jahre u. älter	14–29 Jahre	30–49 Jahre	50 Jahre u. älter
1. Fußball	58	1	1	1	2	2	2
2. Eiskunstlauf	46	17	9	2	1	1	1
3. Skispringen	40	6	5	6	7	4	5
4. Leichtathletik	39	7	2	4	5	6	8
5. Ski alpin	38	5	6	7	4	5	7
6. Handball	35	3	3	5	12	13	13
7. Turniertanzen	34	32	17	11	3	3	3
8. Reitturniere	33	23	10	2	9	6	4
9. Motorsport	30	2	3	10	13	14	20
10. Turnen	30	20	13	9	6	8	6
11. Schwimmen	29	12	13	13	7	9	9
12. Eishockey	28	4	7	11	18	15	16
13. Tennis	27	9	11	18	9	10	14
14. Skilanglauf	25	17	13	14	15	10	11
15. Boxen	24	8	8	8	27	21	17
16. Bob/Rodeln	23	10	11	16	15	18	17
17. Gymnastik	20	35	27	20	11	10	10
18. Pferderennen	20	32	21	14	15	15	11
19. Eisschnellauf	19	23	17	18	25	15	15
20. Radsport	19	19	16	17	23	24	19
21. Segel/Drachenflug	17	13	20	21	21	19	20
22. Tischtennis	16	15	19	23	23	21	23
23. Volleyball	15	10	24	25	14	25	27
24. Segeln	14	27	24	23	20	20	20
25. Windsurfen	13	21	27	31	18	21	25
26. Basketball	12	13	27	25	25	27	27
27. Rudern, Paddeln	12	34	22	25	30	26	24
28. Judo, Karate	11	15	30	30	22	32	30
29. Ringen	10	25	22	21	32	35	34
30. Fechten	9	31	32	25	29	27	25
31. Gewichtheben	9	30	26	29	34	32	30
32. Schießen	9	22	30	31	30	29	27
33. Golf	8	27	32	33	32	29	30
34. Badminton	8	27	35	35	28	29	30
35. Feldhockey	7	25	34	33	34	32	35

Tabelle 10: Interesse an verschiedenen Sportarten
Quelle: Pfister 1986 (AWA 1984).

Soziodemografische Merkmale	Gesamt Mio.	%	Skiabfahrtslauf Mio.	%	Index	Reiten Mio.	%	Index	Segeln Mio.	%	Index	Tennis Mio.	%	Index
Gesamt	49.00	100	2.12	100	100	1.11	100	100	0.80	100	100	2.14	100	100
Männer	22.72	46	1.18	56	120	0.32	29	62	0.54	68	146	1.25	58	126
Frauen	26.28	54	0.94	44	83	0.79	71	133	0.26	33	61	0.89	42	78
14 – 19 Jahre	5.95	12	0.69	33	268	0.61	55	453	0.15	19	154	0.52	24	200
20 – 29 Jahre	7.91	16	0.55	26	161	0.25	23	140	0.16	20	124	0.43	20	124
30 – 39 Jahre	6.90	14	0.38	18	127	0.09	8	58	0.14	18	124	0.40	19	133
40 – 49 Jahre	8.71	18	0.32	15	85	0.10	9	51	0.23	29	162	0.53	25	139
50 – 59 Jahre	7.24	15	0.12	6	38	0.04	4	24	0.08	10	68	0.17	8	54
60 – 69 Jahre	5.75	12	0.04	2	16	0.02	2	15	0.02	3	21	0.05	2	20
70 Jahre u. älter	6.54	13	0.01	0	4	0.01	1	7	0.02	3	19	0.05	2	18
Junge Unverheiratete	12.56	26	1.21	57	223	0.81	73	285	0.31	39	151	0.89	42	162
Junge Verh. ohne Kinder	2.35	5	0.11	5	108	0.06	5	113	0.04	5	104	0.18	8	175
Junge Familie	4.98	10	0.24	11	111	0.08	7	71	0.08	10	98	0.28	13	129
Familie nur ält. Kinder	5.07	10	0.21	10	96	0.04	4	35	0.11	14	133	0.28	13	126
Ältere Familie o. Kinder	15.92	32	0.20	9	29	0.10	9	28	0.18	23	69	0.38	18	55
Ältere Unverheiratete	8.12	17	0.15	7	43	0.02	2	11	0.08	10	60	0.14	7	39
Alleinstehende	7.67	16	0.22	10	66	0.09	8	52	0.07	9	56	0.18	8	54

2 – 3 Pers.-Haushalte	24.44	50	0.91	43	86	0.42	38	76	0.37	46	93	1.04	49	97
4-Pers.-Haushalte	16.89	34	0.99	47	135	0.61	55	159	0.36	45	131	0.92	43	125
Selbst./Freie Berufe	4.11	8	0.24	11	135	0.16	14	172	0.14	18	209	0.37	17	206
Lt. Angest./Beamte	7.44	15	0.44	21	137	0.17	15	101	0.27	34	222	0.66	31	203
Sonst. Angest./Beamte	17.54	36	0.76	36	100	0.38	34	96	0.23	29	80	0.69	32	90
Facharbeiter	10.89	22	0.44	21	93	0.20	18	81	0.12	15	67	0.27	13	57
Angelernte Arbeiter	7.09	14	0.19	9	62	0.14	13	87	0.04	5	35	0.11	5	36
Landwirte	1.94	4	0.05	2	60	0.07	6	159	0.00	0	0	0.04	2	47
Unter 1250 DM HHE	2.58	5	0.04	2	36	0.02	2	34	0.01	1	24	0.04	2	35
1250 – 1750 DM HHE	6.09	12	0.13	6	49	0.09	8	65	0.02	3	20	0.05	2	19
1750 – 2500 DM HHE	12.64	26	0.41	19	75	0.22	20	77	0.12	15	58	0.38	18	69
2500 – 3500 DM HHE	14.48	30	0.65	31	104	0.28	25	85	0.25	31	106	0.58	27	92
3500 – 5000 DM HHE	8.89	18	0.52	25	135	0.30	27	149	0.25	31	172	0.66	31	170
5000 u. m. DM HHE	4.33	9	0.38	18	203	0.20	18	204	0.15	19	212	0.43	20	227
Nielsen 1 + 5	11.47	23	0.28	13	56	0.28	25	108	0.24	30	128	0.50	23	100
Nielsen 2	13.57	28	0.42	20	72	0.19	17	62	0.21	26	95	0.55	26	93
Nielsen 3a	8.28	17	0.28	13	78	0.21	19	112	0.10	13	74	0.40	19	111
Nielsen 3b	6.92	14	0.54	25	180	0.24	22	153	0.16	20	142	0.28	13	93
Nielsen 4	8.77	18	0.61	29	161	0.19	17	96	0.09	11	63	0.42	20	110
Unter 5000 Einw.	7.40	15	0.38	18	119	0.26	23	155	0.09	11	74	0.23	11	71
5000 – 20 000 Einw.	12.54	26	0.65	31	120	0.34	31	120	0.18	23	88	0.65	30	119
20 – 100 000 Einw.	13.00	27	0.50	24	89	0.23	21	78	0.22	28	104	0.61	29	107
100 000 Einw. u. m.	16.06	33	0.58	27	83	0.29	26	80	0.31	39	118	0.65	30	93

5. Kapitel

Entwicklung einer Sponsoring-Strategie

Eine Sponsoring-Politik ist erst dann wirklich sinnvoll, wenn sie auf lange Sicht angelegt wird. Die Sponsoring-Strategie setzt den Rahmen für die einzelnen Sponsoring-Maßnahmen. Die Auswahl des Sponsoring-Bereichs und des Gesponserten gehört dabei zu den wichtigsten strategischen Entscheidungen des Sponsors. Unternehmen müssen vor allem darauf achten, die Sponsoring-Strategie mit der klassischen Werbung, Verkaufsförderung und Öffentlichkeitsarbeit abzustimmen. Je enger diese „strategische Verklammerung" ist, desto größer sind die Erfolgschancen. Mehr darüber im fünften Kapitel.

Die strategische Planung des Sponsoring erfordert ähnliche Methoden und Überlegungen wie die systematische Planung der klassischen Kommunikationsinstrumente. Mit einer Sponsoring-Strategie werden Verhaltensrichtlinien formuliert, die den schwerpunktmäßigen Einsatz der Sponsoring-Aktivitäten langfristig angeben. Sie orientiert sich an den festgelegten Zielen und Zielgruppen des Sponsors.

Die Sponsoring-Strategie hat sich an das Gesamtkonzept der *Marketing- und Kommunikationsstrategien* des Unternehmens anzupassen. Betrachtet man die unterschiedlichen Aufgaben von Kommunikationsstrategien für Unternehmen, dann lassen sich 5 kommunikative Strategien unterscheiden (Meffert 1982):

- *Innovationsstrategie*
  (Einführung von Neuprodukten),
- *Differenzierungsstrategie*
  (Kommunikation von Produktänderungen),
- *Segmentierungsstrategie*
  (Bearbeitung unterschiedlicher Marktsegmente),
- *Profilierungsstrategie*
  (Aufbau und Pflege des Images),
- *Markenstrategie*
  (Aufbau und Pflege von Marken).

Die Stellung des Sponsoring hat für die verschiedenen Kommunikationsstrategien eine unterschiedliche Bedeutung. Während das Sponsoring bei Innovations- und Differenzierungsstrategien nur eine geringe Rolle spielen wird, ist eine wachsende Bedeutung für Segmentierungs-, Profilierungs- und Markenstrategien festzustellen:

- *Segmentierungsstrategie* durch die kommunikative Ansprache verschiedener Segmente wie „Männermärkte", „Jugendmärkte", „Elitemärkte" mit Hilfe des Sponsoring.
- *Profilierungsstrategie* durch die Verbesserung einzelner Imagedimensionen und die Pflege des Gesamt-Images durch gezielte Sponsoring-Maßnahmen.

– *Markenstrategie* durch die Verbreitung und Förderung der Akzeptanz von Produktmarken und Unternehmensnamen in einem attraktiven Sponsoring-Umfeld.

Dimensionen einer Sponsoring-Strategie

Die Sponsoring-Strategie ist eine Rahmenbedingung für sämtliche Sponsoring-Maßnahmen. Bei der Formulierung einer Sponsoring-Strategie sind mehrere Entscheidungen gleichzeitig zu treffen. Die relevanten Dimensionen bei der Formulierung einer Sponsoring-Strategie verdeutlicht Schaubild 15. Es sind dies im einzelnen:

☐ *Sponsor*

d. h. Festlegung des in die Öffentlichkeit tretenden Sponsors in Form eines Gesamtunternehmens, einer Produktlinie, einzelner Produktmarken oder Dienstleistungsprogramme.

☐ *Sponsoring-Botschaft*

d. h. Festlegung der zu kommunizierenden Botschaft in Form eines Namens, Slogans, Emblems usw. Der Botschaftsinhalt und die Botschaftsgestaltung sind hier notwendigerweise Beschränkungen unterworfen (z. B. Bandenwerbung; Steinmetz 1985).

☐ *Gesponserter*

d. h. Festlegung des Gesponserten in sachlicher, personeller und zeitlicher Sicht (z. B. Spitzensportler für zwei Jahre, Kultur-Veranstaltungen für ein Jahr).

☐ *Sponsoring-Zielgruppen*

d. h. Festlegung der anzusprechenden Zielgruppen (Abnehmer, Meinungsführer, Handel usw.).

☐ *Sponsoring-Instrumente*

d. h. Feststellung der verschiedenen Instrumente in Form der Werbeträger und Werbemittel des Sponsoring-Engagements.

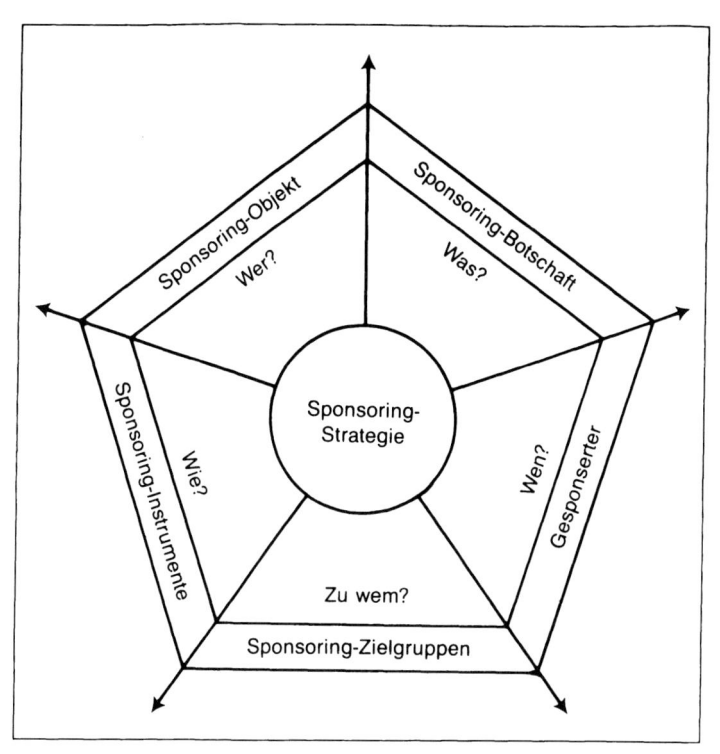

Schaubild 15: Dimensionen einer Sponsoring-Strategie

Auf der Grundlage dieser fünf Dimensionen muß dann eine Sponsoring-Strategie inhaltlich und zeitlich präzisiert werden. Es ist die Aufgabe des Unternehmens, den strategischen Rahmen für die Sponsoring-Engagement festzulegen. Stark vereinfacht ergeben sich etwa:

- Ein Konsumgüterunternehmen will den Firmennamen bei der Zielgruppe „Männer" durch ein Sponsorship mit einem Bundesliga-Verein in Form der Trikot- und Bandenwerbung innerhalb eines Jahres bekanntmachen.
- Ein Dienstleistungsunternehmen sucht die Möglichkeit zur Kontaktpflege mit unternehmensrelevanten Personen und

sponsert für drei Jahre Opern-Aufführungen, zu denen der Sponsor gezielt Einladungen verschickt. Es werden Treffen mit den Künstlern arrangiert. Dabei wird auf die Gründe für das Sponsoring des Unternehmens eingegangen.

Sponsoring-Strategien werden in der Praxis sehr selten umfassend schriftlich fixiert. Dies könnte beispielsweise in der folgenden Form erfolgen (von Specht 1985):

„Als Tochterunternehmen einer japanischen Holding mit dem Schwerpunkt im Dienstleistungsbereich müssen sich alle unsere Marketingaktivitäten an dem Ziel messen lassen, Kontakte zu potentiellen deutschen Kunden herzustellen. Nach wie vor haben wir bei unserer Zielgruppe (mittelständische Unternehmer, Kaufleute und Architekten) im Raum Hamburg einen Bekanntheitsgrad von nur 7 Prozent. Im Rahmen unserer Marketinganstrengungen werden wir im Frühjahr 1988 eine große Max Beckmann-Ausstellung in der Hamburger Kunsthalle sponsern. Ziel unserer Aktivitäten wird es sein, den Bekanntheitsgrad unseres Unternehmens und seines Leistungsangebots bis zum März 1988 auf mindestens 10 Prozent im Hamburger Raum zu steigern. Im Rahmen dieses Sponsorships sollen alle Möglichkeiten genutzt werden, um durch Abendveranstaltungen, „private views" und eine Eröffnungsgala Kontakt zu ca. 2000 geladenen Gästen aus dem Bereich unserer wichtigsten Zielgruppe herzustellen. Darüber hinaus soll das Sponsorship als „Türöffner" zur Presse (und nicht nur zu Kunst-Kritikern!) dienen. Der Hamburger Bevölkerung, aber auch dem Senat, soll deutlich gemacht werden, daß wir uns als hier ansässiges Unternehmen mit der Kulturlandschaft dieser Stadt verbunden fühlen und eine bedeutende Ausstellung in Hamburg ermöglichen."

Eine der wichtigsten strategischen Entscheidungen ist die Auswahl des Sponsoring-Bereichs und des Gesponserten.

SPORTLERIN DES JAHRES '86

LIEBE STEFFI, NUR EIN SATZ:
WIR SIND STOLZ AUF DICH.
DIE 55.922 MITARBEITER VON OPEL.

Bildbeispiel 1: Anzeigenwerbung der Opel AG mit einer Spitzensportlerin unter Einbeziehung der Belegschaft

Bildbeispiele 2 + 3: Professionelles Sponsoring im Motorsport

Bildbeispiel 4: Ivan Lendl und die „adidas-Ivan Lendl Collection"

Bildbeispiel 5: Entwicklung einer Produktlinie mit Sportlern: Reinhold Messner und der „adidas-trekkingschuh"

Bildbeispiel 6: Bernhard Langer und adidas-Golfschuhe

Bildbeispiele 7–9: Klassische Sportwerbung: Bandenwerbung in Fußball-stadien

Admiral's Cup 87

Partner des
Deutschen Teams

Bildbeispiel 10: Der Admiral's Cup 87: Partner des Deutschen Teams sind vier Unternehmen

Leistung hat immer Zukunft.

Junge Menschen wollen heute viel erreichen. Doch zum Erfolg braucht man nicht nur
Begabung, sondern auch Freude, Ausdauer
und vor allem den Willen zur Leistung.

Das sind gute Voraussetzungen für eine
Zukunft, die man selbst gestaltet.

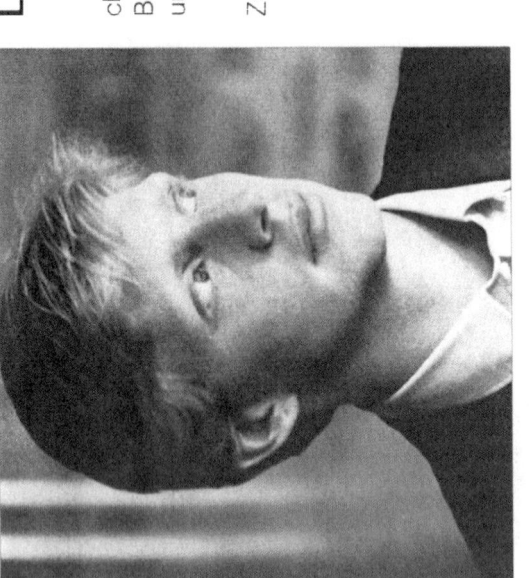

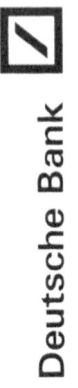

Deutsche Bank

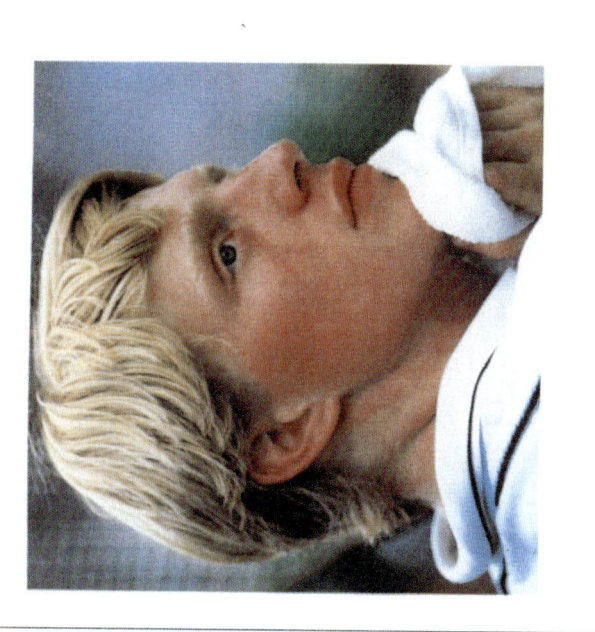

Es ist ein gutes Gefühl, wenn aus Leistung Erfolg wird.

Viele junge Menschen haben schon in frühen Jahren Erfolg: im Sport, in der Musik, aber auch in der Schule, im Studium und immer häufiger im Beruf.

Erfolg zu haben ist sicher nicht nur eine Frage der Begabung. Voraussetzungen sind Fleiß, Beständigkeit – und vor allem der Wille zur Leistung.

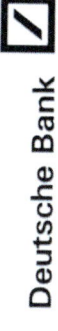 **Deutsche Bank**

Bildbeispiele 11+12: Public Relations-Anzeigen der Deutschen Bank mit Boris Becker

Bildbeispiel 13: Verbindung von Produkt und Sportlerin: Cornelia Hanisch
empfiehlt den „Sony Handycam"

Bildbeispiel 14: Tanzsport-Sponsoring der Grand-Prix-Serie 1986 durch Granini

Bildbeispiel 15: „Werbung am Mann" durch Puma – auch im Tanzsport

Bildbeispiel 16: American Express sponsert die Nationalen offenen Meisterschaften in Stuttgart

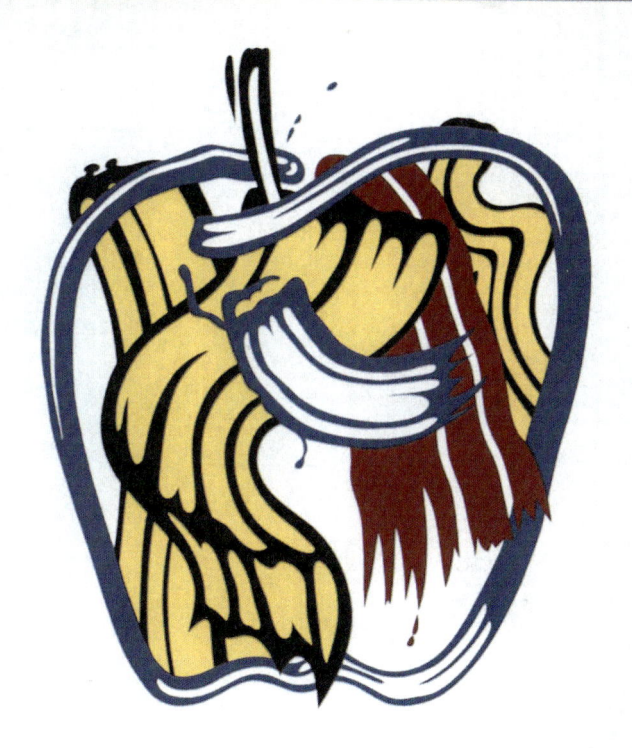

Bildbeispiel 17: Kultur-Sponsoring von American Express mit der Unterstützung der Roy Lichtenstein-Ausstellung in Saint Louis

Bildbeispiel 18: Philips fördert nicht nur Operninszenierungen, sondern auch Rockgruppen

Bildbeispiel 19: Alpirsbacher Klosterbräu sponsert Kunstausstellungen in der eigenen „Alpirsbacher Galerie"

Auszug aus Ägypten – Einzug in Hildesheim.

Das Pelizaeus-Museum besitzt heute eine der bekanntesten Sammlungen außerhalb Ägyptens. Diesen Ruf gilt es zu wahren. Zum einen werden vorhandene Kostbarkeiten fachmännisch für die Menschen erhalten, zum anderen sind die Verantwortlichen ständig auf der Suche nach weiteren Raritäten. Dazu gehört auch dieses Glasgefäß aus der

Amarna-Zeit. Sicher hätte auch Herr Pelizaeus, der Stifter des Museums, seine helle Freude daran gehabt. Nicht zuletzt hat es eine Spende der Kreissparkasse Hildesheim in Höhe von 150 000 DM ermöglicht, daß diese Trauben Einzug in Hildesheim halten konnten. Kreissparkasse Hildesheim, Partner der Menschen im Landkreis.

Immer **Ihre**
für Sie da **Kreissparkasse**
Hildesheim

Bildbeispiele 20–22: Regionales Sponsoring: Die Kreissparkasse Hildesheim unterstützt Aktivitäten im lokalen Bereich

Auch der kleinste König braucht sein Reich.

ZAUNKÖNIG ♂ ♀

36000 Quadratmeter, 178 Vogelarten, davon 93 bedroht. Von der sogenannten »Saumasch«, westlich von Bockenem, ist die Rede. Seit Mai diesen Jahres kümmert sich der Ornithologische Verein Hildesheim um dieses einzigartige Feuchtgebiet. Wertvoller Lebensraum für äußerst seltene Vogelarten konnte durch den Kauf erhalten

werden. Die ganze Vogelschar jubilierte. Auch einige seltene Pflanzen und Insekten sehen nun hoffnungsvoll in die Zukunft. Nicht zuletzt hat eine Spende der Kreissparkasse Hildesheim in Höhe von 70 000 DM den Kauf von Zaunkönigs Reich ermöglicht. Kreissparkasse Hildesheim, Partner der Menschen (und Tiere) im Landkreis.

Immer **Ihre** für Sie da **Kreissparkasse** **Hildesheim**

Wie der Holzwurm aus dem Brunnen vertrieben wurde.

Eines der ältesten Holzbauwerke Niedersachsens steht im Heimatmuseum Algermissen. Die Leihgabe des Römer-Museums Hildesheim kann mit ziemlicher Sicherheit auf die Zeit um Christi Geburt datiert werden. Bis zum 25. Mai 1923 schlummerte die Zisterne 1360 Meter südwestlich vom Algermissener Bahnhof unter der Erde, mitten im Bett des heutigen Stichkanals. Rührigen Vertretern des Algermissener Heimatvereins ist es zu verdanken, daß die betagte Zisterne den Weg ins Heimatmuseum

gefunden hat. Im gleichen Zug wurde das seltene Holzbauwerk fachgerecht restauriert. Womit auch einigen Holzwürmern die Suppe versalzen war.

Nicht zuletzt zwei Spenden der Kreissparkasse Hildesheim in Höhe von insgesamt 50.000,– DM haben die Einrichtung des Algermissener Heimatmuseums und die Erhaltung dieses geschichtsträchtigen Holzbauwerkes ermöglicht.

Kreissparkasse Hildesheim, Partner der Menschen im Landkreis.

Immer **Ihre** für Sie da **Kreissparkasse Hildesheim**

Für jeden Mitarbeiter einen Baum. Jedes Jahr.

Mit jedem Einkauf bei uns haben Sie mehr bewegt, als Sie vielleicht gedacht haben.

Dankeschön.

Wir wissen: Eigentum verpflichtet. Und so haben wir geholfen. Auf vielerlei Art. Greenpeace und den Schildkröten. Dem Breitensport und Gemeinden, Altersheimen und Schulen. Die Kunst und Holographie gefördert. Das Fielmann-Gelöbnis gehalten: Für jeden Mitarbeiter einen Baum gepflanzt. In diesem Jahr 1.560.

Im neuen Jahr haben wir noch mehr vor. Ihnen und allen zum Vorteil. Ein gutes 1987.

Fielmann, ein großer deutscher Optiker

Bildbeispiel 23: Ein Beispiel für Sozio-Sponsoring: Fielmann fördert unter anderem Greenpeace

Auswahl des Gesponserten als Strategieentscheidung

Die strategische Entscheidung der Auswahl des Gesponserten ist auf mehreren Ebenen zu treffen. In Schaubild 16 sind drei unterschiedliche Ebenen aufgeführt:

- *Wahl des Sponsoringbereiches*
  (Sport, Kultur, Soziales),

- *Wahl der Sponsoringarten*
  (Sportarten, Kulturarten, Sozialaktivitäten),

- *Wahl der Sponsoringform*
  (Einzelpersonen, Gruppen, Institutionen, Projekte oder Veranstaltungen).

Entscheidungen über die Bereiche und Arten des Sponsoring sind aus Unternehmenssicht eine Grobauswahl. Eine konkrete Entscheidung über die Form des Sponsoring (Sponsorship) läßt sich als Feinauswahl bezeichnen.

Bereiche und Arten des Sponsoring

Sponsoring-Entscheidungen in der Phase der Grobauswahl werden in der Regel simultan getroffen. Eine zentrale Rolle spielen dabei die möglichen Verbindungslinien zwischen dem Sponsor und dem Sponsoring-Bereich. Die folgenden Verbindungslinien sind denkbar (Waite 1979):

☐ *„Product linked"*: Der Gesponserte ist eng mit dem Produkt oder der Leistung des Sponsors verbunden (z. B. Doppeldusch sponsert eine Fußballmannschaft).

☐ *„Product Image linked"*: Das Image des Gesponserten und das des Produktes sind entweder ähnlich, oder eine Ähnlichkeit soll assoziiert werden (z. B. Levis Jeans sponsert Rock-Konzerte).

Sponsoring-Strategie-Entscheidungen auf verschiedenen Ebenen

☐ *„Corporate Image linked":* Das Image des Gesponserten ist vergleichbar mit dem tatsächlichen oder gewünschten Firmenimage (z. B. Allianz sponsert Baedeker-Reiseführer).

☐ *„Non linked":* Eine produkt- oder imagemäßige Verbindung zwischen Sponsor und Gesponsertem besteht nicht (z. B. Infotec-Fotokopierer sponsert Fußballmannschaft).

Die Verbindungslinien zwischen dem Sponsor und dem Sponsoring-Bereich spielen als *Entscheidungskriterien* für Unternehmen eine große Rolle. In einer schriftlichen Befragung von 106 Unternehmen im Jahre 1986 wurden die folgenden Entscheidungskriterien zum Einsatz der Sportwerbung angegeben (Hermanns/Drees/Püttmann 1986):

Kriterien	Nennungen in Prozent *(Mehrfachnennungen möglich)*
Affinität zwischen Produkt bzw. Unternehmen und Sport/Sportarten	39
Zielgruppenaffinität	28
Reichweite/Kontakthäufigkeit/Kontaktqualität	28
Adäquanz bezüglich der Werbeziele	21
Kosten-Nutzen-Relation/Effizienz	19
Kosten	17
Affinität zum Marketingkonzept	6

Die Befragung zeigt die Wichtigkeit der Affinität zwischen Produkt bzw. Unternehmen und der gewählten Sportart. Dies gilt auch für die Zielgruppenaffinität und die Bedeutung von Reichweiten, Kontakthäufigkeiten und -qualitäten.

Jedoch spielen auch die Kosten eine wichtige Rolle für oder gegen die Entscheidung eines Sponsoring-Engagements. In der gleichen Befragung gaben 45 Prozent an, daß die Kosten bzw.

die Kosten-Nutzen-Relation für sie ein Grund waren, sich gegen die Sportwerbung auszusprechen (Hermanns/Drees/Püttmann 1986).

Der Sponsor muß eine Bewertung dieser Verbindungslinien im Hinblick auf sein Leistungsprogramm vornehmen. Dies gilt gleichermaßen für die Wahl der verschiedenen Sponsoring-Arten. Konzentriert man sich auf Image-Verbindungslinien, dann ist der folgende strategische Prozeß zur Auswahl des Sponsoringbereichs durchzuführen:

(1) *Festlegung* der relevanten, anzustrebenden *Imagedimensionen* (Produkt/Unternehmung) mit einem *Bedeutungsgewicht.*

(2) *Bewertung* der verschiedenen *Sponsoring-Arten* im Hinblick auf die einzelnen Imagedimensionen.

(3) *Grobauswahl* einiger Sponsoring-Arten, die weiter analysiert werden sollen (z. B. nach Höhe der Punktwerte).

In zahlreichen Fällen dient das Sponsoring der sog. *Image-Aktualisierung* von Produkten oder Unternehmen. Dies gilt vor allem für das Sport-Sponsoring, d. h. mit den Sportarten werden Eigenschaften wie jung, modern, sympathisch, dynamisch, sportlich usw. verbunden und auf den Sponsor übertragen.

Dabei sind bei der Imageanalyse verschiedene Imagebereiche zu berücksichtigen (Dreyer 1986). Ausgangspunkt ist das Marken- oder Firmenimage, das den potentiellen gesponserten Institutionen und Personen gegenübergestellt wird. Hierbei sind verschiedene Imagedimensionen zu unterscheiden:

☐ *Image der gesponserten Institutionen*
Beispiele: Image von Vereinen, Verbänden, Museen, Theaterhäusern.

☐ *Image der gesponserten Personen*
Beispiele: Image einer Sportler-Persönlichkeit, Image als Leitbild und Eignung einer Person als Empfehler von Produkten (Testimonial).

Sportart \ Imagedimensionen	Ästhetik	Ausdauer	Dynamik	Modernität	Prestige	Technik	Tradition	Volkstümlichkeit
Aerobic	●	●		●				
Boxen (Amateur-, Prof.-Boxen)			●			●	●	●
Badminton	●	●	●	●		●		●
Ballonfliegen	●			●	●	●		
Bahnengolf						●		●
Basketball	●	●	●	●		●		●
Bergsteigen (Klettern)		●				●	●	●
Biathlon	●	●			●	●		
Billard	●			●	●	●	●	
Bogenschießen	●		●		●	●	●	
Bob-, Schlittensport			●	●		●		●
Eishockey		●	●			●	●	●
Eisschnellauf	●	●	●	●		●		●
Eiskunstlauf	●		●	●	●	●		●
Eistanzen	●			●	●			
Drachenfliegen	●		●	●	●	●		
Fechten	●		●	●	●	●		
Fischen, Angeln		●				●	●	●
Fußball		●	●			●	●	●
Gewichtheben		●	●					●
Golf	●			●	●	●		
Handball		●	●			●	●	●
Hockey (Feld-, Hallenhockey)	●	●	●	●	●	●	●	
Jagen	●			●	●	●		
Jogging (Volks-, Stadtläufe)		●						●
Judo		●	●			●	●	
Kanu		●	●			●	●	●
Kegeln, Bowling							●	●
Kunstkraftsport	●	●					●	●
Leichtathletik	●	●				●	●	●
– Laufen (Sprint, Hürden, Mittelstrecken)	●	●						●
– Langlauf Marathon		●						●
– Hindernislauf		●				●		●
– Sprungwettbewerb (Hoch-, Weitsprung)	●		●	●		●		
– Stabhochsprung	●		●	●		●		
– Werfen (Speer, Hammer, Diskus)	●		●	●		●	●	
Moderner Fünfkampf	●	●	●	●	●	●		
Motorflug	●			●	●	●		

Schaubild 17: Bewertung von Sportarten nach Imagedimensionen
Quelle: Hanrieder 1986.

Sportart / Imagedimensionen	Ästhetik	Ausdauer	Dynamik	Modernität	Prestige	Technik	Tradition	Volkstümlichkeit
Motorsport		•	•	•		•		•
– Autorennen		•	•	•	•	•		•
– Motorradrennen		•	•	•		•		
– Rallyes (Auto, Motorrad)		•	•			•		•
– Moto-Cross		•				•		•
Motorbootrennen	•		•	•	•	•		
Polo	•			•	•		•	
Radsport	•	•	•	•		•		•
– Radrennen (Straße, Bahn)		•	•	•		•		•
– Kunstradfahren	•			•		•		
– Radfußball	•			•		•		
Rasenkraftsport		•					•	
Reitsport	•			•	•	•	•	•
– Dressurreiten	•			•	•	•	•	
– Military-Reiten		•	•	•	•	•	•	
– Trabrennen	•	•				•	•	
– Springreiten	•		•	•	•	•	•	•
– Galoppreiten Derby		•	•	•			•	•
Ringen		•				•		
Rollsport (Rollschuhlauf)	•			•	•	•	•	
Rudern		•	•	•		•		•
Rugby			•	•				•
Schach							•	•
Schießsport	•			•	•	•	•	
Schwimmen	•	•	•				•	•
Segeln	•		•	•	•	•	•	
Segelfliegen	•			•	•	•		
Ski alpin	•		•	•		•		•
Skilanglauf	•	•		•		•		•
Skibob			•			•		
Sportfischen		•					•	•
Sporttauchen	•			•		•		•
Squash	•	•	•	•		•		•
Surfen	•		•	•		•		
Tanzsport	•				•			
Tennis	•		•	•	•	•	•	
Tischtennis		•						•
Turnen, Gymnastik	•		•			•	•	
Volleyball	•		•	•		•		•
Wandern (Volkswandern)		•						•
Wasserball		•	•					•
Wasserski	•		•		•	•		
Windsurfen	•		•	•		•		•

☐ *Image der Sponsoring-Arten*
Beispiele: Sportarten, Kulturbereiche, soziale Tätigkeiten.

Legt man einige ausgewählte inhaltliche Imagedimensionen für die Bewertung verschiedener Sponsoring-Arten zugrunde, dann läßt sich aus Schaubild 17 die Bewertung verschiedener Sportarten und aus Schaubild 18 die Bewertung im Kultur- und Sozio-Bereich entnehmen.

Bei einer systematischen Prüfung der einzelnen Sponsoring-Arten kann die strategische Entscheidung mit der *Methode des klassischen Punktbewertungsverfahrens* (Scoring-Modell) durchgeführt werden. In Schaubild 19 ist beispielhaft das Schema für ein Punktbewertungsverfahren zur Sponsoring-Grobauswahl dargestellt.

Bei der Entscheidung über die Sponsoring-Arten werden Unternehmen auf die Interdependenzen der verschiedenen Imagemerkmale achten. Diese Ähnlichkeiten oder Abhängigkeiten von Merkmalen kann man auch als *Affinität* bezeichnen. Einer Untersuchung über die werbliche Attraktivität von Sportarten durch eine typologische Charakterisierung sind die folgenden Imagemerkmale zu entnehmen (Dreyer 1986):

☐ *Erlebnischarakter*
 – Statische Sportarten,
 – Dynamische Sportarten,
 – Zweikampf-Sportarten,
 – Abenteuer-Sportarten.

☐ *Faszination*
 – Sportarten mit Faszinations- und Ästhetikwirkungen,
 – Urlaubsassoziative Sportarten,
 – Faszinierende Sportarten.

☐ *Exklusivität*
 – Außenseiter-Sportarten,
 – Exklusiv-Sportarten,
 – Enthusiasten-Sportarten.

Arten	Atmosphäre	Modernität	Ästhetik	Originalität	Prestige	Tradition	Verantwortung	Jugendlichkeit	Harmonie
Oper/Operette	x		x	x	x	x	x		x
Ballett	x		x	x	x	x	x		x
Theater	x	x	x	x	x	x	x		x
Museum/Galerie	x	x	x	x	x	x	x		x
Klassische Musik	x		x	x	x	x	x		x
Moderne Musik	x	x	x	x				x	x
Bücher		x	x	x					x
Bildbände		x	x	x					x
Spielfilme			x	x				x	x
Fernsehsendungen				x				x	
Gesundheitswesen		x		x	x	x	x		
Umweltschutz		x		x	x	x	x		
Wissenschaft	x	x		x	x	x	x	x	

Row groups: *Kultur* (Oper/Operette … Fernsehsendungen), *Sozio* (Gesundheitswesen … Wissenschaft)

Schaubild 18: Bewertung von Sponsoring-Arten im kulturellen und sozialen Bereich

Schaubild 19: Punktbewertungsverfahren für die Sponsoring-Grobauswahl

Sponsoring-Bereiche	Imagedimensionen						Gew. Punkte			Gesamt-punkte
	Dimension 1		Dimension 2		Dimension 3		1	2	3	
		Gewicht		Gewicht		Gewicht	Punkt x Gewicht	Punkt x Gewicht	Punkt x Gewicht	
	Punktwert	0,	Punktwert	0,	Punktwerte	0,				
z. B. Squash	4	0,5	6	0,2	10	0,3	2	1,2	3	6,2

Gewicht: Insgesamt 100%
Punktwerte: 1–10

☐ *Emotionalität*
- Freizeit-Sportarten,
- Spannungsarme Wettkampf-Sportarten,
- Wettkampf-Sportarten mit Finalcharakter,
- Zuschauer-Sportarten.

☐ *Urteilsvermögen*
- Triviale Sportarten,
- Mittelschwer beurteilbare Sportarten,
- Anspruchsvolle Sportarten.

☐ *Kommunikationswert*
- Individualsportarten,
- Kommunikative Sportarten,
- Mannschaftssportarten.

Nach Vorgabe der anzustrebenden Imagedimensionen durch das Unternehmen reduziert sich durch die beschreibenden Merkmale die Vielzahl der potentiellen Sponsoring-Sportarten erheblich.

Als *Ergebnis der Grobauswahl* erhält man einen oder mehrere Sponsoring-Bereich(e), die für die Unternehmen besonders attraktiv sind. Diese identifizierten Bereiche werden dann in einer Feinauswahl detaillierter analysiert. Dabei geht es vor allem um die Suche nach konkreten Sponsorships im Rahmen der festgelegten Sponsoring-Bereiche.

Formen des Sponsoring

Die *Phase der Feinauswahl* umfaßt die Analyse und Auswahl verschiedener Sponsorship-Alternativen im Rahmen der festgelegten Sponsoring-Bereiche. Dazu zählt die Entscheidung über das Sponsorship von

- *Einzelpersonen,*
- *Organisationen,*
- *Veranstaltungen.*

Bei den Entscheidungen über die Formen des Sponsoring handelt es sich teilweise auch um strategische Entscheidungen; vor allem bei einer zeitlichen Fixierung des Sponsorships auf einen Zeitraum von mehreren Jahren.

Betrachtet man die Wahl von Einzelpersonen als Gesponserte, dann sind Entscheidungskriterien für einen Vergleich der zur Verfügung stehenden Personen zu formulieren. Im Mittelpunkt stehen dabei Kriterien wie etwa

- die Leistungen,
- die Erfolge,
- die Bekanntheit in den Zielgruppen,
- die Beurteilung durch die Zielgruppen,
- die Persönlichkeit u. a.

der Einzelpersonen.

Im sportlichen Bereich ist das Sponsoring von Personen häufiger zu beobachten als im kulturellen Bereich. In Schaubild 20 sind verschiedene Beurteilungskriterien für die Bewertung von Sportlern aufgeführt. Die Beurteilung wird in der Regel qualitativ erfolgen. Für eine quantitative Erfassung der Meinung der Öffentlichkeit zu ausgewählten Personen sind die Ergebnisse von Befragungen heranzuziehen. In Tabelle 11 ist beispielhaft die Einschätzung von Spitzensportlern durch ausgewählte Personen nach der Bekanntheit, Sympathie und Glaubwürdigkeit der Sportler wiedergegeben. Die Ergebnisse verdeutlichen, daß Spitzensportler vielfach Glaubwürdigkeitsprobleme in der Werbung aufweisen. Dies muß jedoch in Abhängigkeit von den umworbenen Produkten und Dienstleistungen relativiert werden.

Für die Beurteilung von alternativen Organisationen und Veranstaltungen gelten ähnliche Überlegungen wie bei der Auswahl von Einzelpersonen. Die für ein Sponsoring zur Verfügung stehenden Organisationen (z. B. Sportverbände, Theaterhäuser, Museen und Galerien, Wohlfahrtsorganisationen, Stiftungen, Hochschulen) müssen im Hinblick auf verschiedene Kriterien analysiert und bewertet werden:

Kriterien	Bewertung/Kommentar
Derzeitige und mittelfristig voraussehbare Qualifikation des Sportlers	
Derzeitige und mittelfristig voraussehbare Bekanntheit des Sportlers	
Gesamtpopularität der betreffenden Sportart, jetzt und zukünftig	
Allgemeine Beliebtheit und Sympathie des Sportlers	
Trainer und Funktionäre rund um den Sportler (ihr Ansehen, Sympathiewert)	
Charakterliche und menschliche Einschätzung des Sportlers	
Gesamtausstrahlung und Persönlichkeit des Sportlers (inklusive Aussehen)	
Mediengerechtes Auftreten des Sportlers in TV, Funk, Interview, Werbeveranstaltungen	
Jetzige und mittelfristig erwartbare allgemeine Medienbeliebtheit des Sportlers (über den Sport hinaus)	
Bestehende oder geplante weitere Verpflichtungen gegenüber anderen Sponsoren	
Eignung für lokale, regionale, nationale oder internationale Werbung	
Paßt der Sportler evtl. zu anderen verpflichteten Sportlerpersönlichkeiten?	
Kann der Sportler glaubhaft für das betreffende Produkt/Unternehmen eintreten?	
Einschätzung der Gesamtqualitäten in Relation zum aufgewendeten Honorar	

Schaubild 20: Beurteilungskriterien für die Auswahl von Sportler-Persönlichkeiten im Rahmen des Sponsoring
Quelle: Hanrieder 1986.

Tabelle 11: Einschätzung von deutschen Spitzensportlern
Quelle: Roth 1986 b.

Bekanntheit, Beliebtheit und Werbeeignung von deutschen Sportlern
Basis: n = 44 Testpersonen

Name des Sportlers	Bekanntheit Kennen Sie diesen Namen und wer verbirgt sich dahinter? Tpn	Beliebtheit Inwieweit ist Ihnen dieser Sportler sympathisch? (Note 1–6) ∅ Wert	Glaubwürdigkeit Wie eignet er/sie sich für Werbung (Note 1–5)* ∅ Wert	Note*	Tpn
Franz Beckenbauer	44	2,8	3,0	b	16
				g	12
				s	16
Boris Becker	44	2,7	2,9	b	14
				g	20
				s	10
Paul Breitner	44	3,4	3,5	b	14
				g	18
				s	12
Michael Gross	40	2,6	3,4	b	4
				g	22
				s	14
Bernhard Langer	36	2,4	2,6	b	2
				g	28
				s	8
Ulrike Meyfarth	44	2,5	3,5	b	4
				g	12
				s	28
Rosi Mittermaier	44	3,9	4,4!	b	6
				g	20
				s	18
Karl-Heinz Rummenigge	44	3,0	3,1	b	16
				g	12
				s	16
Toni Schumacher	40	3,3	3,9	b	6
				g	20
				s	14

Quelle: DFS&R Marktforschung

b = bessere Note als in Beliebheit
g = gleiche Note wie in Beliebheit
s = schlechtere Note als in Beliebheit

- die bisher erzielten Leistungen und Erfolge,
- die Bekanntheit in der Zielgruppe,
- die Beurteilung durch die Zielgruppe (Akzeptanz),
- die Management-Qualifikation in der Organisation,
- die Public Relations- und Publicity-Arbeit durch die Organisation (Medienpräsenz),
- die Repräsentanten der Organisation,
- die Eignung für eigene werbliche Maßnahmen u. a.

Auch bei der Beurteilung von Organisationen sind überwiegend qualitative Bewertungen vorzunehmen.

Dies gilt gleichermaßen für die Auswahl spezieller Veranstaltungen, die für Sponsoring-Maßnahmen mittel- und langfristig zur Verfügung stehen (z. B. Sport-Wettbewerbe, Konzerte, Ausstellungen). Als Beurteilungskriterien seien genannt:

- die Erfahrungen mit bisherigen Veranstaltungen,
- die erzielten oder erzielbaren Leistungen der Veranstaltung,
- die Teilnahme von bestimmten Persönlichkeiten und Personen mit Spitzenleistungen,
- die erwartete Medienpräsenz,
- die Management-Qualifikation des Veranstalters,
- die Vergabe von Lizenzen und Titeln in Verbindung mit der Veranstaltung,
- die Stellung des Sponsors im Vergleich mit anderen Sponsoren,
- die Nutzung von Werbemöglichkeiten vor, während und nach der Veranstaltung u. a.

Im sportlichen Bereich ist das Sponsoring von internationalen Veranstaltungen mit zu erwartender großer Medienresonanz nur noch mit einem erheblichen finanziellen Aufwand möglich. Deshalb ist es für die meisten Unternehmen zweckmäßig, „kleinere" sportliche Veranstaltungen oder kulturelle Veranstaltungen im Hinblick auf ein Sponsoring-Engagement zu überprüfen.

Prüfliste für Sponsorships

Der Sponsor wird nicht sehr häufig den Prozeß der Grob- und Feinauswahl für die Auswahl des Gesponserten durchlaufen. Werden kurzfristig Sponsorships angeboten, so empfiehlt sich die unternehmensspezifisch angepaßte *Erarbeitung eines Sponsoring-Entscheidungsrasters*. Dieses Entscheidungsraster muß die wichtigsten Beurteilungskriterien des Unternehmens enthalten. Um Vergleichbarkeit zwischen den Alternativen herzustellen, ist die Erarbeitung des Entscheidungsrasters als Punktbewertungsmodell mit Angabe von Mindestpunktwerten zweckmäßig.

In Schaubild 21 ist beispielhaft ein Sponsoring-Entscheidungsraster für die Prüfung von angebotenen Sponsorships oder die Initiierung eigener Sponsoring-Projekte dargestellt.

Beispiele für Sponsoring-Philosophien von Unternehmen

Präzise formulierte Ziele und Strategien liegen in der Sponsoring-Praxis kaum vor. Unternehmen mit einem hohen Sponsoring-Budget gehen teilweise so vor, daß Sponsoring-Philosophien bzw. Grundsätze aufgestellt werden, an denen sich die Entscheidungen über Sponsoring-Engagements orientieren. Als Beispiele seien aus dem Bereich der Sportwerbung genannt (Roth 1986a):

Sponsoring-Grundsätze von AGFA (Sport-Sponsoring)

1. Es werden nur Veranstaltungen, keine Einzel-Sportler unterstützt.

2. Die ausgewählten Ereignisse müssen internationale Top-Ereignisse sein.

Entscheidungskriterien	1 = unwichtig bis 10 = sehr wichtig	Gewichtung des Kriteriums	Total/Max.
Image, Ausstrahlung des Gesponserten paßt zum Produkt bzw. Unternehmen		× 2	/ 20
Das Sponsorship-Projekt bietet Publicity-Möglichkeiten		× 3	/ 30
Eine Übertragung durch das Fernsehen ist sehr wahrscheinlich		× 4	/ 40
Das Sponsorship ermöglicht Unterhaltungs- und Bewirtungsmöglichkeiten für Gäste		× 2	/ 20
Zum Gesponserten bestehen persönliche Beziehungen		× 1	/ 10
Das Top-Management ist an diesem Sponsorship besonders interessiert		× 1	/ 10
Das Sponsorship stellt auf die Freizeitinteressen der Zielgruppen ab		× 3	/ 30
Durch das Engagement wird einer förderungswürdigen Institution geholfen		× 1	/ 10
Das Sponsorship-Projekt zieht viele Zuschauer an		× 2	/ 20
Das Sponsorship bietet eine Alleinstellung oder Dominanz des Sponsors		× 2	/ 20
Das Sponsorship kann verlängert bzw. ausgebaut werden		× 2	/ 20
Das Sponsorhip ist kostengünstig im Verhältnis zu alternativen PR- oder Werbeaktivitäten		× 2	/ 20
		Total	/ 250

Schaubild 21: Sponsoring-Entscheidungsraster
Quelle: Head 1981.

3. *Angestrebt wird eine werbliche Dominanz – zumindest aber muß die AGFA-Werbung wenigstens gleichgewichtig neben der anderer Unternehmen stehen.*

4. *Breite TV-Berichterstattung über diese Ereignisse muß gewährleistet sein.*

5. *Die Ereignisse sollen die Möglichkeiten bieten, die Banden- oder Trikotwerbung auch auf zielgruppen-relevante Promotions auszurichten.*

Sponsoring-Philosophie von HOECHST (Sport-Sponsoring)

1. *Wenn wir uns an einem Sportereignis beteiligen, sollte nach Möglichkeit eine Hoechst-Dominanz gegeben sein. Eine kleinere Bandenwerbung neben vielen anderen Markenzeichen ist nicht sinnvoll.*

2. *Es muß eine gewisse Affinität zwischen der Sportart und dem Produkt unseres Hauses vorhanden sein.*

3. *Das Sportereignis, das wir sponsern, muß von hohem sportlichen Rang sein.*

4. *Der Wert der Sponsorschaft von Sportereignissen wird im wesentlichen von zwei Faktoren bestimmt: von der Öffentlichkeitswirkung durch Berichterstattung in Presse und Fernsehen und von der Möglichkeit, die Kunden und Interessenten in das Geschehen einzubeziehen.*

5. *Bei der Förderung von Vereinen im Einzugsbereich unserer Werke liegt im Regelfall die Federführung beim Sozialwesen. Das Ziel ist hier vorrangig die Förderung gutnachbarlicher Beziehungen. Eine eventuelle werbliche Beteiligung hängt davon ab, ob werbliche oder verkäuferische Zielsetzungen damit erzielt werden können.*

6. *Für Organisation und Pressebetreuung bei Sportereignissen muß ein Mann aus dem Haus oder ein freier Mitarbeiter zuständig sein.*

Integration der Kommunikations- und Sponsoring-Strategie

Das Hauptanliegen des Werbeplaners muß es sein, eine Integration der Sponsoring-Strategie in die Kommunikations-Strategie vorzunehmen. Nur bei einer *„strategischen Verklammerung"* der verschiedenen Kommunikationsinstrumente lassen sich Synergiewirkungen erzielen (Hanrieder 1986; Christofani 1986). Dies macht es erforderlich, die Möglichkeiten der Integration im einzelnen zu überprüfen und verschiedene Abstimmungen in der Kommunikationspolitik von Unternehmen vorzunehmen:

- Die *inhaltliche Abstimmung* mit den anderen Kommunikationsinstrumenten. Hier ist auf die Einhaltung der kommunikativen Leitidee, die Einbeziehung des Sponsoring in die Unternehmenswerbung, die Verstärkung von Imagedimensionen in der Anzeigenwerbung usw. zu achten.
- Die *formale Abstimmung* mit den Gestaltungsprinzipien im Einsatz der anderen Kommunikationsinstrumente. Dabei geht es um die formale Einhaltung von Namen, Slogans und Emblemen im Hinblick auf den Schriftzug, die Farbe, die Größe usw. (Corporate Design). Hier sind dem Sponsoring zumeist enge Grenzen gesetzt.
- Die *zeitliche Abstimmung* mit dem Einsatz der anderen Kommunikationsinstrumente, d. h. das Sponsoring ist in dem *Mediaplan* und beim „Timing" anderer kommunikativer Maßnahmen zu berücksichtigen. Um den Werbedruck zu erhöhen und die Medienpräsenz des Sponsors auszunutzen, werden häufig Maßnahmen parallel durchgeführt.

In den Schaubildern 22 bis 24 sind drei fiktive Beispiele für die Integration von Kommunikations- und Sponsoring-Strategien aus dem sportlichen Bereich für unterschiedliche Branchen wiedergegeben. Es handelt sich um Kommunikationsplanungen aus den Sektoren Gebrauchsgüter, Luxusgüter sowie Mode und Textil.

Schaubild 22: Beispiel einer integrierten Kommunikationsplanung aus dem Gebrauchsgütersektor
Quelle: Hanrieder 1986.

Produktbereich/Situation
Ein Hersteller von Heimwerkergeräten bringt eine neue Bohrmaschine auf den Markt. Das Gerät hat zwar viele Finessen, ist aber insgesamt, so wie das übrige Sortiment, von der Funktion her den Wettbewerbern ziemlich ähnlich. Marktforschungsstudien zeigen, daß technische Vorteile weitgehend als selbstverständlich angesehen werden. Im Hinblick auf ein wachsendes Preisbewußtsein werden aber vor allem Gebrauchstüchtigkeit und geringe Reparaturanfälligkeit wichtig. Bei zunehmender handwerklicher Beschäftigung wird ein Gerät gebraucht, das zuverlässig über lange Zeit hinweg arbeitet

Werbestrategie
Die neue Bohrmaschine wird als Leitprodukt für das übrige Sortiment präsentiert und beworben. Die besondere Robustheit, die lange Lebensdauer, die Unverwüstlichkeit des Gerätes bei jeglichem Einsatz, sollen als Hauptnutzen herausgestellt und für die Differenzierung gegenüber dem Wettbewerb genutzt werden.

Ziel Basiswerbung
- Bekanntmachung und Vorstellung der neuen Bohrmaschine
- Durchsetzung einer Positionierung, bei der funktionelle Perfektion, Robustheit und langer Gebrauchsnutzen die wesentlichen Argumente sind

Zielgruppe Basiswerbung
- Männer ab 21 Jahre
- Die Gesamtheit der Do-it-yourselfer

Ziel Sportwerbung
- Unterstützung der Bekanntmachung, d. h. schnelle Erhöhung des Bekanntheitsgrades
- Verstärkung der Produktnutzen Ausdauer und Robustheit
- Das neue Gerät »ins Gespräch bringen« (interessanter machen)

Sportarten/Sportzielgruppen
Die Auswahlkriterien:
- Die Sportarten müssen »männlich« sein
- Das Assoziationsfeld »Ausdauer« ist besonders wichtig
Ausgewählte Sportarten:
- Radfahren: Straßenrennen und Querfeldein-Rennen
- Laufen: Langstrecken wie Marathonlauf

Medien Basiswerbung
- Breitstreuende Zeitschriften
- Spezielle Magazine für Do-it-yourselfer, Hobbybastler etc.

Budget Basiswerbung
- Streuung 2,5 Mio DM
- Produktion 0,5 Mio DM

Medien Sportwerbung
- Trikotwerbung bei ausgewählten Radrennen
- Sponsorschaft bei ausgewählten Leichtathletik- und Marathon-Veranstaltungen (Städte-Marathons)
Direkte Ansprache der Zuschauer bei den Veranstaltungen und Nutzung der Medienberichterstattung (TV, Tageszeitungen und Sportzeitschriften).

Sonstige Aktivitäten
- Verkaufswettbewerb für Außendienstmitarbeiter, aufgezogen als »Verkaufs-Marathon«; mit Einladungen zu entsprechenden Sportveranstaltungen; Gewinn von Sportfahrrädern
- Autogrammstunden bei ausgewählten Händlern mit Lokalmatadoren
- Preisausschreiben für Verkäufer; Gewinne: Home-Trainer-Räder

Budget Sportwerbung
- Sportwerbung und Sponsorschaft 0,8 Mio DM
- VKF-Aktivitäten 0,3 Mio DM

Schaubild 23: Beispiel einer integrierten Kommunikationsplanung aus dem Bereich der Luxusgüter
Quelle: Hanrieder 1986.

Produktbereich/Situation
Ein Hersteller von hochwertigen Luxusuhren fur Männer und Frauen hat das Problem, wenig bekannt zu sein und im Schatten der großen Marken zu stehen. Da Technologie und Design bekanntermaßen in diesem Bereich nur wenig fur den Verkaufserfolg bedeuten, Exklusivität und Prestige aber von der bekannteren Konkurrenz besetzt sind, muß nach einer werblichen Lösung gesucht werden, zumindest zeitweilig aus dem Schatten des Wettbewerbs hervorzutreten

Werbestrategie
Bei einer ausgewahlten kleinen Zielgruppe muß die Marke nachhaltig bekanntgemacht bzw in Erinnerung gebracht werden. Das angestrebte Image muß sich hauptsächlich an den Dimensionen Exklusivität und Prestige orientieren.

Ziel Basiswerbung
- Steigerung des Bekanntheitsgrades
- Durchsetzung einer Positionierung, die Exklusivität und feinstes Material in den Vordergrund stellt

Zielgruppe Basiswerbung
- Manner und Frauen in oberen sozialen Schichten
- Personen, die besonders prestige-orientiert sind

Medien Basiswerbung
- Gesellschaftsmagazine
- Management-Zeitschriften

Ziel Sportwerbung
- Aktualisierung der Marke
- Unterstützung im Aufbau des Bekanntheitsgrades sowie der schnellen Durchsetzung der Imagefacette »Exklusivität«

Sportarten/Sportzielgruppen
Ausgewählte Sportarten:
- Golf
- Polo
Beide Sportarten assoziieren in jedem Fall Exklusivität und sprechen auch die entsprechende Zielgruppe an

Medien Sportwerbung
- Sponsorship mit ausgewähltem Golf-Profi
- Bandenwerbung bei ausgewählten Polo-Veranstaltungen Nutzung der geringen, aber exklusiven Berichterstattung

Konzept Basiswerbung
Nutzung sportlicher Szenen aus den beiden belegten Sportarten

Budget Basiswerbung
- Streuung 0,5 Mio DM
- VKF/Produktion 0,3 Mio DM

Sonstige Aktivitäten
- Einladungen von ausgewählten Händlern und prominenten Kunden zu ausgewählten Sportveranstaltungen
- Betreuungsprogramm für diese Top-Händler und Top-Kunden
- Herausgabe einer exklusiven Hauszeitschrift mit Gesellschafts-Reportagen von den Sportveranstaltungen

Budget Sportwerbung
- Sponsorship/Bandenwerbung 0,3 Mio DM
- VKF 0,15 Mio DM

Schaubild 24: Beispiel einer integrierten Kommunikationsplanung aus dem Bereich Mode und Textil
Quelle: Hanrieder 1986.

Produktbereich/Situation	Medien Basiswerbung	Medien Sportwerbung
Ein Hersteller von Textilien und Wäsche mit besonders hohem Bekanntheitsgrad produziert eine sportliche Freizeitkollektion, die aus Damen-/Herren-Oberbekleidung besteht. Das Basisimage des Herstellers ist eher traditionell und konservativ. Gegen die ausgesprochenen Sportmarken im Freizeitbereich bestand bislang kaum eine Chance der Durchsetzung.	– Breitstreuende Zeitschriften – Fernsehen und Funk – Selektiv· Großflächenanschlag	– Werbeflächen und bedruckte Teilnehmernummern bei LL- und Radveranstaltungen – Bandenwerbung bei Tennisveranstaltungen – Renntrikotwerbung bei Ski alpin Direkte Zuschaueransprache als auch Nutzung der Sportberichterstattung in den Medien
Werbestrategie Die Freizeitmode soll innerhalb der Kollektion ein stärkeres Gewicht bekommen und gleichzeitig das Image der gesamten Marke dynamisieren. Darüber hinaus will man, obwohl die Marke sehr breit angelegt ist, zukünftig die jugendlichen Zielgruppen als nachwachsendes Abnehmerpotential ansprechen.	**Konzept Basiswerbung** – Verwendung von Motiven aus den Sportarten in der Medienwerbung (Print und TV) – Beteiligung von Sportlern am Entwurf der Kollektion (funktionsgerechte Mode für Sport)	**Sonstige Aktivitäten** – Durchführung eigener Radtreffs, in Zusammenarbeit mit Händlern (lokal, regional) – Durchführung eigener Ski-Langlauf-Treffs, in Zusammenarbeit mit Händlern

Ziel Basiswerbung
– Schnelle Veränderung des traditionellen Images in Richtung »jung, dynamisch, aktiv, sportlich«
– Bekanntmachung der neuen sportlichen Freizeitkollektion

Ziel Sportwerbung
Unterstützung der Basisziele
Sportarten/Sportzielgruppen
Die Auswahlkriterien:
– Die Sportarten müssen ein dynamisches und aktuelles Image haben
– und für Männer und Frauen relativ gleich interessant sein;
– sie sollen eine modebewußte, gut verdienende, dennoch breite Bevölkerungsschicht ansprechen
– Die Sportarten sollen durch TV/Presse an ein breites Publikum herangetragen werden.
Ausgewählte Sportarten·
– Ski alpin und Langlauf
– Tennis
– Radfahren, in Form von Volksradwanderungen

Zielgruppen Basiswerbung
– Breiteste Zielgruppe: Männer und Frauen, von 14 bis ca. 60 Jahren
– Schwergewichte auf sportlichaktive Personen der jüngeren Generation (bis 30 Jahre)

Budget Basiswerbung
– Streuung 2,5 Mio DM
– VKF, PR 1,0 Mio DM

Budget Sportwerbung
– Werbeflächen, Bandenwerbung, Trikotwerbung 0,5 Mio DM
– Eigene Rad- und LL-Treffs 0,15 Mio DM

Sponsoring im Inter-Media-Vergleich

Durch das Sponsoring werden sowohl klassische Werbeträger wie das Fernsehen, die Printmedien usw. beansprucht, als auch neue Werbemittel. Dazu zählt beispielsweise:

- die Trikotwerbung von Sportlern,
- die Bandenwerbung in Sportstadien,
- die Werbung in Kulturstätten,
- das Product Placement bei Filmen usw.

Dem Werbetreibenden werden neue Möglichkeiten im Rahmen des Inter-Media-Vergleichs geschaffen. Betrachtet man die Möglichkeiten der Nutzung des Sponsoring als Werbeträger, dann lassen sich die klassischen Kriterien zum Inter-Media-Vergleich heranziehen, die in Schaubild 25 dargestellt sind. Es zeigt sich, daß das Sponsoring vor allem zur Übermittlung von Kurzinformationen geeignet ist. Wesentliche Vorteile als Werbeträger ergeben sich für das Sponsoring durch zwei Besonderheiten:

☐ *Das attraktive Sponsoring-Umfeld*
Sponsoring ist verbunden mit erlebnisorientierten und positiv anmutenden Veranstaltungen und Ereignissen.

☐ *Das attraktive Sponsoring-Thema*
Durch die Unterstützung „förderungswürdiger" Institutionen und Aktionen im Bereich Sport, Kultur bzw. Soziales kann das Unternehmen sein gesellschaftliches Engagement verdeutlichen (Wartke 1986).

Insgesamt ist mit einer größeren Beachtung des Werbeträgers Sponsoring und einer Steigerung der Akzeptanz des Unternehmens zu rechnen. Jedoch wird dies nicht zu Lasten der klassischen Werbeträger gehen. Die Werbung im Fernsehen, in Zeitschriften, Zeitungen usw. hat eigene Funktionen und wird durch das Sponsoring nicht berührt. Vielmehr wird das Sponsoring zur Verstärkung der kommunikativen Wirkung zusätzlich auf die klassischen Werbeträger zurückgreifen.

Medium / Merkmal	Zeitung	Zeitschrift	Fernsehen	Rundfunk
Funktion	Information, aktuelle Nachrichten	Information, Unterhaltung, Bildung	Information, Unterhaltung, Bildung	Information, aktuelle Nachrichten, Unterhaltung, Bildung
Darstellungsbasis	Text, Bild	Text, Bild (Farbwirkung)	Text, Bild, Ton (multisensorische Ansprache, Farbwirkung)	Ton (Sprache und Musik)
Konzeption	informierende und argumentierende Werbung (Anzeige muß Aufmerksamkeit erregen)	argumentierende Werbung, emotionale Appelle (Einfluß der redaktionellen Gestaltung)	emotionale Appelle, argumentierende Werbung (Einfluß des Fernsehprogramms)	rationale Werbebotschaften, emotionale Appelle (nur Zusatzmedium)
Situation	Inhaltsaufnahme in häuslicher Atmosphäre oder Arbeitsplatz (vormittags)	Inhaltsaufnahme in häuslicher Atmosphäre	Empfang in häuslicher Atmosphäre (nachmittags, abends)	Empfang in häuslicher Atmosphäre (ganztägig)
Zeitfaktor	mehrmalige Nutzung möglich	mehrmalige Nutzung möglich, verschiedene Nutzungsphasen	einmalige Betrachtung, zeitlich begrenzt	einmaliger Kontakt, zeitlich begrenzt, Möglichkeit von Überschneidungen
Auswahlmöglichkeit	Auswahl aufgrund Leserstruktur-Analysen (überregionale, regionale und lokale Streuung)	Auswahl aufgrund Leserstruktur-Analysen (überregionale, regionale und Teilbelegung möglich)	Auswahl aufgrund Panelbefragung (regionale Streuung)	Auswahl aufgrund Panelbefragung (regionale Streuung)
Erscheinungsweise	täglich	wöchentlich, vierzehntägig, monatlich	täglich (Festlegung erfolgt durch Sendeanstalt)	täglich (Festlegung erfolgt durch Sendeanstalt)
Verfügbarkeit	keine Beschränkungen	keine Beschränkungen	gesetzliche Beschränkungen (max. tägl. 20 Minuten/Sender)	unterschiedliche Beschränkungen
Reichweite	hohe Reichweite bei Gesamtbelegung	hohe Reichweite, Überschneidungen sind möglich	relativ geringe Reichweite (Kumulations-Effekt)	relativ geringe Reichweite, Überschneidungen sind möglich
Kosten	relativ hohe 1000-Kontakt-Preise	relativ niedrige 1000-Kontakt-Preise	mittlere 1000-Kontakt-Preise	relativ niedrige 1000-Kontakt-Preise
Erfolgskontrolle	durch Coupons und Panels	durch Coupons und Panels	durch Panels	durch Panels
Schlußfolgerungen	Übermittlung von aktuellen u. rationalen Werbebotschaften, geeignet zur Produkteinführung und für Werbeangebote des regionalen Handels, Einführungs- und Festigungswerbung	Vermittlung von Stimmungsinhalten, Bestätigung von Konsumgewohnheiten, geeignet zum Imageaufbau, Festigungswerbung	Ankündigung von Neuheiten, geeignet zum Imageaufbau, Vorführung der Produktanwendung, Einführungs- und Festigungswerbung	Bestätigung von Konsumgewohnheiten, schnelle Bekanntmachung von Produkten und Herstellern, Einführungs- und Festigungswerbung

Schaubild 25: Werbeträger des Sponsoring im Inter-Media-Vergleich

Film	Plakat	Werbeträger Sport	Werbeträger Kultur und Soziales
Unterhaltung, Erholung, Identifikationsmöglichkeiten	Werbung für wirtschaftliche Leistungen und kulturelle Zwecke	Werbung zur Steigerung des Bekanntheitsgrades von Marken u. Imageprofilierung	Werbung zur Steigerung des Bekanntheitsgrades und Imageprofilierung
Text, Bild, Ton (multisensorische Ansprache, Farbwirkung)	Text, Bild (Farbwirkung)	Text, Motiv (Produktname, Markenzeichen, Slogan)	Text, Motiv (Namen, Zeichen, Slogan)
emotionale Appelle (nur Zusatzmedium)	Vermittlung von Kurzinformationen (nur Zusatzmedium)	Vermittlung von Kurzinformationen (unterstützendes Zusatzmedium)	Vermittlung von Kurzinformationen (unterstützendes Zusatzmedium)
Gemeinschaftsempfang (abends)	überwiegend flüchtige Betrachtung innerhalb des Stadtgebietes	überwiegend flüchtige Betrachtung (z. B. bei Fernsehübertragungen v. Sport), aber bei attraktiven Ereignissen	überwiegend flüchtige Betrachtung (z. B. bei Besuch v. Veranstaltungen), aber bei attraktiven Ereignissen und angenehmer Atmosphäre
einmalige Betrachtung, zeitlich begrenzt	mehrmalige Betrachtung denkbar, Möglichkeit von Überschneidungen	mehrmalige Betrachtung während der Übertragung möglich	mehrmalige Betrachtung bei einer Veranstaltung möglich
keine exakte Zielgruppenbestimmung (regionale und lokale Streuung)	keine exakte Zielgruppenbestimmung (regionale Streuung)	Zielgruppenbestimmung durch Mediaanalysen	keine exakte Zielgruppenbestimmung (regionale und lokale Streuung)
täglich (Mindestbelegung eine Woche)	täglich (Mindestbelegung zehn Tage)	abhängig von Fernsehübertragung und Sportereignis	abhängig von Ereignissen (Veranstaltungen, Aktionen)
Begrenzung auf Filmvorführzeiten	keine Beschränkungen	abhängig von Sportveranstaltung und Fernsehübertragungen	abhängig von Bereitschaft des Sponsors
relativ geringe Reichweite, Überschneidungen sind möglich	geringe Reichweite, Überschneidungen sind möglich	relativ hohe Reichweite (national u. international) bei attraktiven Sportarten	relativ geringe Reichweite (außer bei großer (inter-)nationaler Bedeutung
relativ hohe 1000-Kontakt-Preise	genaue Angaben z. Z. nicht möglich	sehr niedrige 1000-Kontakt-Preise bei guter Plazierung	hohe 1000-Kontakt-Preise
durch Panels	durch explorative Verfahren	durch explorative Verfahren und Media-Analysen	durch explorative Verfahren
Übertragung von suggestiver Atmosphäre, geeignet zum Imageaufbau, Vorführung der Produktanwendung, nur Zusatzmedium, Festigungswerbung	Übermittlung der Werbebotschaft an unbegrenzten Personenkreis, geeignet zur Produktpräsentation, nur Zusatzmedium, Festigungswerbung	Übermittlung von Kurzinformationen (Firmen-, Produktnamen), geeignet zur Steigerung von Bekanntheitsgraden (unterstützendes Zusatzmedium)	Übermittlung von Kurzinformationen geeignet zur Verbesserung des Bekanntheitsgrades und Good Will (unterstützendes Zusatzmedium)

Quelle: in Anlehnung an Tischler 1975 und Hartmann 1981.

6. Kapitel

Instrumente
einer Sponsoring-Politik

Jedes Sponsoring-Projekt, sei es nun im sportlichen, kulturellen oder sozialen Bereich, erfordert eine individuelle Planung der einzelnen Maßnahmen. Art, Umfang und Intensität dieses Instrumentariums hängen nicht zuletzt auch von der Höhe des Sponsoring-Etats ab, denn mit der eigentlichen Sponsorship-Summe ist es meistens nicht getan. Häufig beanspruchen die flankierenden Einzelmaßnahmen wie Vor- und Nachbereitungsaufwand, Aktionsbudget und gegebenenfalls Agenturprovision sogar den größeren Teil des Budgets. Auf die Bestimmung und vertragliche Fixierung der Einzelmaßnahmen wird im 6. Kapitel eingegangen.

Maßnahmenplanung zu einem Sponsoring-Mix

Liegt die Entscheidung über die Sponsoring-Strategie fest, dann muß eine Maßnahmenplanung vorgenommen werden. Dies umfaßt die Einbeziehung sämtlicher Einzelmaßnahmen, die bei der Durchführung des Sponsoring zu berücksichtigen sind. Zur Strukturierung der zu planenden Maßnahmenbündel läßt sich das Denkschema des Marketing-Mix heranziehen.

Schaubild 26 verdeutlicht, daß Sponsoring als ein eigenständiges Kommunikationsinstrument zielgruppenorientiert geplant und zu einem Sponsoring-Mix zusammengefaßt werden muß. Das Sponsoring-Mix besteht aus vier Submixbereichen:

Das Leistungs-Mix des Sponsoring

Zunächst hat das Unternehmen zu entscheiden, welche Leistungen (Art, Umfang, Intensität) gesponsert und der Zielgruppe „angeboten" werden sollen. Hierbei hat der Sponsor verschiedene Entscheidungen zu treffen:

☐ *Die Leistungsqualität des Sponsoring*
Festlegung der Leistungsklasse der gesponserten Einzelperson, der Veranstaltung und der Organisation.

☐ *Das Leistungsprogramm des Sponsoring*
Bei vielfältigen Sponsoring-Engagements sind die unterschiedlichen Sponsoring-Bereiche (verschiedene Sportarten und Kulturbereiche) zu einem Sponsoring-Programm festzulegen.

☐ *Die Namensgebung des Sponsoring*
Der Sponsor muß auf eine Zuordnung zum Gesponserten achten, beispielsweise durch das Titel-Sponsoring. Der Sponsor hat seine Stellung im Vergleich mit den anderen Sponsoren festzulegen.

Schaubild 26: Marketing-Mix und Sponsoring-Mix

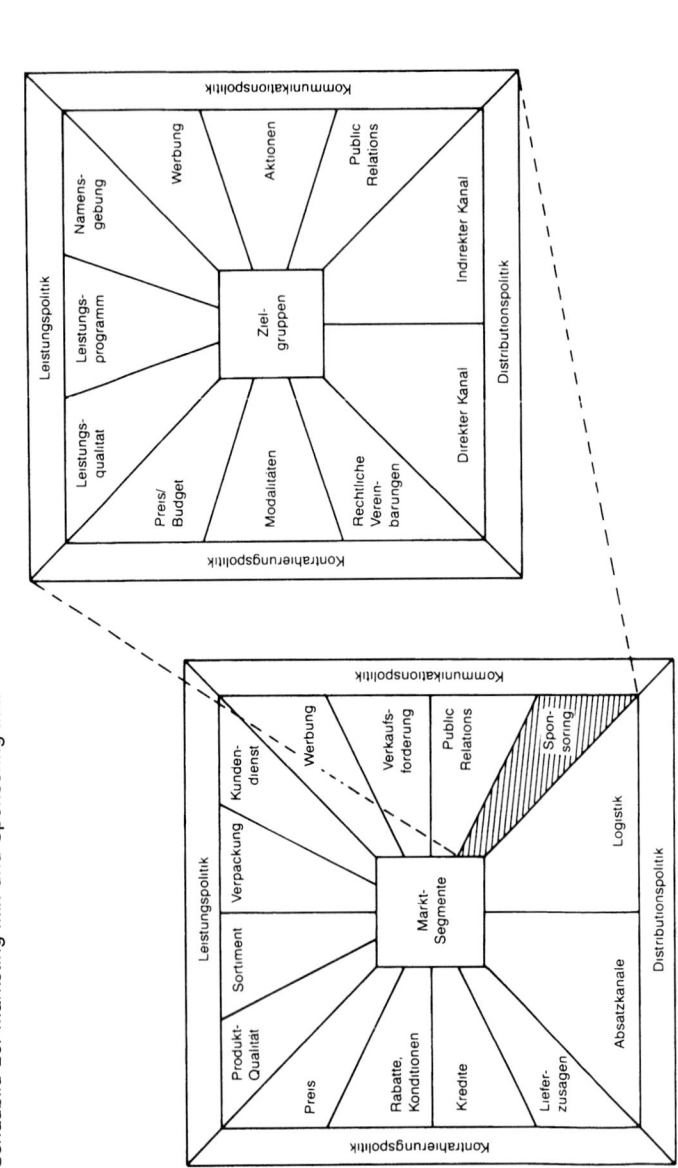

Das Kommunikations-Mix des Sponsoring

Das Sponsor-Unternehmen muß möglichst vielseitige Maßnahmen der kommunikativen Beeinflussung ergreifen, um eine Kommunikationswirkung durch das Sponsoring bei den Zielgruppen zu erreichen.

Die kommunikativen Maßnahmen sind im einzelnen zu planen und durchzuführen:

☐ *Werbliche Maßnahmen*
Dem Sponsor stehen verschiedene Werbemöglichkeiten zur Verfügung. Hier seien vor allem genannt:

- *Werbung beim Gesponserten*
Beispiele: Trikot- und Bandenwerbung, Werbung in Programmheften, Durchsagen, Ankündigungen u. a. m.
- *Einbindung des Gesponserten in die Unternehmenswerbung*
Beispiele: Einzelpersonen als Leitbilder in der Anzeigenwerbung (Testimonial-Werbung), Nutzung von Lizenzen und Titeln in den Printmedien u. a. m.

☐ *Maßnahmen der Verkaufsförderung/Aktionen*
Der Sponsor muß ebenso eine Planung von Aktionen unter Einbeziehung des Gesponserten vornehmen.
Beispiele: Verteilung von Autogrammkarten an den Handel, Reisen mit Handelspartnern und Großkunden zu Veranstaltungen, Sammelbilder von gesponserten Fußballvereinen für Kinder u. a. m.

☐ *Public Relations-Maßnahmen*
Der Sponsor wird ferner die Nutzung des Gesponserten für die unternehmensbezogene Public Relations-Arbeit überprüfen.
Beispiele: Pressemitteilungen über neue Kultur-Sponsorships, Ausschreibung von Preisen zur Sport- und Kulturförderung, Einladung von Mitarbeitern und Bankenvertretern zu Veranstaltungen u. a. m.

Das Kontrahierungs-Mix des Sponsoring

Aus Unternehmenssicht sind die Bedingungen für die Sponsoring-Maßnahmen (Sponsoring-Summe, Kosten) festzulegen. Der Sponsor hat die vom Gesponserten angebotenen Leistungen zu prüfen, eigene Angebote zu machen und die intern durchzuführenden Maßnahmen zu planen. Dazu zählen im einzelnen:

☐ *Festlegung des Sponsoring-Budgets*
Der Sponsor muß eine Planung sämtlicher kostenwirksamer Maßnahmen (intern und extern) vornehmen.
Beispiele: Preis für Titel-Sponsoring, Kosten für Werbemaßnahmen während der Veranstaltung, Druckkosten für eigene Prospekte, Reisekosten für Einladungen, Vergütung für Agentur-Leistungen u. a. m

☐ *Festlegung der Modalitäten*
Die Formen des Leistungsaustausches zwischen Sponsor und Gesponserten müssen verhandelt und festgelegt werden.
Beispiele: Zahlungsweise, Dauer des Sponsoring, Leistung des Gesponserten, Vertragsstrafen u.a.m

Das Distributions-Mix des Sponsoring

Der Sponsor muß prüfen, auf welchen Wegen er die Zielgruppen erreichen will. Grundsätzlich hat das Sponsor-Unternehmen zwei Möglichkeiten der Ansprache seiner Zielgruppen durch die Sponsoring-Maßnahmen:

☐ *Direkter Kanal*
Hierbei wird die Zielgruppe durch das Sponsoring unmittelbar angesprochen. Durch die Teilnahme an den Sponsoring-Ereignissen erleben die Zielpersonen die Veranstaltung und werden mit den Werbemaßnahmen des Sponsors direkt konfrontiert.
Beispiele: Besucher bei Sportveranstaltungen, Einladungen für Kulturveranstaltungen, persönliche Treffen mit Künstlern oder Sportlern usw.

☐ *Indirekter Kanal*
Die Zielgruppe wird durch die Einschaltung von Medien angesprochen. Das Sponsor-Unternehmen ist abhängig von der Art der Berichterstattung durch die Medien. Beispiele: Fernsehübertragungen, Berichte in der Presse.

Die unterschiedlichen Instrumente des Sponsoring werden geplant und zu einem Maßnahmenbündel bzw. Sponsoring-Mix zusammengefaßt.

Planung von Einzelmaßnahmen

Die zu planenden Einzelmaßnahmen sind sehr vielfältig und individuell für die Sponsoring-Projekte festzulegen. Für jede Sportart und Sportveranstaltung sowie für jedes kulturelle Engagement gibt es unterschiedliche Möglichkeiten der Durchführung von Sponsoring-Maßnahmen. Dies muß bei der Planung berücksichtigt werden.

Die Entwicklung von Sponsoring-Maßnahmen ist sowohl ein systematischer, planerischer Prozeß, der mit Hilfe von Checklisten, Netzplänen usw. unterstützt werden kann, als auch ein kreativer Prozeß der Nutzung neuer und ungewöhnlicher kommunikativer Möglichkeiten.

Bei der Planung von Einzelmaßnahmen wird der Sponsor verschiedene Maßnahmenbereiche überprüfen (von Specht 1985; Roth 1986a):

☐ *Schaltung von Medien*
Beispiele: Banden, Anzeigen, Ausrüstungsgegenstände, Lautsprecher und Anzeigentafel, Fahrzeuge, Handzettel, Programmhefte, Einladungskarten usw.

☐ *Pressearbeit*
Beispiele: Pressemitteilungen, Pressekonferenzen, Pressemappen vor, während und nach den Sponsoring-Aktionen usw.

☐ *Bereitstellung von Werbematerialien*
Beispiele: Bilder, Fotos, Poster, Sticker und diverse Werbeartikel, Werbepräsente usw.

☐ *Organisation und Durchführung von Veranstaltungen*
Beispiele: Personalplanung, Einladungen, Bewirtung, Parkplätze, Betreuung der Teilnehmer, Transportplanung usw.

☐ *Einladungen und Betreuung unternehmensrelevanter Personen*
Beispiele: Einladung von Ehrengästen, Empfang, Betreuung, Transport, Geschenke usw.

☐ *Planung eigener Aktionen*
Beispiele: Autogrammstunden, Auslosungen, Wettbewerbe und Preise, neue, eigene Werbemaßnahmen usw.

☐ *Nachbereitungsmaßnahmen*
Beispiele: Pressearbeit, Wirkungsmessungen, Kalkulation, Kosten-Nutzen-Berechnung usw.

Die Aufzählung soll beispielhaft für unterschiedliche alternative Sponsoring-Projekte sein; sie sind im Einzelfall umfassend zu planen.

Die Sponsor-Unternehmen greifen in der Regel auf vielfältige angebotene Werbemaßnahmen im Zusammenhang mit einem Sponsorship zurück. Am bekanntesten ist vor allem die Bandenwerbung, die um das eigentliche Spielfeld angesiedelt ist. Darüber hinaus ist häufig die Trikotwerbung zu beobachten, die vom kleinen Emblem auf dem Ärmel eines Tennisspielers bis zum relativ großflächigen Aufdruck des Firmennamens oder -signets bei den Fußballspielern der Bundesliga reicht. Einer empirischen Studie über die Sportwerbung ist zu entnehmen, daß verschiedene Sportwerbemaßnahmen ergriffen werden (Befragung von 53 Unternehmen im Jahre 1986; Hermanns/Drees/Püttmann 1986). Im einzelnen ergaben sich die folgenden Nennungen:

Maßnahme	Anteil der Unternehmen, die die jeweilige Maßnahme einsetzen, in Prozent
Bandenwerbung	81
Trikotwerbung	45
Werbung auf Sportgeräten und Transportfahrzeugen	38
Einsatz von Sportler-Persönlichkeiten	34
Nutzung offizieller Titel	13
Fahnenwerbung	9
Ausrichtung sportiver Veranstaltungen	6

Die Banden- und Trikotwerbung steht dabei eindeutig im Vordergrund. Die Unternehmen sprachen sich für diese konkreten Maßnahmen aus, weil dadurch Reichweiten, Kontakthäufigkeiten und Zielgruppenaffinität am besten berücksichtigt werden.

Es bedarf keiner Erläuterung, daß im Einzelfall für den Sponsor sehr vielfältige Maßnahmen zur Verfügung stehen, um die mit dem Sponsorship angestrebten kommunikativen Ziele zu erreichen. Dies gilt sowohl für die werblichen Angebote des Gesponserten als auch für die eigenen Maßnahmen zur werblichen Nutzung des Sponsorships (Werbung, Öffentlichkeitsarbeit). Einen Eindruck von der Vielfalt der angebotenen Maßnahmen bei einem konkreten Sponsoring vermittelt eine Auflistung der Gegenleistungen einer Gesamt-Sponsorenschaft beim 2. Internationalen Reit- und Springturnier 1986:

- 2 × 60 m Werbebande, jeweils an den Längsseiten des Parcours (komplette Bande)
- 2 × 30 m Werbebande, jeweils an den Querseiten des Parcours (komplette Bande)
- Werbung auf dem offiziellen Veranstaltungsplakat
- Werbung auf der Titelseite des Streuprospektes

- Werbung auf der Titelseite des Programmheftes
- Schriftzug auf allen offiziellen Veranstaltungsanzeigen (Vorwerbeanzeigen)
- Rundfunk-Werbung: 30 Werbespots in Südfunk 3
- Regelmäßige Werbung per Leuchttafel und Durchsage während der Veranstaltung
- Entsprechende Präsentation im VIP-Bereich mit VIP-Service
- Entsprechende Präsentation im Presse-Bereich
- Schriftzug auf den Presseinformationen
- Produkt-Präsentation im Umgangsbereich der Halle, 2 Stände
- 4 Dauer-Ehrenkarten
- Weitere Tages-Ehrenkarten (insgesamt 150 Stück)
- 3 Fahnen vor dem Haupteingangsbereich der Halle
- Anzeige im Programmheft (je 1/1 Seite, vierfarbig)
- Redaktionelle Veröffentlichung im Programmheft
- Bekleidung der Parcoursbauer und sonstigen Helfer
- Werbung auf Eintrittskarten (Kopfleiste auf der Vorderseite und Eindruck der jeweiligen Einzelprüfung am entsprechenden Veranstaltungstag).

Ein weiteres Beispiel mit umfangreichen und vielfältigen Sponsoring-Maßnahmen ist in Schaubild 27 mit dem „Sponsoring-Package" der Fußball-Europameisterschaft 1988 (Bundesrepublik) und der Weltmeisterschaft 1990 (Italien) der Agentur ISL aufgeführt („Intersoccer 90").

Neben der Inanspruchnahme von angebotenen Sponsoring-Maßnahmen sind bei der Kreierung eigener Sponsoring-Projekte die einzelnen Aktivitäten detailliert zu planen.

In Schaubild 28 ist eine Checkliste für die *Durchführung von Einzelmaßnahmen* an einem Beispiel aus dem Bereich des Sport-Sponsoring aufgeführt. Es handelt sich dabei um ein fiktives Beispiel der Organisation einer Tennisveranstaltung für einen Titel-Sponsor (Schaukampf zweier Weltklasse-Spieler), aufgestellt vom Geschäftsführer und Partner der Agentur PSM (Professionelles Sport Management), die bereits Tennis-Schaukämpfe mit Boris Becker abgewickelt hat (Kertess 1986).

The Intersoccer 90 Rights Package

Sponsorship Structure Within Each Module

Core Module

Within the core module, sponsorship will be available on a similar basis to the current Intersoccer 4 programme. That is, sponsorship on a product-exclusive basis within a group of international sponsor companies.

Support Module

Within the support modules (with the exception of the European module) two levels of involvement are available.

a) *Title or presenting sponsor:*
Every event in the support modules will be available for title or presenting sponsorship. There will be an exclusive sponsorship of the event, i. e. the title sponsor will be the only sponsor of each event.

b) *Advertiser:*
Advertiser packages will be available at every event in the support modules.

The European modules have a different structure based on co-sponsorship. This is described in greater detail below.

The Core Module

The rights package set out below has been created to provide sponsors of the Intersoccer 90 Core Package with an effective and valuable set of rights designed to provide a much greater degree of visibility both in the lead-up and during the events and is designed to maximise the opportunities for supporting promotional activity.

The rights have been split into three sections:

1. *Sponsor Status Rights*
   1.1. *Official Sponsor title for the World Cup and the European Championships*
     Sponsors would have the right to the designation „Official Sponsor of the World Cup/European Championships"
   1.2. *Use of Marks*
     To support the official designation the following marks are available:
     FIFA emblem
     World Cup emblem
     World Cup mascot
     World Cup Trophy
     UEFA promotional emblem
     European Championship emblem
     European Championship mascot

Schaubild 27: Beispiel für Sponsoring-Einzelmaßnahmen bei einem Sportwettbewerb (Package-Angebote der ISL Marketing AG zur Fußball-Weltmeisterschaft 1990)

1.3. *Exclusivity*
Each designated product category will be granted on an exclusive basis to each sponsor.

2. *Event Rights*
   2.1. *Colour advertisement in official programmes*
   Each sponsor will be granted one page of colour advertising at the programme for each event.
   2.2 *Logo + Official sponsor identification on printed material*
   Sponsors' logos will appear on printed materials prepared for the event. The companies will be clearly identified as the event sponsors.
   2.3. *Advertising boards*
   Two advertising boards will be allocated to each sponsor on the same basis as at present for Intersoccer 4. Additionally, sponsors will have the opportunity to up-grade the advertising presence to 4 boards.
   2.4. *Display and franchise facilities*
   Each sponsor will be granted the right to display and/or sell products within the confines of the stadia.
   2.5. *Ticket Supply*
   Ten first grade tickets will be allocated to sponsors for every match within the core package (i.e. 670 tickets in total).
   In addition sponsors will have the option to purchase additional tickets at face value in advance of the public sale.

3. *Support Rights*
   3.1. *Identification of sponsor status in press campaigns in major markets.*
   In outline, ISL will purchase advertising space in the sports and general press in major markets.
   These advertisements will announce results, congratulate winners, etc. etc. Each advertisement will carry sponsor logo identification under the banner of „Official sponsors of the World Cup/European Championship".
   By doing this we intend to create a far greater degree of association between the sponsor and the event.
   3.2. *The „Road to Rome" TV series*
   The proposals for this activity are in the process of being finalised. We are planning to produce a 30 part TV series for broadcast during the 30 weeks leading up to the World Cup.
   The programmes would identify the sponsors and would, wherever possible, include sponsor references in the editorial. In addition at some stage in the series each sponsor would benefit from a specific review of its contribution to the World Cup competition.

3.3. *World Cup Soccer Skills Series*
This is a concept idea that is presently under development. We plan a 13 part series which would present a Soccer Skills Academy based on examples of action seen during the 1986 World Cup in Mexico.
Sponsor branding would be included where ever possible troughout the series.

3.4. *Sponsorship of official books of the European Championship and the World Cup.*
Each sponsor in the Intersoccer 90 group will receive one page of advertising within the books. Additionally there will be an editorial section identifying the sponsors and the contribution that they make to the event.

3.5. *Sponsorship of the official film of the World Cup*
In a similar manner Intersoccer 90 sponsors will also be sponsors of the World Cup Official Film. Again the special role that the sponsors play would be emphasised with title credits and visual references throughout the film.

3.6. *„FIFA News" and „FIFA Magazine"*
FIFA Magazine: All sponsors of FIFA events will receive a page of advertising in FIFA Magazine.
FIFA News: Sponsors of the World Cup will be given a logo reference on the front page of FIFA News. The logos will run under the title of „Sponsors of the FIFA World Cup".

3.7. *World Cup Charity Gala*
It is proposed that once every 4 years, on the night before the World Cup Draw Ceremony, a Gala Dinner should be held for charity in the capital of the World Cup host country. It is envisaged that this will be a glittering international social occasion, and with proper management, it could become a major prestige event.
This would be a charity gala with the proceeds being donated to a major Third World cause. The selection of the cause would be the exclusive remit of FIFA's President.
Each World Cup sponsor would be allocated a table for 12 guests at this important event.

3.8. *US TV Airtime Option*
Sponsors will be entitled to a first option on US broadcaster airtime for events shown within the Intersoccer 90 core package.

3.9. *Research*
ISL will continue to provide TV audience data on a country by country basis and to provide TV exposure scores for the World Cup and the European Championships.

Checkliste

---

1. *Spieler*
Teilnehmer festlegen
Verträge schließen
Flüge buchen
Unterkunft buchen
Betreuung festlegen
Zeitplan erstellen für: Transport
Training
Spiele
Presseauftritte
Sponsorenmeetings
Empfänge

---

2. *Veranstaltungsort (Halle)*
Günstige Verkehrslage
Ausreichende Zahl von Parkplätzen
Ausreichende Zuschauerkapazität
Vermeidung von Terminüberschneidungen mit anderen Veranstaltungen
Vertrag mit Halle
Bodenbelag festlegen
Zusatztribünen vorsehen
Fangnetze, Schieds- und Linienrichterstühle beschaffen
VIP-Räume festlegen
Garderoben verteilen
Werbefläche festlegen (Spielfeld, Zugänge, Eingangsbereich, näheres Umfeld der Halle)
Beleuchtung prüfen
Beschallung prüfen
Anzeigetafel für Tennis beschaffen
Parkplätze reservieren

---

3. *Personal*
Personal für Auf- und Abbau organisieren
Hallensprecher festlegen
Ordnungsdienst bestimmen und einteilen (Platzanweiser, Kassenpersonal)
Reinigungspersonal beschaffen

Schaubild 28: Checkliste für die Durchführung einer Sportveranstaltung
Quelle: Kertess 1986.

4. *Organisationsbüro*
Büroleiter festlegen
Hilfskräfte für Auskünfte, Schreibarbeiten, Telefon- und Fern-
schreibdienst, Fotokopierer einteilen
Fernsprechamtsleitungen und Fernschreibanschluß beschaffen
Kopiergerät und Schreibmaschinen organisieren
Mikrofonanschluß für die Lautsprechanlage prüfen
Hallenplan beschaffen

5. *Presse*
Presseliste erstellen
Pressevorankündigung (Tages- und Fachpresse, Rundfunk und
Fernsehen) herausgeben
Pressemappe vorbereiten
Pressebetreuung organisieren
Presseausweise vorbereiten und versenden
Pressekonferenz vor und nach dem Spiel vorbereiten
Presseraum ausstatten
Presseplätze reservieren
Presseparkplätze reservieren
Fernsehkameraplätze besprechen und festlegen
Parkplatz für Übertragungs-Wagen festlegen

6. *Eintrittskarten*
Kategorien und Preise festlegen
Druck von Karten und Ausweisen veranlassen
Vorverkauf bestimmen
Kartenreservierung organisieren

7. *VIP's*
VIP-Liste festlegen
Einladungen mit numerierten Rückantwortkarten herstellen
Persönlich gehaltene Einladungen des Veranstalters an Ehren-
gäste herstellen
VIP-Transport organisieren
VIP-Betreuung organisieren
VIP-Empfang vorbereiten
VIP-Parkplätze reservieren

8. *Werbung am Ort*
Plakatwerbung gestalten, buchen, plazieren
Handzettel gestalten, verteilen
Programmhefte in Auftrag geben
Veranstaltungsanzeigen plazieren

9. Sportliche Organisation
Tennisvereine für Organisation und Mitarbeit gewinnen
Schieds- und Linienrichter bestimmen
Balljungen bestimmen
Arzt, Masseur organisieren
Bälle beschaffen

10. Fuhrpark
Autofirma als Sponsor gewinnen
Zahl der Autos festlegen
Fahrerbedarf festlegen
Parkplätze bestimmen
Kennzeichnung der Autos vorbereiten
Abbholung und Abgabe der Autos organisieren

11. Programm
Rahmenprogramm festlegen
Programmablauf festlegen

12. Offizielle Stellen
Tennisverband informieren
Stadt informieren, Genehmigungen einholen
Polizei informieren
Feuerwehr informieren
Sanitätsdienste informieren

13. Bewirtung
Bewirtung der Zuschauer (Getränke, Schnellimbiß, Restaurant)
Bewirtung des VIP's festlegen
Empfänge für VIP's und Presse vorbereiten

14. Kaufmännisches
Personal-Kosten zusammenstellen:
Löhne und Gehälter, Sozialabgaben für Mitarbeiter und Hilfskräfte
Honorare für freie Mitarbeiter (Hostessen, Dolmetscher, Techniker usw.)
Reisekosten (einschl. Tagegelder, Übernachtungen)

Sachausgaben zusammenstellen:
Miete für Halle und technische Einrichtungen
Steuern und sonstige Abgaben
GEMA-Gebühren
Büro- und Informationsmaterial
Telefon, Fernschreiber, Porto

Bewirtungsspesen
Einladungen
Bus- und Taxifahrten
Geschenke, Dekoration, Fahnenschmuck

15. Durchführung
Nach Abschluß einer exakten Planung kann die Veranstaltung beginnen. Als Prinzip gilt: „Nichts darf dem Zufall überlassen werden".

16. Wichtige Nebensächlichkeiten
Bezeichnung der Notausgänge?
Funktioniert die Notbeleuchtung?
Wo befinden sich die Feuerlöscher?

17. Lageplanbesprechungen
Im Falle einer mehrtägigen Veranstaltung muß eine tägliche Lagebesprechung mit den Verantwortlichen durchgeführt werden. Zu besprechen sind:
Organisatorische Pannen, Beschwerden und Reklamationen
Sonderwünsche der Ehrengäste
Schadensfälle
Mangelhafte Kommunikation zu Außenstehenden, z. B. Presse
Parkplatzprobleme
Ausfälle von Teilnehmern
Zeitliche Umdisponierung

18. Auswertung
Kostenübersicht (Soll-Ist-Vergleich) erstellen
Anschriften für künftige Veranstaltungen erfassen
Printmedien auswerten
Fernsehübertragungen auswerten
Gesamtbericht für spätere Dispositionen erstellen
Erfahrungbericht der Halle anfordern.

19. Selbstkritische Beurteilung
Was kann bei zukünftigen Veranstaltungen besser gemacht werden?

Bei einem sehr starken Sponsoring-Engagement eines Unternehmens stellt die *Koordination der Sponsoring-Maßnahmen* ein zentrales Problem dar. Als mögliche Koordinatoren kommen in Frage:

Schaubild 29: Koordination von Sponsoring-Maßnahmen im Unternehmen
Quelle: von Specht 1985.

Maßnahmenbündel \ Stellen	Werbeabteilung	PR bzw. Public Affairs Abteilung (Öffentlichkeitsarbeit)	Verkauf, Verkaufsförderung	Sponsorship-Consultant bzw. Agenturen	Marktforschung
Einkauf von Medien (z. B. Banden, Anzeigen)	In Abstimmung mit dem Consultant durch Werbeagentur	...	...	*Verantwortlich* gegenüber Koordinator für Konzeption, Abstimmung, Organisation der Maßnahmen	Evtl. Studie vor dem Einsatz der Medien
Bereitstellung von Promotion und Werbematerial	*Verantwortlich* gegenüber Koordinator für Konzeption, Organisation und Bereitstellung	u. U. Postkarten, Broschüren, Programmgestaltung in Absprache mit Werbeabteilung und Consultant	In Abstimmung mit der Werbeabteilung (z. B. Displays für VF-Maßnahmen)	In Abstimmung mit PR und Werbeabteilung, ggf. auch VF-Abteilung	...
Einladung und Betreuung von Gästen	u. U. Vorschläge an PR-Abteilung	*Verantwortlich* dem Koordinator für Berücksichtigung/ Einladung und Betreuung von Gästen aller Zielgruppen	Gästeliste an die PR-Abteilung; u. U. Bereitstellung eines Betreuers	Unterstützung der PR-Abteilung durch eigene Gästeliste, Vorschläge . . .	ggf. Zielgruppenuntersuchung

Sponsorship-Koordinator

Pressekontakte (Pressemappe, Pressekonferenzen)	...	Enge Zusammenarbeit mit dem Consultant	...	*Verantwortlich* dem Koordinator in enger Abstimmung mit PR-Abteilung und den Gesponserten	...
Organisation und Betreuung bei Werbeaufnahmen, Autogrammstunde etc.	*Verantwortlich* dem Koordinator in Abstimmung mit allen anderen Abteilungen	...	...	Evtl. Unterstützung der Werbeabteilung bei Terminabsprachen usw.	ggf. „Pretest" vor Einsatz einer Maßnahme
Design und Bereitstellung von – Sticker – Sportswear	In Absprache ggf. mit VF-Vorschläge, Vorgabe an Consultant	...	u. U. Vorschläge an Werbeabteilung	*Verantwortlich* dem Koordinator in enger Abstimmung mit der Werbeabteilung	...
Organisation, Betreuung und Kontrolle vor Ort	u. U. Unterstützung der PR-Abteilung	*Verantwortlich* dem Koordinator in Abstimmung mit Consultant, VF, Verkauf und Werbeabteilung	ggf. Bereitstellung eines Repräsentanten vor Ort zur Betreuung von Großkunden, Handelspartnern	Nach Maßgabe der PR- oder Verkaufsabteilung	...
Nachbereitungsmaßnahmen	*Verantwortlich* dem Koordinator in enger Abstimmung mit VF, Verkauf und PR	Nach Maßgabe der Werbeabteilung	Aufbauend auf Publicity des Sponsorships z. B. Vertreterbesuche, Messen...	...	Organisation und Durchführung der Kontrolle z. B. der Medienreaktion

- die Werbeabteilung,
- die Public Relations-Abteilung,
- die Promotion-Abteilung (Verkauf, Verkaufsförderung),
- die Marktforschungsabteilung,
- die Sponsoring-Agentur (bzw. Consultant oder PR- bzw. Werbeagentur).

Ziel der Koordination muß es sein, die einzelnen Maßnahmen mit den betroffenen Stellen abzustimmen. Das Schaubild 29 zeigt Aufgaben- und Verantwortungsbereiche bei einer Koordination der Sponsoring-Maßnahmen zwischen den verschiedenen innerbetrieblichen Abteilungen unter Einbeziehung einer Sponsoring-Agentur.

Budgetierung des Sponsoring-Mix

Ähnlich wie bei der Werbebudgetierung ist es für das Sponsoring notwendig, alle mit den Sponsoring-Maßnahmen verbundenen Aufwendungen einer Planperiode (Monat, Jahr) zu budgetieren. Mit der Budgetierung sind zwei Entscheidungsprobleme zu lösen:

- Festlegung der *Höhe des Sponsoring-Etats* (Budgetierung)
- *Aufteilung des Sponsoring-Etats* in sachlicher und zeitlicher Hinsicht (Budgetallokation)

Die Höhe des Sponsoring-Etats muß in Abhängigkeit von den Einzelmaßnahmen kalkuliert werden. Dabei sind bei der Zusammensetzung des Sponsoring-Etats die folgenden Kostenblöcke zu berücksichtigen (ISBA 1982):

- Die eigentliche *Sponsorship-Summe.* Das ist der Betrag, der dem Gesponserten überwiesen werden muß (bei Sachmitteln muß der Sponsor die einzelnen Mittel entsprechend kostenmäßig kalkulieren).
- Das *Aktions-Budget* umfaßt die finanziellen Mittel zur Gestaltung aller Sponsorship-Maßnahmen.

- Die *Personalkosten* entstehen durch den Einsatz eigener oder zusätzlicher Mitarbeiter zur Durchführung der einzelnen Sponsoring-Maßnahmen.
- Die *Provision* für die Leistungen einer Agentur bzw. eines Beraters.
- Die finanziellen Mittel für die Kontrolle und Nachbereitung des Sponsorships *(Nachbereitungsaufwand).*

In der Regel wird die Sponsoring-Summe – je nach Intensität der einzelnen Maßnahmen – durch die anderen Kostenblöcke um ein Vielfaches überschritten. Relativ gut lassen sich die Kosten für die Werbemittel bei Sportveranstaltungen kalkulieren. Schaubild 30 zeigt an einem Beispiel die Kosten für die Bandenwerbung in einem Fußball-Bundesliga-Stadion in Abhängigkeit von der Lage zur Fernsehkamera.

Tabelle 12 zeigt die Kosten für die Trikotwerbung der deutschen Fußball-Bundesliga-Vereine in den letzten drei Jahren.

Nach empirischen Erhebungen werden in den meisten Unternehmen die Aufwendungen für das Sponsoring-Engagement aus dem Werbebudget bestritten (von Specht 1985). Der Anteil des Sponsoring-Etats am Werbebudget wird durchschnittlich zwischen 2 – 10 Prozent liegen und erreicht im Extremfall 50 Prozent (z. B. bei dem Unternehmen Boss).

In einer schriftlichen Befragung von 53 Unternehmen mit Sportwerbung in der Bundesrepublik gaben 19 Prozent einen Anteil am Gesamtwerbebudget von unter 1 Prozent an. Nur bei 5 Unternehmen lag der Anteil der Sportwerbung über 10 Prozent (Hermanns/Drees/Püttmann 1986).

Genaue Daten über Sponsoring-Etats sind kaum verfügbar, allenfalls einige im Einzelfall gezahlte Beträge für Sponsorships (Koch 1985). Nach einer Schätzung aus dem Jahre 1985 liegen allein die Etats für die Sportwerbung bei einigen deutschen Großunternehmen zwischen 2 – 10 Mio DM (Gerke 1986):

Unternehmen	Etat (geschätzt) (1985)
Bayer	10 Mio. DM
BASF	6,5 Mio. DM
Jägermeister	6 Mio. DM
AGFA	6 Mio. DM
Opel	5,5 Mio. DM
Hoechst	4,5 Mio. DM
Lufthansa	4 Mio. DM
Boss	4 Mio. DM
Daimler-Benz	4 Mio. DM
Portas	3,5 Mio. DM
Erdgas	3,5 Mio. DM
Commodore	3 Mio. DM
Coca-Cola	3 Mio. DM
Dresdner Bank	3 Mio. DM
BP	2 Mio. DM
Deutsche Bank	2 Mio. DM

Rechtliche Gestaltung des Sponsoring

Haben Sponsor und Gesponserter die einzelnen Leistungen und Gegenleistungen ausgehandelt, dann ist eine Einigung über die Form der rechtlichen Gestaltung des Sponsoring notwendig. Nach einer empirischen Erhebung von 35 Sponsoring-Unternehmen gab ca. ein Drittel der befragten Unternehmen an, keinen schriftlichen Vertrag mit dem Gesponserten geschlossen zu haben (von Specht 1985).

Bei einer vertraglichen Gestaltung des Sponsoring sind die *Leistungen des Sponsors* (Sponsorship-Summe, Sachmittel) und die *Gegenleistungen des Gesponserten* zu fixieren. Meistens werden Ausschlußklauseln und Regelungen für den Fall der Vertragsverletzung mit einbezogen. Die vertragliche Gestaltung der Gegenleistungen ist abhängig von der Art des Gesponserten (Einzelpersonen, Verbände, Vereine).

Schaubild 30: Kosten der Bandenwerbung in einem Bundesliga-Fußballstadion

Stadionplan: Beispiel Volksparkstadion in Hamburg

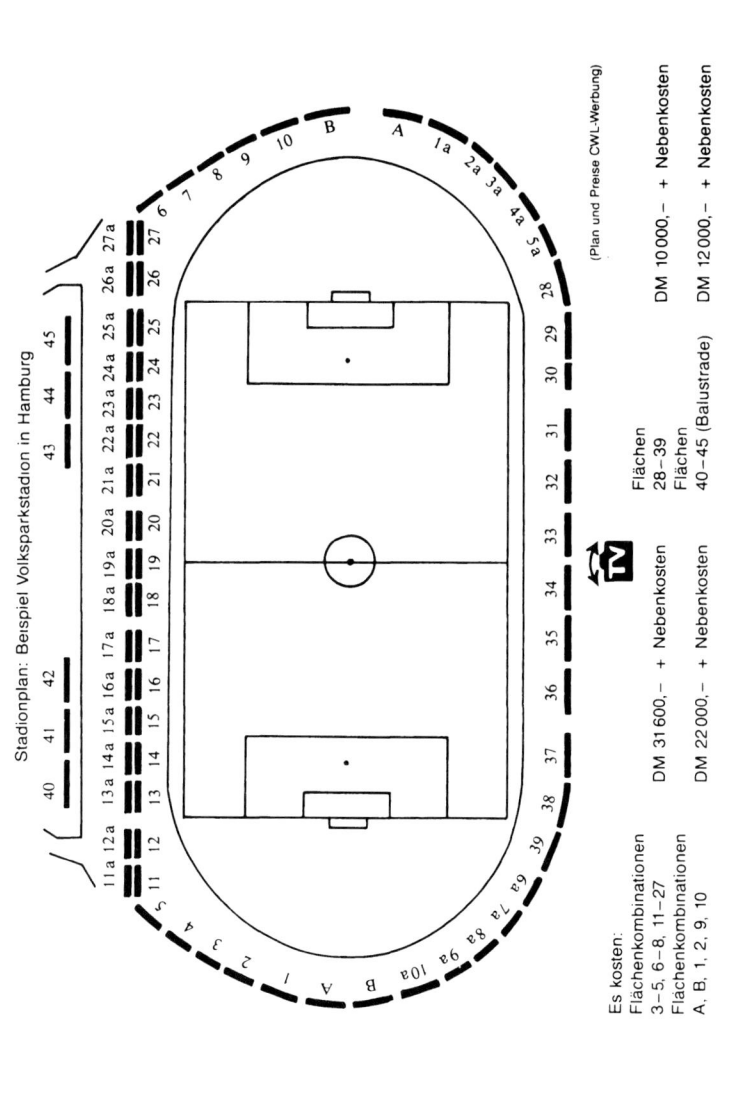

(Plan und Preise CWL-Werbung)

Es kosten:

Flächenkombinationen	
3–5, 6–8, 11–27	DM 31 600,– + **Nebenkosten**
Flächenkombinationen	
A, B, 1, 2, 9, 10	DM 22 000,– + **Nebenkosten**
Flächen	
28–39	DM 10 000,– + **Nebenkosten**
Flächen	
40–45 (Balustrade)	DM 12 000,– + **Nebenkosten**

Tabelle 12: Honorare und Werbepartner für die Trikotwerbung der deutschen Fußball-Bundesliga-Vereine

Vereine	Saison 1986/87		Saison 1985/86		Saison 1984/85	
	Werbepartner	Honorar	Werbepartner	Honorar	Werbepartner	Honorar
FC Bayern München	Commodore	1 100 000	Commodore	1 100 000	Commodore	1 100 000
1. FC Köln	Daimon	1 000 000	Daimon	1 000 000	Doppeldusch	900 000
Hamburger SV	BP	1 000 000	BP	1 000 000	BP	950 000
VfB Stuttgart	Sanwald Extra	800 000	Dinkelacker	800 000	Dinkelacker	800 000
SV Werder Bremen	Portas	800 000	Trigema	700 000	Trigema	800 000
1. FC Kaiserslautern	Karlsberg	400 000	Karlsberg	600 000	Karlsberg	500 000
1. FC Saarbrücken	–	–	Peugeot	600 000		
Borussia Mönchen-gladbach	Erdgas	500 000 – 750 000	Erdgas	300 000 – 600 000	Erdgas	300 000 – 600 000
1. FC Nürnberg	Patrizier Bräu	300 000	Patrizier Bräu	450 000	–	–
Hannover 96	–	–	Feldschlößch.	450 000	–	–
Borussia Dortmund	Continentale	600 000	Artic Eiskrem	400 000	Artic Eiskrem	600 000
FC Schalke 04	Trigema	600 000	Paddock Jeans	400 000	Paddock Jeans	400 000
Fortuna Düsseldorf	ARAG	450 000	ARAG	350 000	ARAG	400 000
SV Waldhof Mannheim	Trigema	400 000	Pitralon	350 000	Pitralon	350 000
Eintracht Frankfurt	Hoechst	650 000	Portas	350 000	Portas	600 000
VfL Bochum	Opel	500 000	Polsterwelt	240 000	Polsterwelt	200 000
Bayer 04 Leverkusen	Bayer	unbekannt	Bayer	unbekannt	Bayer	unbekannt
Bayer 05 Uerdingen	Bayer	unbekannt	Bayer	unbekannt	Bayer	unbekannt
Blau-Weiß 90 Berlin	Relex-Hotels	280 000	–	–	–	–
FC Homburg	Karlsberg	unbekannt	–	–	–	–

Vertragsgestaltung mit Einzelpersonen

Diese Art des Sponsoring ist am stärksten bei der Werbung mit Spitzensportlern ausgeprägt. Es sind zwei Typen von Verträgen zu unterscheiden (vgl. im folgenden Greffenius 1986):

Der Ausrüstungsvertrag (Endorsement)

Dieser Vertrag wird zwischen Ausrüstungsfirmen (Sportbekleidung, Geräte) und Spitzensportlern geschlossen. Die Leistung des Sponsors besteht in der Zahlung einer vereinbarten Sponsoring-Summe, Ausrüstungen für Training und Wettkämpfe und zusätzliche Siegprämien im Einzelfall. Die Gegenleistung des Gesponserten liegt in der exklusiven Verwendung der Ausrüstungen bei Wettkämpfen durch den Sportler. Ebenso kann der Sponsor das Recht erhalten, den Spitzensportler unter Nutzung der Persönlichkeitsrechte in der eigenen Unternehmenswerbung zu verwenden (z. B. in Anzeigen, auf Plakaten, in Verkaufs- und Händlerprospekten).

Verkauft eine Ausrüstungsfirma einen Artikel mit dem Namen des Sportlers (z. B. Fußballschuhe, Tennisschläger), dann wird zusätzlich ein Lizenzvertrag abgeschlossen.

In den letzten Jahren sind Probleme dadurch aufgetreten, daß ein Verband durch einen Ausrüster-Pool (z. B. Ski- oder Tennis-Pool) oder ein Verein einen Ausrüstungsvertrag abgeschlossen hat, der nicht mit der Marke des transferierten Spitzenspielers oder nominierten Sportlers übereinstimmte. So konnte etwa eine deutsche Tennisspielerin bei der Mannschaftsweltmeisterschaft vom Deutschen Tennis Bund (DTB) nicht nominiert werden, da der Sponsor (das Tennisschläger-Unternehmen) der Spielerin nicht Mitglied im Tennis-Pool war.

Ein Mustervertrag für einen Ausrüstungsvertrag ist auf den Seiten 202–203 wiedergegeben (Dokument 1).

Der Werbevertrag

Bei einem Werbevertrag wird eine Sponsoring-Summe für bestimmte werbliche Leistungen der Einzelperson vereinbart

(z. B. Autogrammstunden, Anzeigen für den Werbetreibenden). Bei professionellen Sportlern, bei nicht-olympischen Sportdisziplinen und bei ehemals aktiven Sportlern werden normale Werbeverträge geschlossen, bei denen die Einzelperson die Werbegelder direkt vereinnahmen kann. Als Beispiel ist ein Mustervertrag eines Mineralölunternehmens für den Motorsport auf den Seiten 204 – 205 wiedergegeben (Dokument 2).

Schwieriger ist die Vertragsgestaltung mit Spitzensportlern der olympischen Disziplinen, die als Amateure gelten wollen. Nach dem Entwurf der neuen Regel 26 des IOC müssen alle Entschädigungen an den internationalen bzw. nationalen (Fach-)Verband erfolgen; der Sportler darf direkt keine Zahlungen erhalten.

Die Abwicklung dieser Werbegelder erfolgt durch ein System unterschiedlicher Verträge, die in einem Viereksverhältnis zwischen den Unternehmen, der Fördergesellschaft Deutsche Sporthilfe, den Verbänden und den Amateur-Sportlern geschlossen werden. Neuerungen könnten sich durch die neu gegründete „Deutsche Sport-Marketing GmbH" ergeben, die das NOK und die Deutsche Sporthilfe im Sommer 1986 gegründet haben. Zur Zeit werden die Werbegelder für die Amateur-Sportler auf einem Sonderkonto gesperrt und nach Ablauf der aktiven Laufbahn (unter Abzug einer Solidaritätsabgabe für den Verband) ausgezahlt.

Der Arbeitsvertrag

Bei Berufssportlern sind werbliche Leistungen vielfach Gegenstand eines Arbeitsvertrages, der z. B. in der Fußball-Bundesliga abgeschlossen wird. Der Sportler erhält sein Gehalt unter Regelung der vereinbarten Werbemaßnahmen wie z. B. Trikotwerbung, Aktionen zugunsten des Vereins usw. Ebenso ist geregelt, inwieweit der Sportler selbst private Nebentätigkeiten in Form von Werbemaßnahmen vereinbaren darf. Das Muster eines derartigen Arbeitsvertrages (DFB-Mustervertrag) ist auf den Seiten 206 – 212 wiedergegeben (Dokument 3).

Einige Bundesligavereine haben Werbe-Pools gebildet, um überragende Fußballer an den Verein zu binden. Mehrere Firmen zahlen Gelder in den Pool, das dem Fußballer durch den Verein zugeht. Die Unternehmen erhalten das Recht, den Sportler für eigene Werbezwecke zu nutzen (z. B. Rudi Völler bei Werder Bremen).

Vertragsgestaltung bei Veranstaltungen

Bei dem Sponsoring von Veranstaltungen ist zunächst zu prüfen, wer die Werberechte für die Veranstaltung hält. Das können im einzelnen Verbände (bei Sportwettbewerben), Organisationen (Theater, Museen), Vereine, Sponsoring-Agenturen usw. sein. Der Sponsor zahlt einen bestimmten, auszuhandelnden Betrag und erhält dabei das Recht zur Durchführung konkreter Werbemaßnahmen (z. B. Banden- oder Reiterwerbung, Verwendung von Titeln, Ausstellungs- und Verkaufsflächen, Räume für VIP-Gäste, Verwendung von technischen Hilfsgeräten, Einkleidung und Ausrüstung von Offiziellen, Programmheft, Fahrdienst, Einladungskarten u. a. m.). Das Muster eines Vertrages für das Sponsoring einer Veranstaltung ist auf Seite 213 beispielhaft wiedergegeben (Dokument 4).

Vertragsgestaltung mit Verbänden und Vereinen

Im Bereich des Sport-Sponsoring kommt es durch die komplizierte Organisation und die vertraglichen Verflechtungen zwischen Vereinen, Fachverbänden und nationalen/internationalen Verbänden teilweise zu zusätzlichen Problemen bei der Vertragsgestaltung. Dies gilt etwa für das Sponsoring von Mannschaften. Vereinsmannschaften werden vom Verein und die Nationalmannschaften vom Verband vermarktet. In letzter Zeit bemühen sich insbesondere die Verbände immer stärker um einen sog. Team-Sponsor für eine Nationalmannschaft, der dann die Hauptrechte der werblichen Nutzung erhält. Hier ist es dann erforderlich, daß der Verband mit dem Sportler einen Vertrag schließt, der die vereinbarten Geldbeträge, die Verwendung von bestimmter Bekleidung, die Bereitschaft für Presseaktionen usw. regelt. Das Muster eines Vertrages zwischen einem Verband und einem Sportler ist auf den Seiten 214–215 beispielhaft aufgeführt (Dokument 5).

Ausrüstungsvertrag

zwischen

Firma

und

Sportler

Präambel

Auf Grund geänderter Rahmenbedingungen sollen alle bisher zwischen den Parteien bestehenden mündlichen wie schriftlichen Vereinbarungen aufgehoben werden und einer neuen Regelung unterworfen werden. Das Interesse der Firma . . ., die Erfahrungswerte des Hochleistungssportlers der Disziplin . . . mit ihren Produkten zu verwenden sowie der Wunsch des Athleten nach Bereitstellung kostenloser und angemessener Ausrüstung mit Sportschuhen, Sport- und Freizeitkleidung waren Anlaß für folgende Vereinbarungen:

I.

1. Der Athlet wird in regelmäßigen Abständen auf Verlangen von . . . über seine Erfahrungen mit dem Produkt Bericht erstatten.
2. Der Athlet verpflichtet sich, ausschließlich . . . Schuhe, Sport- und Freizeitbekleidung zu benutzen. Dies gilt insbesondere während des Trainings, bei Wettkampf, Sportfesten und allen anderen Gelegenheiten, die im Zusammenhang mit seiner Tätigkeit als Sportler stehen.
3. Darüber hinaus verpflichtet sich der Athlet weltweit, ausschließlich . . . – Schuhe und Freizeitbekleidung zu benutzen, soweit das Tragen dieser Produkte angemessen und üblich ist. Dies gilt für jegliches Auftreten in der Öffentlichkeit, vor allem bei Anwesenheit von Funk und Fernsehen.
4. Sollte der Athlet durch den Verband, das NOK oder sonstigen Gremien als Mitglied der Nationalmannschaft verpflichtet sein, Sportartikel anderer Firmen zu tragen, ist ihm dies gestattet.

II.

Für die Leistungen und Rechte, die der Athlet dem Hause. . . erbringt, erhält er folgende Vergütung: _____

III.

Für die sportlichen Erfolge des Athleten wird nachfolgendes Prämiensystem vereinbart: _____

Der Nachweis der entsprechenden sportlichen Leistungen ist durch den

Dokument 1: Muster eines Ausrüstungsvertrages

Athleten ... gegenüber durch Urkunden etc. zu führen. Die Prämienzahlungen erfolgen spätestens 30 Tage nach Erreichen des sportlichen Ergebnisses und nach erfolgter Rechnungstellung.

IV.

1. Dieser Vertrag beginnt am ... und wird für die Dauer von ... Jahren fest abgeschlossen.

2. Beide Vertragsseiten sind sich darüber einig, sechs Monate vor Ablauf dieses Vertrages über einen weitergehenden exklusiven Ausrüstungsvertrag zu verhandeln.

V.

Die Parteien sind sich darüber einig, über den materiellen Inhalt dieser Vereinbarung neu zu verhandeln, wenn der Athlet vor Ablauf dieses Vertrages seine Laufbahn als Leistungssportler beendet oder länger als ein Jahr verletzungsbedingt keinen Wettkampf bestreiten kann.

VI.

Der Geltungsbereich dieses Vertrages ist weltweit.

VII.

Der Athlet verpflichtet sich, keine anderen Verträge mit Firmen abzuschließen, die als Mitbewerber der Firma ... gelten.

VIII.

Die Firma ... kann diesen Vertrag bei groben Verstößen des Athleten gegen seine Verpflichtungen aus diesem Vertrag nach einer einmaligen Abmahnung bei Wiederholung des Verstoßes ohne Einhaltung von Fristen durch eingeschriebenen Brief kündigen.
Das Recht zur fristlosen Kündigung aus wichtigem Grunde bleibt daneben bestehen. Der Athlet hat ein Kündigungsrecht, wenn die Firma ... ihren Zahlungsverpflichtungen nicht nachkommt.

IX.

Für etwaige Streitigkeiten aus diesem Vertrag wird ein Schiedsgerichtsverfahren vereinbart. Dieserhalb wird auf den gesonderten Schiedsgerichtsvertrag hingewiesen.

——————, den ——————   ——————, den ————

———————————   ———————————
(Firma)   (Sportler)

Motorsport-Vereinbarung

Zwischen

(Fahrer/Bewerber)

und der

wird folgendes vereinbart:

1. ... unterstützt die Aktivitäten des Fahrers/Bewerbers an Motorsport-Veranstaltungen für die Zeit vom ... bis zum ... durch Zahlung eines einmaligen Förderungsbetrages in Höhe von DM ...

2. ... stellt Fahrer/Bewerber, ... -Fahreranzüge und Serviceanzüge kostenlos zur Verfügung, die von Fahrer/Bewerber und Service-Mannschaft während der Teilnahme an Motorsport-Veranstaltungen zu tragen sind.

3. ... überläßt Fahrer/Bewerber während der Laufzeit dieser Vereinbarung für sein Wettbewerbsfahrzeug ... Liter vollsynthetischen Motorenschmierstoff kostenlos.

4. Fahrer/Bewerber wird während der Laufzeit dieser Vereinbarung an mindestens ... Läufen zur Int. Deutschen Rallye-Meisterschaft teilnehmen. Die geplanten Veranstaltungstermine sind ... im voraus bekanntzugeben.
Nimmt Fahrer/Bewerber aus irgendwelchen Gründen an weniger als insgesamt ... Motorsport-Veranstaltungen teil, hat Fahrer/Bewerber für jede Nichtteilnahme 1/... des Förderungsbetrages von DM ... an ... zurückzuzahlen.

5. ... erhält das Recht, als einzige Mineralölgesellschaft die Motorsporterfolge von Fahrer/Bewerber in jeder angemessenen Form weltweit, kostenlos, werblich zu nutzen.

6. Fahrer/Bewerber verpflichtet sich, während seiner Teilnahme an Motorsport-Veranstaltungen auf seinem Wettbewerbsfahrzeug mindestens 3 ... -Aufkleber laut ... Klebeanweisung anzubringen. Werbung anderer Mineralölfirmen (auch artverwandte, wie z.B. „...“ oder „...“) dürfen an den Wettbewerbs- und Servicewagen nicht angebracht werden.
Servicefahrzeuge sind ebenfalls mit ...-Produkten zu schmieren und mit ...-Aufklebern deutlich zu kennzeichen.

7. ... hat das Recht, jederzeit Motorenölprobeentnahmen sowie motorische Überprüfungen des Wettbewerbsfahrzeuges durchzuführen.

Dokument 2: Beispiel für einen Werbevertrag im Motorsport

8. Fahrer/Bewerber wird während der Laufzeit dieser Vereinbarung mit keiner anderen Mineralölgesellschaft eine gleiche oder ähnliche Vereinbarung schließen.

9. Nach Unterzeichnung dieser Vereinbarung übersendet Fahrer/Bewerber kostenfrei ein Farbfoto des Wettbewerbsfahrzeuges, versehen mit den . . . -Aufklebern, an . . . . Diese Regelung gilt für alle Wettbewerbsfahrzeuge, d. h. auch für Fahrzeuge, die während der Laufzeit dieser Vereinbarung neu bzw. zusätzlich eingesetzt werden.

10. Fahrer/Bewerber nimmt jede sich bietende Gelegenheit wahr, anläßlich von Presse-, Fernseh- und Rundfunk-Interviews positiv auf die Verwendung des vollsynthetischen Motorenschmierstoffes „. . ." hinzuweisen. Jede so nachgewiesene Veröffentlichung, die . . . als vollsynthetischen Motorenschmierstoff herausstellt, wird mit DM . . . ,– honoriert.

11. Verstöße von Fahrer/Bewerber gegen vorstehend übernommene Verpflichtungen berechtigen zur sofortigen Auflösung dieser Vereinbarung.

Ort und Datum

Sponsor	Fahrer/Bewerber

Arbeitsvertrag

Zwischen dem Verein

gesetzlich vertreten durch

im folgenden „Verein" genannt

und Herrn   geb. am

in   Staatsangehörigkeit

(bei Minderjährigen gesetzlich vertreten durch)

im folgenden „Spieler" genannt,

wird folgender Vertrag geschlossen

§ 1 Grundlagen des Arbeitsverhältnisses

Der Verein stellt den Spieler nach den Bestimmungen des Vertrages als Lizenzspieler im Sinne des Lizenzspielstatus (LSt) des Deutschen Fußball-Bundes (DFB) an.

Die Satzung und die Ordnungen des DFB sowie der Regional- und Landesverbände, die in ihren jeweiligen Fassungen die allgemein anerkannten Grundsätze des deutschen Fußballsports darstellen, sind auch aufgrund dieses Vertrages maßgebend für die gesamte fußballsportliche Betätigung.

Der Spieler erkennt sie – insbesondere das DFB-Lizenzspielerstatut (LSt), die Spielordnung des DFB (SpO), die Rechts- und Verfahrensordnung des DFB (RuVO), die Benutzungsvorschriften für die Lizenzligen sowie die Durchführungsbestimmungen für die Spiele der Lizenzligen – ausdrücklich als für ihn verbindlich an und unterwirft sich diesen Bestimmungen. Dies gilt auch für die Entscheidungen der DFB-Organe und -Beauftragten bzw. der Organe und Beauftragten des Regionalverbandes gegenüber dem Spieler, insbesondere auch, soweit Vereinssanktionen gem. § 43 der DFB-Satzung verhängt werden.

Der Spieler unterwirft sich außerdem der Satzung seines Vereins in der jeweiligen Fassung und insbesondere der Vereinsstrafgewalt seines Vereins, sofern hierfür die gesetzlichen Voraussetzungen vorliegen.

§ 2 Pflichten des Spielers

Der Spieler verpflichtet sich, seine ganze Kraft und seine sportliche Leistungsfähigkeit uneingeschränkt für den Verein einzusetzen, alles zu tun, um sie zu erhalten und zu steigern und alles zu unterlassen, was ihm im allgemeinen und im besonderen vor und bei Veranstaltungen des Vereins abträglich sein könnte. Gemäß diesen Grundsätzen ist der Spieler insbesondere verpflichtet:

Dokument 3: Mustervertrag zwischen einem Verein und einem Sportler

a) an allen Vereinsspielen und Lehrgängen, am Training – sei es allgemein vorgesehen oder sei es besonders angeordnet –, an allen Spielerbesprechungen und sonstigen der Spiel- und Wettkampfvorbereitung dienenden Veranstaltungen teilzunehmen. Dies gilt auch, wenn ein Mitwirken als Spieler oder Ersatzspieler nicht in Betracht kommt;

b) sich im Falle einer berufsmäßigen Verletzung oder Erkrankung im Rahmen seiner Tätigkeit als Lizenzspieler bei dem vom Verein benannten Arzt für das berufsgenossenschaftliche Heilverfahren unverzüglich vorzustellen;

c) sich den sportmedizinischen und sporttherapeutischen Maßnahmen, die durch vom Verein beauftragte Personen angeordnet werden, umfassend zu unterziehen. Zu diesem Zweck entbindet der Spieler den jeweils behandelnden Arzt gegenüber dem Vorstand von seiner Schweigepflicht;

d) sich an Reisen im In- und Ausland, für die der Verein auch das zu benutzende Verkehrsmittel bestimmt, zu beteiligen;

e) an allen Vereinsspielen und Lehrgängen sowie sonstigen Darstellungen des Vereins oder der Spieler zum Zwecke der Öffentlichkeitsarbeit für den Verein, insbesondere in Fernsehen, Hörfunk und Presse, teilzunehmen bzw. daran mitzuwirken. Bei diesen Veranstaltungen ist die vom Verein gestellte Sportkleidung (Clubanzüge, Reisekleidung, Spielkleidung, Trainings- und Spielschuhe sowie alle sonstigen Bekleidungen und Ausrüstungsgegenstände) entsprechend der jeweiligen Weisung des Vereins zu tragen. Andere Werbung des Spielers an und auf der Kleidung für Firmen, Einrichtungen, Erzeugnisse oder Leistungen sowie jede Werbung für Konkurrenzerzeugnisse der vom Verein bereitgestellten Kleidung ist unzulässig;

f) sich in der Öffentlichkeit und privat so zu verhalten, daß das Ansehen des Vereins, der Verbände und des Fußballsports allgemein nicht beeinträchtigt wird. Äußerungen in der Öffentlichkeit, insbesondere Interviews für Fernsehen, Hörfunk und Presse bedürfen der vorherigen Zustimmung des Vereins.
Äußerungen gegenüber außenstehenden Personen über innere Vereinsangelegenheiten, insbesondere über den Spiel- und Trainingsbetrieb, sind zu unterlassen;

g) sich auf alle sportlichen Veranstaltungen des Vereins gewissenhaft vorzubereiten. Dazu gehört insbesondere, den Anweisungen des Trainers bezüglich der Lebensführung Folge zu leisten;

h) die sportliche Fairneß gegenüber allen am Spiel- oder Trainingsbetrieb beteiligten Personen einzuhalten, insbesondere die durch die Schieds- und Linienrichter eines Spieles getroffenen Entscheidungen unwidersprochen hinzunehmen.

§ 3 Persönlichkeitsrechte im Arbeitsverhältnis

Der Spieler überträgt dem Verein die Verwertung seiner Persönlichkeitsrechte, soweit sein Arbeitsverhältnis als Lizenzspieler berührt wird. Dies gilt insbesondere für die vom Verein veranlaßte oder gestattete Verbreitung von Bildnissen des Spielers als Mannschafts- oder Einzelaufnahmen in jeder Abbildungsform, besonders auch hinsichtlich der Verbreitung solcher Bildnisse in Form von Spielszenen und/oder ganzer Spiele der Lizenzligamannschaft durch öffentlich- und/oder privatrechtliche Fernsehanstalten und/oder andere audiovisuelle Medien.

Auch hat der Spieler dem Verein jederzeit seine Autogrammunterschrift im Originalschriftzug, als Faksimile oder in gedruckter Form für Zwecke der Öffentlichkeitsarbeit und/oder zur Wiedergabe auf vom Verein beschafften Souvenir- und Verkaufsartikeln – ggf. auch in Verbindung mit Werbung Dritter – zu leisten bzw. verarbeiten zu lassen.

Die aus diesen Maßnahmen der Öffentlichkeitsarbeit und Werbung erzielten Erlöse stehen ausschließlich dem Verein zu.

Die Ausschöpfung anderer Verdienstmöglichkeiten, z. B. aus Interviews, schriftstellerischen Tätigkeiten und sonstigen Nebentätigkeiten, ist dem Spieler nur nach vorheriger Zustimmung des Vereins gestattet, die nur verweigert werden kann, wenn das Arbeitsverhältnis unmittelbar betroffen wird. Eine einmal gegebene Zustimmung kann jederzeit widerrufen werden.

§ 4 Pflichten des Vereins

Der Verein verpflichtet sich neben der Bezahlung der vereinbarten Vergütungen (§ 5) insbesondere zu folgendem:

a) einen geordneten Spiel- und Trainingsbetrieb unter der Leitung von qualifizierten Fachkräften zu garantieren;

b) Spiel- und Trainingsstätten, Umkleide- und Sanitärräume nach den technischen Richtlinien des DFB bereitzustellen und zu unterhalten;

c) sportmedizinische und sporttherapeutische Betreuung in ausreichendem Maße zur Verfügung zu stellen;

d) Sportkleidung zu stellen;

e) den Spieler für Berufungen im Rahmen von § 12 Ziffer 1 SpO (Länderspiele und Auswahlspiele des DFB und seiner Mitgliedsverbände, Vorbereitungslehrgänge und Trainingslager) abzustellen;

f) Lizenzspielerbeisitzer in Rechtsorganen des DFB auf Abruf freizustellen;

g) dem Spieler Beratung in wirtschaftlichen Angelegenheiten zu vermitteln.

---

§ 5 Vergütungen des Spielers

Der Spieler erhält
1. ein monatliches Grundgehalt von DM ...
2. Gewinnbeteiligung gem. Anlage, die Bestandteil dieses Arbeitsvertrages ist.

Die Bezüge des Spielers sind Bruttobezüge. Für die Abführung von Steuern und Soziallasten gelten die jeweiligen gesetzlichen Bestimmungen.

§ 6 Einsatz, Tätigkeit und Vertragsstrafen

Einsatz und Tätigkeit des Spielers werden nach Art und Umfang vom Vorstand oder der von ihm Beauftragten bestimmt.

Der Spieler hat den Weisungen aller vom Verein dazu eingesetzten Personen – insbesondere des Trainers – vor allem auch hinsichtlich seiner Teilnahme am Spiel, Training, Spielvorbereitungen, Behandlungen sowie aller sonstigen Vereinsveranstaltungen zuverlässig und genau Folge zu leisten.

Bei Verstößen gegen Vertragspflichten ist der Verein – unbeschadet seines Rechts zur Kündigung des Vertrages aus wichtigem Grund – im Rahmen der gesetzlichen Bestimmungen berechtigt, Vertragsstrafen gemäß § 315 BGB gegen den Spieler festzusetzen. Als Vertragsstrafen werden vorgesehen Verweis, Ausschluß von Vereinsveranstaltungen sowie Geldbußen bis zur Höhe von DM ...; Schadensersatzansprüche wegen schuldhafter Vertragsverletzung gegen den Spieler sind dadurch nicht ausgeschlossen.

§ 7 Urlaub

Der Spieler hat Anspruch auf einen Jahresurlaub von ... Werktagen. Als Werktage gelten alle Kalendertage, die nicht Sonn- oder gesetzliche Feiertage sind.

Der Urlaub ist in einer Spielpause zu nehmen und zum Zwecke der Erholung zu nutzen. Der Zeitpunkt des Urlaubs ist mit dem Verein abzustimmen.

Der Verein ist berechtigt, auch einen außerhalb einer Spielpause liegenden Zeitpunkt festzusetzen, wenn dringende Belange des Vereins dies erforderlich machen.

Die Vergütungsfortzahlung während des Urlaubs bemißt sich nach dem durchschnittlichen Arbeitsverdienst, den der Spieler in den letzten 13 Wochen vor Beginn des Urlaubs erhalten hat. In den Berechnungszeitraum fallende Leistungen des Vereins aus der Vereinbarung über eine Gewinnbeteiligungstantieme bleiben bei der Bemessung der Höhe des Urlaubsentgeltes unberücksichtigt.

Ein darüber hinausgehender Anspruch auf Urlaubsgeld besteht nicht.

§ 8 Krankheit

Der Spieler versichert sich auf seine Kosten gegen Krankheit. Er erhält vom Verein einen Zuschuß zum Krankenversicherungsbeitrag nach den gesetzlichen Bestimmungen.

Der Spieler hat jeden Fall der Arbeitsunfähigkeit unverzüglich dem Verein mitzuteilen und binnen drei Tagen eine ärztliche Bescheinigung vorzulegen.

Verletzt sich der Spieler oder erkrankt er anderweitig, so hat er Anspruch auf Fortzahlung seiner Vergütung nach den gesetzlichen Bestimmungen (§ 616 BGB). Nach Ablauf der gesetzlich vorgeschriebenen Frist von sechs Wochen entfallen für die weitere Dauer der Erkrankung die Ansprüche auf die vereinbarten Vergütungen.

Wird der Spieler ausnahmsweise und aus wichtigem Grund (z. B. wegen auswärtiger Erkrankung oder Verletzung) nicht vom Vereinsarzt selbst behandelt, so gestattet er dem Vereinsarzt, die diesem notwendig erscheinende Untersuchung, die Einholung von Auskünften bei dem behandelnden Arzt und sonstige dem vom Verein beauftragten Arzt zweckmäßig erscheinende Rückfragen oder Maßnahmen.

§ 9 Dauernde Spielunfähigkeit

Der Verein versichert den Spieler für den Todesfall und den Fall der dauernden vollständigen Spielunfähigkeit durch Unfall oder Krankheit mit DM 100 000,–. Bezugsberechtigte sind der versicherte Spieler bzw. seine Erben. Der Abschluß eines Gruppenvertrages ist zulässig. Der Verein trägt die Hälfte der Prämie.

Der Verein ist darüber hinaus berechtigt, auf seine Kosten den Spieler für den Todesfall oder für den Fall der dauernden vollständigen Spielunfähigkeit durch Unfall oder Krankheit höher zu versichern. Soweit hieraus Ansprüche entstehen, tritt sie der Spieler an den Verein ab.

§ 10 Vertragsbeginn und -ende

Dieser Vertrag wird am . . . . wirksam. Bedingungen für die Wirksamkeit sind

1. Die Aufnahme des Spielers in die Transferliste des DFB, sofern die nach § 27 LSt erforderlich ist;
2. daß dem Spieler die DFB-Lizenz als Lizenzspieler und die Spielerlaubnis für den Verein und – soweit notwendig – die erforderlichen Arbeits- und Aufenthaltsgenehmigungen erteilt worden sind und keine anderweitigen rechtlichen Bindungen als Spieler an einen anderen Lizenzverein bestehen. Die entsprechenden Voraussetzungen dafür hat der Spieler zu schaffen.
3. Nachweis der gesundheitlichen Eignung des Spielers als Lizenzspieler bei Vertragsbeginn nach den Bestimmungen des DFB (§ 12 c LSt).

Der Vertrag endet am . . . . Er verlängert sich jeweils um
. . . ., wenn er nicht von einer der beiden Parteien spätestens bis
zu dem der Vertragsbeendigung vorausgehenden 30. 04. durch eingeschriebenen Brief gekündigt wird.
Oder: (Nichtzutreffendes streichen)
Der Vertrag endet am . . . . Der Spieler verpflichtet sich, den Vertrag unter den seitherigen Bedingungen um . . . Jahr(e) fortzusetzen,
falls der Verein es wünscht.
Der Verein verpflichtet sich, den Vertrag für weitere . . . Jahr(e) zu den
seitherigen Bedingungen fortzusetzen, falls der Spieler es wünscht.
Verein und Spieler müssen bis zu dem der Vertragsbeendigung vorausgehenden 30. 04. erklärt haben, ob sie von der Option Gebrauch machen
wollen. Unterbleiben beide Erklärungen, so endet der Vertrag am. . . .
Dieser Vertrag endet vorzeitig, wenn eine Partei das Vertragsverhältnis
aus wichtigem Grund kündigt (§ 626 BGB).
Insbesondere ist der Verein berechtigt, das Vertragsverhältnis aus wichti-
gem Grund zu kündigen, wenn die Lizenz des Spielers erlischt, entzo-
gen, zurückgegeben oder versagt wird.
Dies gilt auch für die Fälle des Erlöschens und Entzuges der Lizenz des
Vereins oder des Verzichts auf sie, ihre Nichterteilung sowie im Falle des
Abstiegs aus der 2. Bundesliga und die Versetzung des Vereins in eine
Amateurspielklasse.
Der Vertrag besitzt nur für die . . . Bundesliga Gültigkeit.
Steigt der Verein während der Laufzeit dieses Vertrages

a) aus der Bundesliga in die 2. Bundesliga ab
oder
b) steigt er aus der 2. Bundesliga in die Bundesliga auf,

so können die Vertragsparteien bis zum 30. 06. des jeweiligen Spieljah-
res die Vergütungen des Spielers unter Berücksichtigung der dann gege-
benen Möglichkeiten des Vereins neu vereinbaren.
Führen die Verhandlungen zu keinem Ergebnis, so endet der Vertrag mit
dem Ende der Zugehörigkeit des Vereins zur bisherigen Spielklasse, es
sei denn
im Falle a) optiere der Verein
im Falle b) optiere der Spieler
auf Fortsetzung des Vertrages zu den bisherigen Bedingungen bis zum
vorgesehenen Vertragsende.

§ 11 Transferbestimmungen

Bei einem Transfer des Spielers gelten die Bestimmungen der DFB-
Satzung, der DFB-Ordnungen – insbesondere des DFB-Lizenzspieler-
statuts – in der jeweils gültigen Fassung.

Für einen Transfer zu einem ausländischen Verein gelten zusätzlich die jeweils gültigen Bestimmungen der UEFA bzw. der FIFA. Vereinbarungen über Transferentschädigungszahlungen zwischen Verein und Spieler sind unzulässig. (Sie können nur von Vereinen getroffen werden.) Werden diese Bestimmungen nach Abschluß dieses Vertrages dahingehend geändert, daß die Transferentschädigungsregelung (§ 29 ff. LSt) teilweise oder ganz entfällt, so verpflichtet sich der Spieler, den Vertrag unter den seitherigen Bedingungen um ein Jahr fortzusetzen, falls der Verein es wünscht. Unter den gleichen Umständen verpflichtet sich der Verein, den Vertrag mit dem Spieler um ein Jahr zu den bisherigen Bedingungen fortzusetzen, falls es der Spieler wünscht. Verein und Spieler müssen in diesem Fall bis zu dem der Vertragsbeendigung vorausgehenden 30. 04. erklärt haben, ob sie von dieser Option Gebrauch machen wollen. Unterbleibt die Erklärung, so endet der Vertrag entsprechend der in § 10 getroffenen Vereinbarungen.

§ 12 Sonstige Vereinbarungen

§ 13 Schlußbestimmungen

Die Unwirksamkeit einzelner Vertragsbestimmungen hat auf die Wirksamkeit des Vertrages keinen Einfluß. Der Verein ist berechtigt, unklare Vertragsbestimmungen gemäß § 315 BGB verbindlich auszulegen und Lücken des Vertrages zu ergänzen, und zwar auch dann, wenn die Lücke infolge Nichtigkeit einer Vertragsbestimmung entsteht. Dies gilt insbesondere auch dann, wenn durch die Mitbestimmungsbefugnisse eventueller Betriebsvertretungen eine Neufassung der Bestimmungen in diesem Vertrag über Betriebsordnung und Verhalten, Arbeitszeit, Urlaubsplan usw. erforderlich wird.
Änderungen, Ergänzungen oder Aufhebungen dieses Vertrages werden erst mit ihrer schriftlichen Festlegung wirksam. Mündliche Nebenabreden haben keine Gültigkeit. Abweichungen hiervon können nur schriftlich getroffen werden.
Erfüllungsort und ausschließlicher Gerichtsstand für alle mit dem Vertrag zusammenhängenden Ansprüche ist für beide Teile der Sitz des Vereins.

Ort und Datum

Spieler   Verein

Bei Minderjährigen Unterschrift der gesetzlichen Vertreter.

Vertrag

Präambel

Die Firma Tennis Pool Partner GmbH veranstaltet vom ... den „Kings Cup 1985" in der Gruga-Halle in Essen.
Der DTB-Pool wird gemeinsam mit der Firma ... als Co-Sponsor werblich in Erscheinung treten.
Dies vorausgeschickt, kommt zwischen der Firma Tennis Pool Partner GmbH, vertreten durch den Geschäftsführer, _____

und

der Fima _____

folgende

Vereinbarung

zustande:

I.

Folgende werbliche Maßnahmen wird die Firma ... während der oben bezeichneten Veranstaltung entfalten:

1. Firma ... wird die Hälfte der Werbefläche der beiden Banden auf den Stirnseiten des Tennisplatzes nutzen. Diese Werbeflächen sind jeweils 20 m breit und ca. 1,50 m – 2 m hoch, d. h., daß die Firma ... eine Bandenfläche von 10 m Breite für werbliche Zwecke erhält. Die Banden sind bereits gefertigt (Kings Cup 1983).
2. Firma ... erhält eine Farbseite im offiziellen Programmheft ohne weitere Gebühren.
3. Firma ... erhält die Möglichkeit, im Außenbereich der Veranstaltungshalle einen Informationsstand auf eigene Kosten zu erstellen.
4. Firma ... erhält pro Veranstaltungstag zwanzig Ehrenkarten.
5. Firma ... erhält die Möglichkeit, an den Pressekonferenzen vor den jeweiligen Veranstaltungen teilzunehmen. Eine Werbebeilage kann der Pressemappe beigefügt werden.
6. Firma ... wird im offiziellen Plakat mit einem Eindruck an exponierter Stelle vertreten sein.

II.

Als Gegenleistung zahlt Firma ... an den DTB-Pool einen Betrag von DM .... Der Betrag ist spätestens bis zum ... zur Zahlung fällig.

III.

Die technische Durchführung aller werblichen Maßnahmen hat im Einvernehmen mit den Beauftragten des DTB-Pools bzw. der Turnierleitung vor Ort zu erfolgen.

_____, den_____   _____, den_____

_____   _____

(Tennis Pool Partner GmbH)   (Sponsor)

Dokument 4: Mustervertrag für das Sponsoring einer Veranstaltung (Beispiel)

Vereinbarung

Präambel

Die ADT-Arbeitsgemeinschaft für Deutschen Tennis-Turnier-Sport GmbH ist vom Deutschen Tennis Bund beauftragt worden, die

Davis-Cup-Begegnung
Deutschland – Schweden
vom 12. 12. 1985–22. 12. 1985

auszurichten. Der Deutsche Tennis Bund nominiert für diesen Wettbewerb: _____
Für den Fall, daß der Spieler in diesem Wettbewerb zum Einsatz kommt, wird zwischen der ADT-Arbeitsgemeinschaft für Deutschen Tennis-Turnier-Sport GmbH, vertreten durch den Hauptgeschäftsführer _____
und dem Spieler _____
folgendes vereinbart:

1. Der Spieler erhält:
   a) eine Nominierungsprämie gemäß beiliegender Aufstellung
   b) eine Siegprämie gemäß beiliegender Aufstellung
   c) die anteilige NEC-Prämie je nach Einsätzen gemäß Schreiben der ADT vom 22. 11. 85
   d) eine ADT-Team-Sponsor-Prämie anteilig je nach Einsätzen gemäß Schreiben der ADT vom 22. 11. 1985.
2. Erkrankt ein Spieler während des Wettbewerbs oder kann er aus sonstigen Gründen, die er nicht zu vertreten hat, den Wettbewerb nicht fortsetzen, so erhält er die Nominierungsprämie gemäß 1 a, und gemäß 1 b, c und d die persönlich eingespielten Gelder.
3. Wird ein Spieler aus disziplinarischen Gründen während des Wettbewerbs aus der Mannschaft ausgeschlossen, so halbiert sich die Nominierungsprämie lt. Pos. 1 a. Die Prämie 1 c und d entfällt. Ihm stehen jedoch die Prämien aus seinen individuellen Einsätzen lt. Pos. 1 b zu.
4. Während der Davis-Cup-Begegnung, einschließlich der Vorbereitung und des Trainings, unterliegt der Spieler dem sportlichen Weisungsrecht und der Disziplinarordnung des DTB.
5. Während der Wettkämpfe darf nur weiße Kleidung gemäß Paragraph 11 der Wettspielordnung des DTB getragen werden.
6. Das Vorbereitungstraining ist Vertragsbestandteil.
7. Der Spieler verpflichtet sich, nur Produkte der Förderer der Tennis Pool Partner GmbH zu tragen bzw. zu spielen.

Dokument 5: Mustervertrag zwischen dem Verband und einem Sportler (Beispiel)

8. Die offizielle Spielerkleidung (Hose und Jackett), die von der Firma zur Verfügung gestellt wird, ist bei der Auslosung, sowie beim offiziellen Bankett zu tragen.
9. Während des Vorbereitungstrainings und der Spiele verpflichten sich die Spieler, nur in den von der Firma zur Verfügung gestellten Trainingsanzügen zu spielen.
10. Der Spieler verpflichtet sich, in Abstimmung mit dem Kapitän für Pressegespräche zur Verfügung zu stehen (z. B. am 21. 12. 85 um ca. 22.00 Uhr zu einem Fernsehtermin für das „Aktuelle Sportstudio" im ZDF in München).
11. Für die An- und Abreisekosten vergütet die ADT pauschal DM . . . Die Übernachtungskosten einschl. Frühstück trägt die ADT. Zusätzliche Spesen werden für den Zeitraum vom 10. 12.–22. 12. 85 mit dem Betrag von DM . . . vergütet.
12. Die Reisekostenpauschale wird nach Eingang der Rechnung in Hannover gezahlt.
13. Sollte ein nominierter Spieler bei der Begegnung nicht zum Einsatz kommen, so erhält er außer der Nominierungsprämie zusätzlich DM . . . als Entschädigung.

_____ , den _____   _____ , den _____

(ADT)   (Spieler)

Leistungen einer Sponsoring-Agentur

Im Bereich des Sport-Sponsoring wird die Vermarktung von Sportlern, Veranstaltungen usw. in zunehmendem Maße Sponsoring-Agenturen übertragen. Dies gilt zur Zeit weniger für die kulturellen und sozialen Bereiche, in denen teilweise Public Relations-Agenturen oder Werbeagenturen als Berater zur Verfügung stehen.

Die Leistungen einer Sponsoring-Agentur können eine oder mehrere der in den folgenden Abschnitten dargestellten Teilleistungen umfassen:

Planung des Sponsoring durch Beratung des Sponsors

Je nach dem Leistungsspektrum der Sponsoring-Agentur (z. B. full-service-Agentur) können folgende Beratungsleistungen übernommen werden:

- Entwicklung von Sponsoring-Konzepten für Unternehmen und Marken,
- Suche nach geeigneten Sponsorships,
- Kontaktvermittlung mit dem Gesponserten,
- Planung von Einzelmaßnahmen,
- vertragliche Verhandlungen und Gestaltung,
- Kalkulation und Budgetierung der Maßnahmen,
- Koordination innerhalb des Unternehmens.

Planung des Sponsoring durch Beratung des Gesponserten

Zahlreiche Agenturen nehmen auch eine Beratung des Gesponserten vor. Dies kann im einzelnen die folgenden Leistungen umfassen:

- Vermarktung von Einzelpersonen und Beratung (Geldanlage, Steuern und Versicherung),
- Beratung von Veranstaltern, Vereinen, Verbänden, Organisationen,
- Vermarktung von Veranstaltungen und Lizenzen.

Organisation und Durchführung der Sponsoring-Maßnahmen

Allein bzw. in Zusammenarbeit mit Sponsor und Gesponserten sind die Agenturen teilweise an der Organisation und Durchführung des Sponsoring beteiligt. Dies umfaßt vielfältige Maßnahmen:

- Einsatz von Werbemitteln,
- Abwicklung von offiziellen Veranstaltungen,
- Durchführung eigener Veranstaltungen und Ereignisse,
- Promotion-Aktivitäten,
- Presseaktionen u. a. m.

Kontrolle der Sponsoring-Maßnahmen

Eine dauerhafte Zusammenarbeit mit einer Sponsoring-Agentur schließt auch die Kontrolle von Sponsoring-Maßnahmen mit ein. Dies bedeutet im einzelnen:

- Kontrolle des Werbeerfolges für den Sponsoren,
- Abschätzung des Marktwertes der Gesponserten nach abgeschlossenem Sponsorship,
- Entwicklung von Verbesserungsvorschlägen für Sponsor und Gesponserten bei zukünftigen Sponsoring-Engagements.

Viele Agenturen verfügen gerade im sportlichen Bereich über sehr umfangreiche Erfahrungen und Beziehungen. Dies gilt vor allem für „full-service"-Agenturen, die ein umfassendes Beratungsangebot bieten.

Die Vorteile bei der Einschaltung einer Sponsoring-Agentur sind für Sponsor und Gesponserten offenkundig: Beiden dienen Fachleute, die über Erfahrungen im Sponsoring verfügen. Dies gilt vor allem für ein im Sponsoring unerfahrenes Unternehmen. Als Nachteil ist neben den zusätzlichen Kosten auch auf die Kritik von Unternehmen zu verweisen, daß Agenturen konzeptionell nicht immer in der Lage sind, dem Unternehmen fundierte Informationen und Entscheidungshilfen zu geben (Schwickert 1986).

In der Bundesrepublik sind bislang einige Sponsoring-Agenturen im sportlichen Bereich tätig. In der Anlage dieses Buches sind die *Adressen ausgewählter Sport-Agenturen* aufgeführt. Neben den Sport-Agenturen arbeiten die Unternehmen bei der Durchführung des Sponsorships auch mit anderen Agenturen und Organisationen zusammen. In einer schriftlichen Befragung verschiedener am Sport-Sponsoring beteiligter Organisationen wurden als Partner für eine Zusammenarbeit bei der Sportwerbung angegeben (Hermanns/Drees/Püttmann 1986):

Genannte Partner	*Zusammenarbeit mit jeweiligen Partnern in %*			
	Unter- nehmen	*Werbe- agenturen*	*Sport- verbände*	*Sport- vereine*
	(n = 50)	*(n = 10)*	*(n = 19)*	*(n = 138)*
Werbungtreibende Unternehmen	–	20	58	86
Spezialagenturen	48	70	37	28
Werbeagenturen	24	–	32	14
Sportverbände	34	20	–	3
Sportvereine	50	20	5	–
Einzelsportler	24	60	5	4

Es zeigt sich, daß Unternehmen häufig direkt mit Sportvereinen und Sport-Agenturen zusammenarbeiten. Auch die Werbeagenturen bevorzugen bei der Sportwerbung die spezialisierten Sport-Agenturen. Die Sportverbände und Sportvereine favorisieren überwiegend eine unmittelbare Zusammenarbeit mit den Sponsor-Unternehmen. Die Ergebnisse zeigen insgesamt, daß die spezialisierten Sponsoring-Agenturen teilweise als Partner akzeptiert werden. Demgegenüber spielen die Werbeagenturen selbst bei der Vermittlung von Sponsorships nur eine untergeordnete Rolle. Sie konzentrieren sich vor allem auf ihre originären Aufgaben bei der Erarbeitung einer Werbekonzeption für Unternehmen. In den meisten Fällen ziehen es die Unternehmen jedoch bei einem Sponsoring-Engagement vor, ohne Hilfe von Agenturen direkt mit den Sportverbänden und -vereinen zusammenzuarbeiten.

Betrachtet man das Kultur-Sponsoring, dann haben sich in der Bundesrepublik kaum spezialisierte Agenturen gebildet, die die Unternehmen systematisch und professionell unterstützen. Hier sind es vielmehr die klassischen Public Relations-Agenturen und Kommunikationsberater der Unternehmen, die diese Aufgabe mit übernehmen. Demgegenüber gibt es bereits in zahlreichen westlichen Ländern (etwa in England und Frankreich) Agenturen, die auf die Beratung von Sponsoren und Kulturinstitutionen spezialisiert sind.

Rolle der Massenmedien

In dem „magischen" Dreiecksverhältnis zwischen Unternehmen, Gesponserten und Medien spielen die Massenmedien eine besondere Rolle. Da sich die Reaktion der Massenmedien auf bestimmte Sponsoring-Ereignisse nicht antizipieren läßt, ist auch der Erfolg des Sponsoring-Engagements mit Risiken verbunden.

Dies gilt zunächst für öffentlich-rechtliche und private Programmanbieter der Massenmedien gleichermaßen. In den letzten Jahren sind die öffentlich-rechtlichen Fernsehanstalten sehr stark in den Mittelpunkt der öffentlichen Kritik geraten. Während die Fernsehanstalten in den sechziger und teilweise siebziger Jahren eine Verweigerungshaltung gegenüber bestimmten Sponsoring-Maßnahmen (z. B. Bandenwerbung) eingenommen haben, werden in den letzten Jahren durch den Wettbewerbsdruck der privaten Anbieter zunehmend Sponsoring-Sendungen und Product Placements akzeptiert. Durch den Druck der öffentlichen Kritik sahen sich im Oktober 1986 die ARD-Intendanten veranlaßt, *Grundsätze zur Trennung von Werbung und Programm* aufzustellen. Dadurch gilt für alle öffentlichen Rundfunkanstalten das strikte Gebot der Trennung von Werbung und Programm zur Wahrung der Unabhängigkeit der Programmgestaltung und der Einhaltung der Neutralität gegenüber dem Wettbewerb im freien Markt. Die von der ARD entwickelten Grundsätze beziehen sich auf das Product Placement, das

Sponsoring, das Merchandising sowie auf Spendenaufrufe. Die Grundsätze lauten folgendermaßen:

1. Schleichwerbung/Product Placement

1.1 Eine Darstellung von gewerblichen Waren oder deren Herstellern, von Dienstleistungen oder deren Anbietern o. ä. (im folgenden „Produkte" genannt) in Bild und Ton mit werblicher Wirkung ist grundsätzlich ausgeschlossen. Ausnahmen sind nur zulässig, wenn und soweit sie aus überwiegenden journalistischen oder künstlerischen Gründen erforderlich sind.

1.2 Soweit gemäß Ziff. 1.1 die Darstellung von Produkten zulässig ist, muß die Förderung werblicher Interessen durch die Art der Darstellung nach Möglichkeit vermieden werden (z. B. Marktübersichten statt Einzeldarstellungen, Vermeidung werbewirksamer Kameraführung und – insbesondere bei Serien – Wechsel der Produkte und unterschiedliche Ausstattung).

1.3 Die jeweils produzierende oder programmliefernde Anstalt trägt die Verantwortung für die Einhaltung der Grundsätze. Die Redaktion hat den Einsatz von Produkten zu überwachen.

1.4 Es ist im Rahmen der Vertragsbestimmungen sicherzustellen, daß jeder Produktionsbeteiligte einschließlich der Auftragsproduzenten oder Koproduzenten diese Grundsätze einhält und im Zweifelsfall rechtzeitig Einvernehmen mit der zuständigen Redaktion herstellt.

1.5 Die vorgenannten Grundsätze sind auch im Falle von Programmeinkäufen zu beachten.
Bei Ankauf oder Übernahme fertiger Produktionen sind Ausnahmen jedoch dann zulässig, wenn anders das Programm nicht ausgestrahlt werden könnte, gleichzeitig aber ein überwiegendes Interesse an der Programmnutzung besteht. Das gleiche gilt für die Berichterstattung von Sportwettkämpfen oder anderen öffentlichen Veranstaltungen; in diesen Fällen ist unvermeidbare Werbung jedoch so weit wie möglich einzuschränken.

1.6 Die Entgegennahme von Entgelten oder geldwerten Vorteilen für den Einsatz oder die Nennung von Produkten ist unzulässig. Dies gilt für alle Produktionsbeteiligten.

1.7 Für die Beschaffung von Rechten an Produktionen sowie Dienst- und Sachleistungen für die Herstellung von Produktionen sind angemessene Entgelte zu vereinbaren.
Eine ausnahmsweise unentgeltliche oder verbilligte Entgegennahme von Produktionsmitteln oder sonstigen Leistungen ist nur möglich, wenn damit keine Einschränkung der journalistischen oder künstlerischen Darstellungsfreiheit verbunden ist.

1.8 Bei der Auslobung von Preisen ist besonders darauf zu achten, daß keine einseitige Bevorzugung von Produkten erfolgt (Wechsel der Produkte).

2. Sponsoring

2.1 Die Ausstrahlung von Sendungen, deren vollständige oder teilweise Herstellung und/oder Finanzierung durch einen Sponsor erfolgt, ist nur zulässig, wenn der Inhalt der Sendung mit den wirtschaftlichen Interessen des Sponsors nicht in direktem Zusammenhang steht. Der Sponsor ist im Vor- und Abspann der Sendung zu nennen. Die Sendung gesponserter Programme in Gemeinschaftsprogrammen der ARD setzt die Zustimmung der Fernseh-Programmkonferenz voraus.
Besteht ein Zusammenhang zwischen der Sendung und dem wirtschaftlichen Interesse eines Dritten, gelten die Regelungen gem. Ziff. 1.

2.2 Soll eine gesponserte Fernsehsendung in die Programmpools für die Dritten Fernsehprogramme oder Vorabendprogramme eingebracht werden, so sind alle am Pool beteiligten Anstalten hiervon zu informieren.

2.3 Wird nicht eine Sendung unmittelbar gesponsert, sondern soll im Programm ein Ereignis übertragen oder darüber berichtet werden, das von einem oder mehreren Sponsoren veranstaltet oder gefördert wird, so ist das zulässig, wenn und soweit ein überwiegendes Programminteresse besteht

und die Unabhängigkeit der Programmgestaltung nicht eingeschränkt wird.
Es ist darauf hinzuwirken, daß der Programminhalt nicht mit dem Sponsor identifiziert werden kann.
Die Programmkonferenz ist vorab über die entsprechenden Sendevorhaben einzelner Anstalten für die Gemeinschaftsprogramme der ARD zu informieren.

3. *Begleitmaterial/Merchandising*

Redaktionelle Hinweise auf Bücher, Schallplatten, Videokassetten oder andere Publikationen sind nur zulässig, wenn sie notwendiges Begleitmaterial zu einer Sendung darstellen oder wenn ein besonderes programmliches Interesse besteht (z. B. Ratgebersendungen).
Die Werbung im Programm für Produkte Dritter, die sich von Rundfunksendungen ableiten, ist nicht zulässig, es sei denn, daß ein besonderes Programminteresse besteht.

4. *Spendenaufrufe/Wohltätigkeitsveranstaltungen*

Spendenaufrufe sollen nur dann verbreitet werden, wenn die Spende allgemein anerkannten humanitären, sozialen und kulturellen Zwecken dient und die zweckentsprechende Spendenverwendung ausreichend sichergestellt ist.
Sofern solche Spendenaufrufe durch gestaltete Sendungen der Rundfunkanstalten oder durch Übertragung entsprechender Wohltätigkeitsveranstaltungen unterstützt werden, sind Ausnahmen von den Grundsätzen nach den Abschnitten 1–3 zulässig, wenn die Fernseh-Programmkonferenz vor der Sendung zustimmt und der wirtschaftliche Nutzen ganz oder überwiegend dem gemeinnützigen Zweck zugute kommt.

Diese ARD-Grundsätze werden auch für die Vorabendprogramme, die Dritten Programme, die Eigen- und Hörfunkprogramme angewandt. Das ZDF hat ähnliche „Richtlinien für die Zusammenarbeit mit Dritten" erarbeitet.

Die privaten Programmanbieter sind freier in der Gestaltung von redaktionellen Programmen in Verbindung mit Werbemaßnahmen. Es ist zu erwarten, daß die privaten Fernsehanstalten zukünftig neue Formen von Programmangeboten entwickeln werden, die von den Unternehmen gesponsert und für die eigene Unternehmenskommunikation genutzt werden können.

Das Hauptproblem der privaten Fernsehanbieter besteht darin, daß sie aufgrund der technischen Entwicklung zur Zeit nicht über ausreichende Fernsehanschlüsse verfügen. Deshalb sind die erzielten Reichweiten in der Bevölkerung für zahlreiche Unternehmen noch nicht interessant. Es ist zu erwarten, daß sich das Reichweitenproblem der privaten Anbieter in 1 – 2 Jahren lösen wird. Dann werden sie im Bereich des Sponsoring zu ernstzunehmenden Konkurrenten für die öffentlich-rechtlichen Programmanbieter.

7. Kapitel

Wirkungen des Sponsoring

Erfolge lassen sich nicht immer in Umsatzzahlen messen, auch wenn diese Zahlen oft die überzeugenderen Argumente darstellen. Da beim Sponsoring ökonomische Zielwirkungen nur selten unmittelbar nachprüfbar sind, rücken andere Dimensionen der Werbewirkung in den Vordergrund, zum Beispiel Imagewirkungen. Ist es dem Sponsor-Unternehmen gelungen, vom positiven Image und hohen Bekanntheitsgrad des Gesponserten zu profitieren? Dies ist eine naheliegende Frage. Zu ihrer Beantwortung bedient man sich der üblichen Marktforschungsmethoden wie Befragungen und Beobachtungen. Ziel der Erfolgskontrolle ist auch eine Kosten-Nutzen-Betrachtung. Möglichkeiten und Probleme einer Sponsoring-Wirkungsanalyse zeigt das 7. Kapitel.

In der letzten Phase des Sponsoring-Planungsprozesses wird versucht, die Wirkungen und Erfolge der einzelnen Sponsoring-Maßnahmen bei den Zielgruppen zu erfassen und zu messen. Ähnlich wie in der gesamten Kommunikationsarbeit werden auch beim Sponsoring vergleichsweise wenige Untersuchungen durchgeführt. Jedoch geht man bei den immer größer werdenden Sponsoring-Budgets verstärkt dazu über, *Werbewirkungskontrollen* durchzuführen. Diese müssen sich an den zuvor gesetzten Zielen für das Sponsoring-Engagement von Unternehmen orientieren.

Zielwirkungen als Ausgangspunkt

Ausgangspunkt für eine Wirkungsanalyse sind die ökonomischen und psychografischen Zielwirkungen. Die *ökonomischen Zielwirkungen* durch Gegenüberstellung der Sponsoring-Kosten und der daraus resultierenden Absatz- und Umsatzwirkung können vernachlässigt werden, da diese Kommunikationswirkungen in den meisten Fällen allenfalls mittel- bis langfristig auftreten.

Von größerer Bedeutung für die Erfassung von Sponsoring-Wirkungen sind *psychografische Zielwirkungen*. Dabei werden die durch die kommunikativen Maßnahmen verursachten und in der Zielperson ablaufenden psychischen Prozesse untersucht (Steffenhagen 1984; Meffert 1982). Für das Sponsoring sind vor allem zwei *Werbewirkungsdimensionen* von zentraler Bedeutung:

☐ *Wissens- und Erinnerungswirkungen (= kognitive Reaktionen)*

Wissens- und Erinnerungswirkungen werden durch die Messung des Bekanntheitsgrades von Produkt- und Firmennamen, der Erinnerung bestimmter Werbemittel usw. erfaßt.

☐ *Einstellungs-/Imagewirkungen (= affektive Reaktionen)*
Zur Analyse von Imagewirkungen erfolgt eine Messung von Einstellungsmerkmalen gegenüber Produkten bzw. Unternehmen, den Sponsoring-Bereichen, Einzelpersonen, Veran-

staltungen usw. Im Mittelpunkt stehen dabei drei Imagebereiche:

- das *Image des Gesponserten,*
- das *Image des Sponsors,*
- der *Imagetransfer* vom Gesponserten auf den Sponsor.

Betrachtet man die *Kommunikationswirkung* der klassischen Kommunikationsinstrumente mit dem Sponsoring, dann sind zwei Besonderheiten hervorzuheben:

☐ *Das spezifische Sponsoring-Umfeld*
Beim Sponsoring ist die *Wahrnehmung* der Zielpersonen nicht in erster Linie auf die Werbemaßnahmen, sondern vor allem auf das Sponsoring-Umfeld (Personen, Situationen) gerichtet. Die Zielgruppen konzentrieren sich auf das Sponsoring-Umfeld, wie etwa:

- die Leistungsfähigkeit des Spitzensportlers,
- die Spannung und die Spielzüge eines Fußballspiels,
- die handelnden Personen in einem Spiel- oder Fernsehfilm,
- den kulturellen Wert von Ausstellungen und Konzerten,
- das restaurierte Denkmal u. a. m.

Erst in zweiter Linie werden die verschiedenen Formen der Sponsoring-Werbemittel wahrgenommen. Durch diese teilweise *unterschwellige Wahrnehmung* wird dem Sponsoring eine *sekundäre Aufmerksamkeitswirkung* zugesprochen. Dies wird jedoch bewußt in Kauf genommen und ist auch beabsichtigt, denn durch die Sponsoring-Maßnahmen soll das positive Image und der hohe Bekanntheitsgrad des Gesponserten genutzt werden, um eine kommunikative Wirkung für das Sponsor-Unternehmen zu erzielen.

☐ *Die spezifische Werbegestaltung beim Sponsoring*
In der Regel ist nur eine *begrenzte Werbeaussage* möglich – allenfalls der Hinweis auf die Förderung von einzelnen Projekten oder die Plazierung des Produkt- oder Firmennamens bzw. der Produkte an verschiedenen Stellen im Sponsoring-Umfeld. Eine *spezifische Werbeaussage* ist äußerst selten zu

vermitteln und soll durch den (möglichst häufigen) Kontakt mit dem Markenzeichen erreicht werden.

Neben den Zielwirkungen ist auf die Analyse unterschiedlicher Sponsoring-Zielpersonen zu verweisen. Im Mittelpunkt der Wirkungsanalyse stehen dabei vor allem Fernsehzuschauer, Printmedienleser sowie Besucher und aktive Teilnehmer an Veranstaltungen und Ereignissen.

Methoden der Sponsoring-Wirkungsanalyse

Zur Messung der kommunikativen Wirkung von Sponsoring-Maßnahmen können die unterschiedlichen Methoden der Marktforschung eingesetzt werden. Die Vielfalt der Möglichkeiten wird deutlich, wenn man die Verfahren nach unterschiedlichen Kriterien systematisiert und die Einsatzmöglichkeiten im Sponsoring aufzeigt.

Erhebungsformen der Sponsoring-Wirkungsanalyse

Zur Erhebung von Sponsoring-Wirkungen bedient man sich Befragungen und Beobachtungen. Als Beispiel für einmalige Erhebungen lassen sich für das Sponsoring erwähnen:

☐ *Befragungen*
Beispiele: Ermittlung von Recall- und Recognitionwerten, Imageprofile von Sponsoring-Bereichen (durch schriftliche, mündliche oder telefonische Befragungen).

☐ *Beobachtungen*
Beispiele: Ermittlung von Kontakten durch Videoaufnahmen bei Fernsehübertragungen, Blickaufzeichnungsgeräte bei Anzeigen usw. (Hermanns 1985).

Neben den einmaligen Erhebungen werden Sponsor-Unternehmen mit dauerhaften Sponsoring-Aktivitäten an regelmäßigen

Wirkungsanalysen interessiert sein. Zu den laufenden Erhebungen zählen vor allem:

☐ *Paneldaten*

Beispiele: Medienanalysen der Printmedien (wie etwa die „Media-Analysen") und des Fernsehens (insbesondere die GfK- und Teleskopie-Fernsehforschung). Diese Informationen werden zur Zeit noch nicht in ausreichendem Maße als Entscheidungshilfe für das Sponsoring-Engagement von Unternehmen zugrundegelegt.

Zeitpunkt der Messung von Sponsoring-Wirkungen

Zur Messung der Sponsoring-Wirkungen können Unternehmen vor, während und nach der Durchführung von Sponsoring-Maßnahmen Untersuchungen vornehmen. Als Beispiele seien genannt:

☐ *Pre-Tests*

Beispiel: Die Heranziehung von Zielgruppendaten (insbesondere Einstellungen) *vor* Beginn einer Sponsoring-Maßnahme. Hierbei handelt es sich jedoch nicht um eine Werbewirkungskontrolle, sondern allenfalls um grundlegende Studien.

☐ *Inbetween-Tests*

Beispiel: Die Messung erfolgt *während* des andauernden Sponsorships (z. B. bei Sportwettbewerben, Ausstellungen in Museen usw.). Die Messung von Erinnerungswerten und Meinungen der Besucher (z. B. Meinungsführer) stehen dabei im Vordergrund.

☐ *Post-Tests*

Beispiel: Die Messung *nach* Abschluß eines Sponsoring-Einsatzes. Dies gilt für nachträgliche Erinnerungswerte und Kontakthäufigkeiten mit einem Medium sowie für die Ermittlung der Medienleistung unter Einbeziehung der Kosten (z. B. Tausenderpreise).

Art der Messung von Sponsoring-Wirkungen

Die Werbeerfolgskontrolle kann bei der Sponsoring-Wirkungsanalyse sowohl quantitativ als auch qualitativ vorgenommen werden. Beispielhaft sollen in diesem Zusammenhang vor allem erwähnt werden:

☐ *Quantitative Analysen*
Beispiel: Durch statistische Verfahren werden rechnerische Ergebnisse wie Einschaltquoten bei Übertragungen, Imageprofile und Bekanntheitsgrade erzielt.

☐ *Qualitative Analysen*
Beispiel: Durch Expertenbefragungen und andere explorative Studien liegen verbale Aussagen vor. Dazu zählen etwa Aussagen von unternehmensrelevanten Personen (Meinungsbildner, Meinungsmultiplikatoren) zu Sponsoring-Maßnahmen der Kontaktpflege (spezielle Einladungen).

Art der Testsituation bei der Sponsoring-Wirkungsmessung

Die Sponsoring-Wirkungsanalysen können in unterschiedlichen Testsituationen durchgeführt werden. Zwei Testsituationen sind denkbar:

☐ *Laborexperiment*
Beispiel: Vorführung von Videoaufzeichnungen, Vorlage von Bildern usw. Neben der Erfassung von spontanen Reaktionen der Zielpersonen besteht die Möglichkeit einer vertiefenden Befragung (z. B. Image- und Motivanalysen).

☐ *Feldexperiment*
Beispiel: Befragung auf der Straße oder während einer Veranstaltung über Sponsoring-Maßnahmen und die begleitenden Werbemaßnahmen.

Je nach der Versuchsanordnung (mit oder ohne Kontrollgruppen) sind verschiedene Typen von Experimenten für die Messung der kommunikativen Wirkung einsetzbar.

Die vergleichsweise häufigsten Formen der Messung von Sponsoring-Wirkungen sind die Ermittlung der folgenden Kenngrößen:

- *Recall- und Recognitionwerte,*
- *Kontakthäufigkeiten und Kontaktqualitäten,*
- *Kosten-Leistungs-Relationen.*

Diese Werbewirkungsanalysen werden von den Unternehmen überwiegend nach der Durchführung von Sponsoring-Aktionen (Post-Tests) vorgenommen.

Ergebnisse von Recall- und Recognition-Tests

Zur Messung von Wissens- und Erinnerungswirkungen sind Recall-Tests (Erfassung der ungestützten Erinnerung) und Recognition-Tests (Erfassung von Wiedererkennungswerten durch Vorgabe der Werbemittel) geeignet. In beiden Fällen handelt es sich um klassische Verfahren der Wirkungskontrolle.

Der *Recall-Test* wird vor allem als *Day-After-Recall-Test* eingesetzt (Salcher 1986). Einige Stunden oder einen Tag nach Beendigung der Sponsoring-Veranstaltung (z. B. am Besucherausgang einer Ausstellung oder nach einer Tennis-Fernsehübertragung) werden die Zielpersonen nach den beworbenen Marken oder Unternehmen mündlich oder telefonisch befragt. Dies kann selbstverständlich auch durch schriftliche Befragungen (als Omnibus-Befragung oder explorativ) erfolgen.

Ein *TV-Recall-Test* erfolgt in der Weise, daß ausgewählte Testpersonen in einem Studio mit Fernsehübertragungen von der betreffenden Sponsoring-Veranstaltung konfrontiert werden. Nach der Aufzeichnung sollen sie die erinnerten Markenzeichen bzw. die Sponsor-Unternehmen angeben. Dieses Verfahren kann ebenso mit Sponsoring-Berichten in den Printmedien durchgeführt werden.

Bei einem *Recognition-Test* werden den Zielpersonen die Namen von Produkten bzw. Unternehmen vorgegeben. Sie sollen angeben, in welchem Zusammenhang sie die Markenzeichen mit Sponsoring-Aktivitäten gesehen haben.

Als Beispiel für eine erfolgreiche kommunikative Wirkung durch Steigerung des Bekanntheitsgrades läßt sich ein Sponsoring der Schweizerischen Bankgesellschaft anführen, die als Hauptsponsor der „UBS Switzerland" den Swiss Ocean Racing Cup und die Teilnahme an Hochseeregatten unterstützt. In den Schaubildern 31 und 32 sind die Ergebnisse von Marktforschungsstudien über die Entwicklung der Bekanntheitsgrade von Sponsoren und Gesponserten wiedergegeben. Sie zeigen, daß die „UBS Switzerland" zum Zeitpunkt der vorletzten Etappe 79 Prozent der schweizerischen Bevölkerung erreicht hatte und 48 Prozent den Hauptsponsor kannten.

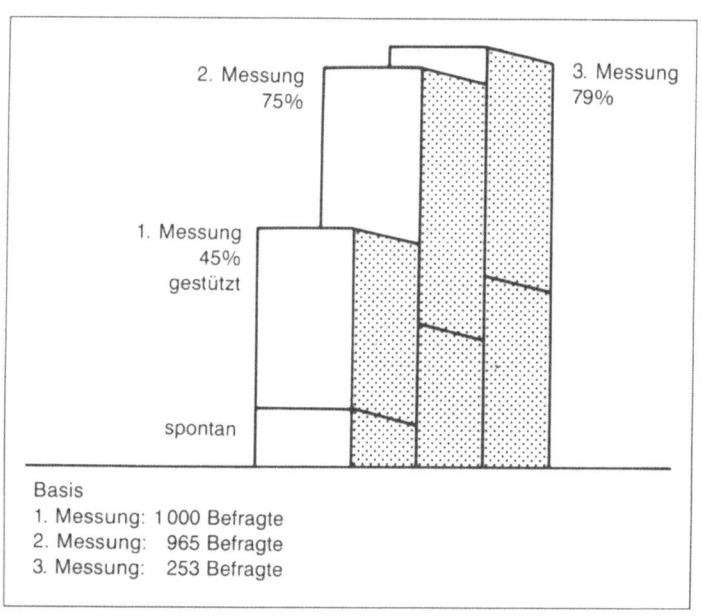

Schaubild 31: Bekanntheitsgrad des Gesponserten in der Bevölkerung (Beispiel „UBS Switzerland")

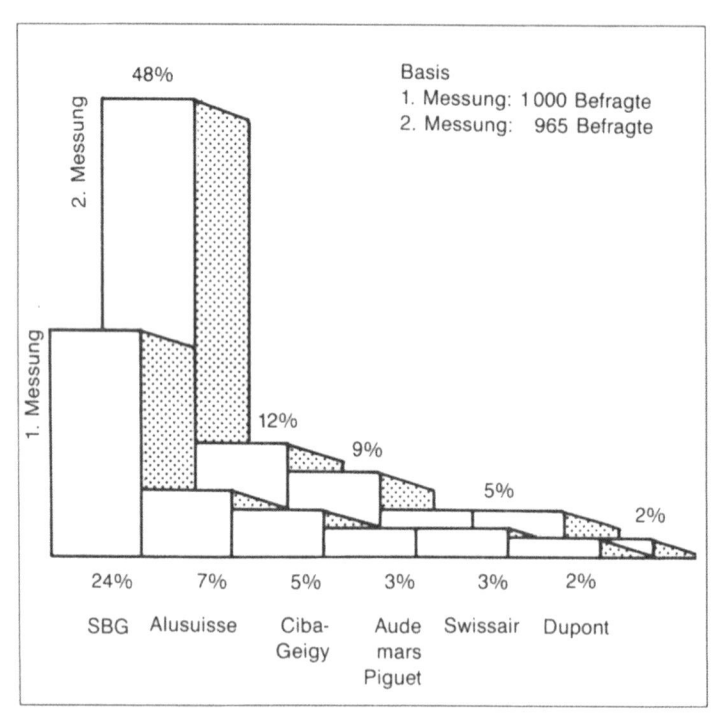

Schaubild 32: Bekanntkeitsgrad der Sponsoren im Vergleich (Beispiel „UBS Switzerland")

Ergebnisse der Ermittlung von Kontaktzahlen

In der Werbewirkungsforschung unterscheidet man zwischen zwei verschiedenen Kontaktzahlen zur Messung der kommunikativen Wirkung:

☐ *Kontaktmenge bzw. -häufigkeit/Reichweite*
   Die Kontaktmenge ist die zu messende Häufigkeit des Kontaktes der Zielpersonen mit den Sponsoring-Maßnahmen.

Diese Maßzahlen werden in verschiedenen Formen (z. B. Reichweiten) für die Mediaplanung eingesetzt (Werbeträger-Kontakt).

☐ *Kontaktqualität*

Bei der Kontaktqualität wird eine Bewertung der eingesetzten Medien in qualitativer Hinsicht vorgenommen. Dies kann durch die Messung der Intensität der eingesetzten Werbemittel, durch qualitative Beurteilung der Sponsoring-Maßnahmen usw. erfolgen.

Eine Messung der *Kontakthäufigkeiten* erfolgt bei Sponsoring-Maßnahmen durch verschiedene *Indikatoren der Nutzung der Werbeträger.* Hier sind vor allem zu nennen:

- *Besucherzahlen* von Sponsoring-Veranstaltungen,
- *Fernseh-Einschaltquoten* bei der Übertragung von Sponsoring-Veranstaltungen in Form der Brutto- und Netto-Reichweiten:
  - *Brutto-Reichweite:* Gesamtdauer der Übertragung(en); vielfach als *Kontaktwahrscheinlichkeit* bezeichnet.
  - *Netto-Reichweite:* die Einbeziehung von Seherschafts-analysen bei der Übertragung.
- *Reichweite von Printmedien* bei den Berichten über die Sponsoring-Maßnahmen. Hier werden die in der Leser-schaftsforschung üblichen Werte (z. B. Auflagenzahl × Leser-pro-Nummer-Wert) herangezogen.

Als Beispiele für verschiedene Werte von Kontakthäufigkeiten können vor allem empirische Untersuchungen über sogenannte Massenveranstaltungen im sportlichen Bereich herangezogen werden. Hier seien etwa erwähnt:

☐ Die Fußball-Bundesliga hatte in der Spielsaison 1985/86 einen *Besucher-Durchschnitt* von 15000 pro Spiel. Bei 34 Spieltagen und Präsenz in allen Stadien (z. B. Bandenwerbung) ergibt sich eine *Besucher-Kontaktwahrscheinlichkeit* von 510000 Kontakten.

☐ BP als Hauptsponsor des Hamburger Sportvereins hat eine *Abdruckquote* ihrer Trikotwerbung in Zeitschriften und Zeitungen in über 2 Mrd. Exemplaren berechnet (o. V. 1981 b).

☐ Die *Einschaltquoten* im Fernsehen bei größeren Fußballspielen liegen zwischen 50 Prozent und 70 Prozent, d. h. es besteht eine Kontaktwahrscheinlichkeit von bis zu 30 Mio. Kontakten.

☐ Bei der *Fußball-Weltmeisterschaft 1986 in Mexiko* wurden die 52 Spiele kumulativ von etwa 12 Mrd. Menschen in über 150 Ländern gesehen. Das Endspiel sahen insgesamt ca. 600 Mio.

☐ Ein früherer Sponsor des *FC Bayern München* hat ermittelt, daß sein Namenszug auf dem Trikot der Fußballer innerhalb 1,5 Jahren in ca. 71 Mio. Zeitungsexemplaren abgedruckt war.

☐ Bei der Eishockey-Weltmeisterschaft 1985 wurden mit 21 Sendungen im deutschen Fernsehen insgesamt 23 Stunden und 53 Minuten übertragen. Die GfK-Fernsehforschung ermittelte eine gesamte *Zuschauerzahl* von 92,87 Mio. Personen (Pfister 1986 a).

Für einen Sponsor mit Trikot- und Bandenwerbung müßten die Kontakthäufigkeiten aus den verschiedenen Werbeträgern zusammengerechnet werden (*Kontaktsummenberechnung*). Bei einer einjährigen Belegung von Banden- und Trikotwerbung beim FC Bayern München ergäbe sich die folgende hypothetische Berechnung (Hermanns/Woern 1986):

– *Kontaktsumme Stadionbesucher (K_1)*
  Annahmen:
  – Jeder Besucher hat pro Spiel einen Kontakt mit der Bandenwerbung.
  – Besucher haben keinen Kontakt mit der Trikotwerbung, da sie aufgrund der großen Entfernung nicht lesbar ist.
  Einschaltungen:
  – Bei allen 17 Heimspielen.

Benutzte Daten:
- Durchschnittliche Zuschauerzahl pro Heimspiel 1983/84 (29 615 Besucher).

Berechnung:
$K_1 = 29\,615 \times 1 \times 17 = 0{,}5$ Mio.

- *Kontaktsumme Fernsehzuschauer (K_2)*

Annahmen:
- Sportzuschauer haben pro gezeigtes Spiel drei Kontakte mit der Trikotwerbung.
- Es entsteht kein Kontakt mit der Bandenwerbung.
- Unberücksichtigt bleiben evtl. Liveübertragungen und im ZDF-Sportstudio gesendete Spielausschnitte.

Einschaltungen:
- 34 Sportschausendungen pro Jahr berichten über die Bundesliga. FC Bayern München kommt in 60 Prozent aller Sendungen vor, deshalb werden in 20 Sendungen entsprechende Spielberichte gesendet.

Benutzte Daten:
- Reichweite der ARD-Sportschau mindestens 32 Prozent. Dies entspricht bei einer Basis von·48 Mio. erwachsener Bundesbürger ca. 15,36 Mio. Zuschauer.

Berechnung:
$K_2 = 15{,}6$ Mio. $\times 3 \times 20 = 921{,}6$ Mio.

- *Kontaktsumme Zeitungsleser (K_3)*

Annahmen:
- Pro Zeitungsexemplar nur ein Leser.

Benutzte Daten:
- In 18 Monaten Abdruckquote von 71 Mio. Exemplaren (vgl. oben). Dies entspricht ca. 47,33 Mio. Exemplaren pro Jahr.

Berechnung:
$K_3 = 47{,}33$ Mio. $\times 1 = 47{,}33$ Mio.

Insgesamt erreichbare Kontaktsumme:
$K_1 + K_2 + K_3 = 969{,}43$ Mio. Kontakte.

Die gesamte Kontaktsumme von 969,43 Mio. Kontakten erhöht sich, wenn man die mit dem Sponsoring verbundenen Zusatzaktivitäten mit berücksichtigt. Bei Werbekosten pro Jahr von ca. 1,7 Mio. DM errechnet sich ein 1000er-Kontaktpreis für das Sponsoring mit dem FC Bayern München in Höhe von ca. 1,75 DM.

Weitere Informationen über Einschaltquoten und durchschnittlich erreichte Zuschauer bei verschiedenen Sportarten lassen sich Tabelle 13 entnehmen. Dabei sind sämtliche Sportübertragungen im deutschen Fernsehen für das Jahr 1985 zusammengefaßt. Tabelle 14 zeigt Einschaltquoten ausgewählter Sportsendungen im Jahre 1985. Darüber hinaus sind in den Tabellen 15 und 16 Einschaltquoten und Seherschaftsdaten von Sportereignissen des Jahres 1986 im deutschen Fernsehen aufgeführt.

Tabelle 13: Einschaltquoten und Zuschauerpotentiale im deutschen Fernsehen bei verschiedenen Sportarten (1985) Quelle: Pfister 1986 b (GfK-Fernsehforschung).

Sportart	Anzahl Einzel- Übertr.	Ges.- Zeit Min.	Durch- schn. Quote %	Quote Max. %	Quote Min. %	Zusch. Gesamt Mio.	Zusch. D.schn. Mio.
Autosport, Motorräder	4	249	11	17	5	13.22	3.31
Biathlon	3	252	12	15	10	10.90	3.63
Boxen	2	63	5	6	3	2.85	1.43
Eishockey	21	1412	14	40	4	92.87	4.42
Eiskunstlauf	9	458	14	25	3	43.51	4.83
Fechten	4	135	6	7	5	7.61	1.90
Alle Veranst. Einzeln Fußball	51	3193	33	51	1	608.13	11.92
Basketball	7	371	8	12	5	17.56	2.51
Fußball Europacup	17	1213	39	50	19	240.62	14.15
Fußball Länderspiele	16	1161	40	51	9	235.86	14.74
Golf	3	232	9	15	3	8.61	2.87
Leichtathletik	7	513	11	17	3	24.53	3.50
Ski alpin	16	723	13	21	8	62.84	3.93
Radfahren	10	388	10	35	5	22.99	2.30
Reiten	7	624	9	12	6	18.81	2.69
Ski Nordisch	3	323	11	17	8	9.79	3.26
Schwimmen	6	276	10	14	7	19.31	3.22
Tennis	70	7051	16	47	2	370.04	5.29
Turnen	5	425	7	9	1	10.87	2.17
Segeln	2	73	6	7	5	3.09	1.55

Tabelle 14: Einschaltquoten ausgewählter Sportsendungen im deutschen
Fernsehen (1985)
Quelle: Roth 1986 a (Teleskopie/TV-Courier, ZDF und ARD Pres-
sestellen).

	Datum	Sender	Quote %	Zuschauer Mio.
Fußball				
Länderspiele				
WM Qualifikation BRD/Portugal	16. 10.	ARD	51	20,08
WM Qualifikation BRD/Schweden	25. 09.	ZDF	51	19,35
WM Qualifikation	17. 11.	ZDF	34	13,85
Europacup				
Real Madrid/Mönchengladbach	27. 11.	ARD	50	18,96
Rom/Bayern	06. 03.	ZDF	43	15,49
Rom/Bayern Rückspiel	20. 03.	ARD	27	8,17
Golf				
GERMAN OPEN	25. 08.	ARD	15	5,23
Masters Turnier USA	15. 04.	ZDF	8	2,63
BRITISH OPEN	19. 07.	ARD	3	0,75
Turnen				
Kunstturnen WM	08. 11.	ARD	9	2,78
Kunstturnen EM	12. 05.	ARD	9	2,88
Reiten				
Intern. Reitturnier CHIO	16. 06.	ARD	12	3,87
Reitturnier Aachen	12. 06.	ARD	7	2,16
Eishockey				
Eishockey WM				
UDSSR–CSSR	27. 04.	ARD	23	7,66
Bundesliga Eishockey	19. 04.	ARD	5	1,45
Ski alpin				
Ski WM Zusammenfassung	06. 02.	ARD	21	7,27
Skiabfahrt Herren	03. 02.	ZDF	19	5,96
Ski Riesenslalom Damen	07. 12.	ARD	8	2,20
Eiskunstlauf				
WM	08. 03.	ARD	25	9,26
EM Schaulaufen	10. 02.	ARD	22	8,33
Olympiade Sarajevo Eistanz	09. 02.	ZDF	12	3,81
Tennis				
Davis Cup BRD-Schweden Einzel	22. 12.	ARD	49	20,59
Wimbledon Finale Männer	07. 07.	ZDF	31	10,97
Tennismeisterschaften Deutschland	04. 05.	ARD	6	1,61
Basketball				
EM	12. 06.	ARD	10	2,96
EM BRD-CSSR	07. 06.	ARD	5	1,27

Tabelle 15 a: Einschaltquoten ausgewählter Sportveranstaltungen 1986 im deutschen Fernsehen
Quelle: Arbeitsgemeinschaft Rundfunkwerbung/ARD Sportkoordination.

Einschaltquoten
des Tennis-Wimbledon-Turniers 1986

Tag	Sendezeit	Reichweite	Zuschauer
24. 6. 86	00.00 – 00.20 Uhr	6%	1,59 Mio.
25. 6. 86	23.20 – 23.40 Uhr	19%	6,39 Mio.
26. 6. 86	00.35 – 01.30 Uhr	4%	1,08 Mio.
28. 6. 86	15.00 – 17.30 Uhr	10%	2,78 Mio.
	18.05 – 19.05 Uhr	19%	5,75 Mio.
30. 6. 86	15.00 – 17.45 Uhr	7%	1,93 Mio.
	23.30 – 00.00 Uhr	9%	2,72 Mio.
2. 7. 86	15.00 – 18.00 Uhr	10%	2,68 Mio.
	18.00 – 20.25 Uhr	15% bis 30%	4,63 Mio. bis 9,37 Mio
3. 7. 86	15.00 – 17.50 Uhr	8%	2,25 Mio.
5. 7. 86	18.05 – 19.00 Uhr 10 Minuten	17%	5,11 Mio.
6. 7. 86	15.00 – 17.25 Uhr	37%	14,15 Mio.

Tabelle 15b: Einschaltquoten des Fußball-Weltmeisterschafts-Turniers 1986 in Mexiko

Mannschaften	Sender	Datum	Sendezeit	Dauer (in Min.)	Reichweite (in %)			
					Haushalte	Altersgruppe Erwachsene		
						über 14	14 – 19 J.	20 – 29 J.
Deutschland-Uruguay	ARD	4/6	20.02 – 20.45 21.01 – 21.48	93	61 55	45 43	31 31	32 32
Deutschland-Schottland	ZDF	8/6	20.00 – 20.46 21.00 – 21.46	91	54 60	43 49	28 34	31 35
Deutschland-Dänemark	ZDF	13/6	20.00 – 20.46 21.00 – 21.50	90	54 58	39 45	26 29	25 30
Deutschland-Marokko	ARD	17/6	24.00 – 00.45 00.59 – 01.46	92	39 35	26 23	16 14	21 18
Deutschland-Mexiko	ZDF	21/6	00.01 – 00.52 00.56 – 01.03	54	44 41	32 30	20 18	24 23
Deutschland-Frankreich	ARD	25/6	20.00 – 20.48 21.00 – 21.48	96	61 59	44 45	32 33	31 34
Deutschland-Argentinien	ARD	29/6	20.00 – 20.47 21.00 – 21.47	94	59 64	47 52	33 37	36 40

Tabelle 16: Seherschaftsdaten der Fußball-Weltmeisterschaft 1986 in Mexiko
Quelle: Arbeitsgemeinschaft Rundfunkwerbung.

Reichweiten und Seherschaft sämtlicher Spiele der Fußball-Weltmeisterschaft 1986 im Vergleich
ARD/ZDF

Merkmale	ARD	ZDF	ARD	ZDF
	22 Live-Übertragungen = 2082 Min. = 34 Std., 42 Min. ⌀ Reichweiten in %	19 Live-Übertragungen = 1565 Min. = 26 Std., 5 Min. ⌀ Reichweiten in %	6 Zusammenschnitte = 265 Min. = 4 Std., 25 Min. ⌀ Reichweiten in %	4 Zusammenschnitte = 179 Min. = 2 Std., 59 Min. ⌀ Reichweiten in %
Haushalte	30,9	31,3	32,8	33,5
Erw. ab 14 J.	21,5	21,9	23,7	24,3
Erw. 14–19 J.	12,7	13,9	13,2	12,8
Erw. 20–29 J.	14,8	15,3	16,2	17,0

Zusammensetzung der Seherschaft des Fußball-Weltmeisterschafts-Endspiels am 29. 6. 86 in Mexico

Erwachsene ab 14 Jahre							Kinder 6–13 Jahre	
Geschlecht		Altersgruppen					Altersgruppen	
Frauen	Männer	14–19 Jahre	20–29 Jahre	30–49 Jahre	50–64 Jahre	ab 65 Jahre	6–9 Jahre	10–13 Jahre
48,3%	51,7%	8,6%	11,9%	34,0%	29,3%	16,1%	26,8%	73,2%

Gesamt: 23,4 Mio. (= 100%)   Gesamt: 1,27 Mio. (= 100%)

Kontakthäufigkeiten lassen sich selbstverständlich auch für kulturelle Sponsorships ermitteln. Von besonderer Bedeutung sind dabei Veranstaltungen, die von den Massenmedien aufgegriffen werden. Als Beispiel soll hier die Rockgruppe Dire Straits genannt werden, die für ihre Tournee von Februar 1985 bis Juni 1986 von dem Unternehmen Philips gesponsert wurde. Am Ende der Tournee hatten bei etwa 250 Konzerten ca. 2,5 Mio. Menschen die Gruppe gesehen und gehört. Es wird geschätzt, daß insgesamt ungefähr 100 Mio. Menschen durch die Veranstaltungen auf Philips aufmerksam gemacht wurden.

Neben der Kontakthäufigkeit ist die *Kontaktqualität* eine wichtige Maßgröße für die Erfassung der kommunikativen Wirkung von Sponsoring-Maßnahmen. Dies soll am Beispiel der Bandenwerbung im Fußball deutlich gemacht werden. Mit der Stoppuhr kann bei Fernsehübertragungen gemessen werden, wie lange eine Bande im Schwenkbereich der Kamera war. In Abhängigkeit von der Plazierung der Bandenwerbung ergeben sich unterschiedliche Werte für die Sponsoren.

Tabelle 17 zeigt dies am Beispiel der Fernsehübertragung des Länderspiels UdSSR-BRD am 28. August 1985. Für alle Banden ergab sich eine durchschnittliche Reichweite von 7,13 Mio. Zuschauern. Die WWK-Versicherung war 19 mal und AGFA 238 mal auf dem Bildschirm zu sehen. Unter Berücksichtigung der Übertragungsdauer ergaben sich Darbietungszeiten für die einzelnen Banden zwischen 45 Sekunden (WWK-Versicherung) und 2,05 Minuten (Leonberger Bausparkasse) (Pfister 1986 b; weitere Untersuchungen über die Banden- und Trikotwerbung bei Müller 1983 b; Naether 1979; Troll 1983 a/b; Dreyer 1986; Beratungsgruppe Tischler GmbH 1978/1982/1985/1986).

Eine neuere Untersuchung zu ausgewählten Wirkungsaspekten der Bandenwerbung wurde im Zusammenhang mit Qualifikationsspielen der deutschen Fußballmannschaft durchgeführt (ENIGMA 1985; Ignaczak 1986). Auf Anregung des GWA-Media-Ausschusses und im Auftrag des ZDF-Werbefernsehens konzentrierte sich die Studie auf die Beantwortung von drei Fragen:

Tabelle 17: Beispiel für die Kontaktqualität der Bandenwerbung im Fußballstadion
Quelle: Pfister 1986 a (A + I, Teleskopie, Telemetric).

Werbungtreibender	Spot-zahl	Dauer Min./ Sek.	Reichw. Mio.	DM/ TSD	Pers. Mio.	Minuten DM/TSD
Leonberger Bau-sparkasse	98	22,05	6,43	7,77	141,78	0,35
Strothmann Joghurt	200	11,45	7,23	6,91	82,78	0,60
Vaillant	166	11,47	7,03	7,11	80,63	0,62
Tom Tailor	228	11,28	7,24	6,90	81,67	0,61
AGFA	238	11,12	7,31	6,83	81,29	0,62
Lux Kupplungen	170	10,48	7,20	6,94	75,46	0,66
Strothmann Wei-zenkorn	217	10,51	7,17	6,97	75,36	0,66
Herforder Pils	176	9,51	7,18	6,96	68,28	0,73
UBIX Kopierer	199	9,28	7,32	6,83	67,93	0,74
Schneider	156	8,54	7,34	6,81	62,68	0,80
Beck's Bier	155	8,56	7,28	6,86	62,32	0,80
Duscholux	170	8,41	7,25	6,89	60,97	0,82
Mustang Jeans	148	8,57	7,05	7,09	60,42	0,83
OBI	129	7,38	7,37	6,78	54,39	0,92
Bauhaus	182	7,42	7,10	7,04	52,68	0,95
Buderus	153	7,08	7,23	6,91	51,19	0,98
Erdgas	128	6,04	7,26	6,88	43,85	1,14
Zeyko Küchen	104	5,53	7,31	6,83	40,42	1,24
Hardenberg Korn	88	4,32	7,36	6,79	31,80	1,57
Spielothek	83	4,08	7,31	6,83	29,82	1,68
Pepsi	28	1,19	6,43	7,77	7,65	6,53
WWK Versiche-rungen	19	0,45	7,06	7,08	3,18	15,74
Gesamt	3235	184,72	7,13	7,01	1317,05	0,81

- Inwieweit wird die Bandenwerbung überhaupt registriert,
  d. h. von welchem *Marken-Recall* kann man bei Fußball-
  Bandenwerbung im Fernsehen ausgehen?
- Wird durch die Bandenwerbung eine kurzfristig meßbare
  Erhöhung der *Marken-Aktualität,* d. h. der Marken-Präsenz,
  im Bewußtsein der Zielgruppen erreicht?

- Wird durch Bandenwerbung die *Affinität* (interpretiert als globale Marken-Sympathie) zu den jeweiligen Marken erhöht?

Bei der Untersuchung wurden in einer unabhängigen Zufalls-Stichprobe Fernsehzuschauer bei drei Qualifikationsspielen zur Fußball-Weltmeisterschaft (April, September, November 1985) vor und nach der Übertragung befragt. Die Testgruppe umfaßte 638 Personen, die Kontrollgruppe insgesamt 459 Personen. Durch den Vergleich der Befragungsergebnisse vor und nach den Spielen bei Kontroll- und Testgruppen sollte die „Werbewirkung" erfaßt werden.

Spontane Marken-Bekanntheit: Aktualität					
	Überhaupt SPONTAN genannt		Spontan An 1. STELLE genannt		
Marken	Kontroll-gruppen %	Test-gruppen %	Kontroll-gruppen %	Test-gruppen %	Anzahl der Wellen
Fotofilm I	76	71	50	45	(3)
Fotofilm II	27	24	4	9	(3)
Baumarkt I	26	25	22	22	(3)
HiFi-Gerät I	20	17	5	7	(2)
Bier I	17	16	6	4	(2)
Fruchtsaft II	19	12	12	6	(2)
Baumarkt II	13	16	9	12	(3)
Bekleidung	14	13	2	7	(1)
Haar Shampoo	14	12	7	6	(3)
Bausparkasse	10	10	4	4	(3)
Fruchtsaft I	11	8	4	3	(2)
HiFi-Gerät II	8	3	3	2	(2)
Fotokopierer	4	6	2	4	(3)
Bier II	4	4	1	3	(2)
Fruchtsaft III	4	4	2	2	(2)
Spirituose I	2	2	1	2	(1)
HiFi-Gerät III	1	2	0	0	(3)
Spirituose II	2	1	2	1	(1)
Spirituose III	–	0	–	–	(1)
Basis: alle Befragten der Kontroll- bzw. Testgruppen in den Wellen					

Schaubild 33: Veränderung der Marken-Aktualität durch Bandenwerbung im Fußball. Quelle: Ignaczak 1986.

Die zugrundegelegten 19 Marken aus 10 Produktgruppen waren im Durchschnitt 108 mal „voll im Bild", d. h. auf dem Bildschirm einwandfrei lesbar zu sehen. Die Recall-Werte wurden ungestützt (spontane Nennungen) und gestützt (Vorgabe von Produktgruppen oder Marken) erfaßt. Es ergaben sich bei den einzelnen Marken:

0% – 3%	spontane Markenbekanntheit,
0% – 12%	produktgruppen-gestützte Markenerinnerung,
12% – 34%	gestützte Markenerinnerung.

Marken-Affinität für ausgewählte beobachtete Marken
– Ausprägung auf einer 10er Skala / 10 = stärkste Sympathie

Marken	Urteilende (mit 8–10) in %	Beurteilungs-Mittelwerte		Urteilende (mit 8–10) in %
		Kontrollgruppe	Testgruppe	
Fotofilm I	67	7,9	7,7	65
Fotofilm II	39	6,3	6,9	48
Baumarkt I	40	6,6	6,6	39
HiFi-Gerät I	51	7,2	7,2	52
Bier I	44	6,3	6,5	44
Fruchtsaft II	74	8,3	7,9	67
Baumarkt II	47	6,8	6,7	47
Fruchtsaft I	63	7,9	7,8	67
HiFi-Gerät II	42	6,6	6,9	47
Bier II	23	4,9	5,6	28
Fruchtsaft III	55	7,4	7,2	54
Durchschnitt aller 19 Marken	46	6,7	6,8	46

Schaubild 34: Veränderung der Marken-Affinität durch Bandenwerbung im Fußball
Quelle: Ignaczak 1986.

Ergebnisse zur Marken-Aktualität und Marken-Affinität sind den Schaubildern 33 und 34 zu entnehmen. Bei den 19 Marken zeigte sich:

- Die Zahl der Marken, bei denen in den Testgruppen spontaner Bekanntheitsgrad und Aktualität höher sind als in den Kontrollgruppen, war nicht größer als die Zahl der Marken, bei denen diese Werte bei den Kontrollgruppen (d. h. ohne Bandenwerbung) höher sind als bei den Testgruppen (also insgesamt nur eine geringe kurzfristig meßbare Erhöhung des spontanen Bekanntheitsgrades; vgl. hierzu Schaubild 33).
- Eine explizit positive Einstellung zu den beobachteten Marken signalisierten im Durchschnitt 46 Prozent der Befragten der Kontroll- und Testgruppen; die Mittelwerte lagen bei 6,7 bzw. 6,8 (also insgesamt nur ein geringer „Sympathie-Transfer" vom Sportereignis auf die Marke; vgl. hierzu Schaubild 34).

Die Ergebnisse zur Einstellung gegenüber der Bandenwerbung zeigten bei dieser Studie, daß 24 Prozent der Befragten der Bandenwerbung bei Fernsehübertragungen von Fußballspielen positiv gegenüberstehen, 14 Prozent sind gegen diese Werbung und 62 Prozent ist es „egal" (Ignaczak 1986).

Ergebnisse der Berechnung von Kosten-Nutzen-Relationen

Hauptziel einer Wirkungsanalyse muß es sein, neben der Erfassung psychografischer Zielwirkungen eine Kosten-Nutzen-Betrachtung vorzunehmen. Für die Sponsoring-Maßnahmen müssen gegenübergestellt werden:

☐ *Die Kosten der Sponsoring-Maßnahmen*
Diese Kosten werden erfaßt als bewerteter Aufwand für das Sponsoring (Ausgaben für Teile oder den gesamten Sponsoring-Etat).

☐ *Der Nutzen der Sponsoring-Maßnahmen*

Zum Nutzen der Sponsoring-Maßnahmen zählen alle Leistungen, die mit dem Sponsoring erzielt werden können. Der Nutzen des Sponsoring wird vielfach in der Weise ermittelt, daß die erzielte Medienwirkung mit Preisen kalkuliert wird, die man „normalerweise" für die Werbung hätte zahlen müssen (z. B. Schaltungen im Werbefernsehen, sog. Opportunitätskosten).

Insgesamt ergibt sich die Effizienz des Sponsoring durch Betrachtung der Kosten-Nutzen-Relation. Dabei sind zwei Vorgehensweisen zu beobachten:

– Vergleich der Sponsoring-Kosten mit den bewerteten Wirkungen der Werbeträger (sog. *kalkulatorischer Werbenutzen*) in absoluten Beträgen.
– Vergleich von Kosten-Nutzen-Relationen im Inter-Media-Vergleich (z. B. Berechnung von *Tausender-Preisen*).

Ein Beispiel für die *Berechnung des Werbenutzens* zeigt Schaubild 35.

Ebenso sei angemerkt, daß beispielsweise der 1. FC Köln in der Fußballsaison 1982/83 insgesamt in ARD und ZDF 8,5 Stunden auf dem Bildschirm zu sehen war. Die Kosten des Werbevertrages mit dem Hauptsponsor (Trikotwerbung u. a.) betrugen etwa 1 Mio. DM und waren im Vergleich mit den Kosten einer Werbeminute im ARD (90000 DM) oder ZDF (135000 DM) verhältnismäßig gering (Dorenbeck 1986).

Eine anderes empirisches Beispiel soll für die Berechnung des *Tausenderpreises* herangezogen werden. Tabelle 17 zeigt verschiedene Einschaltzeiten der Bandenwerbung in einem Fußball-Länderspiel. Betrachtet man etwa die Länge der von der Leonberger Bausparkassen eingesetzten Bande unter Berücksichtigung des Bandenpreises von 50000 DM, dann ergibt sich ein Tausender-Seher-Preis von 7,77 DM und ein Tausender-Kontakt-Preis pro Minute von 0,35 DM. Diese Werte liegen weit unter vergleichbaren Tausenderpreisen (Pfister 1986a).

Schaubild 35: Versuch der Quantifizierung des Werbenutzens von Sponsoring-Aktivitäten

Werbenutzen aus Sportaktivitäten 19..

1. Fernsehen
   Über 17 Rallye-Veranstaltungen wurden in ARD und ZDF berichtet:

		Kosten pro Sendeminute	*Kosten Total*	*Werbenutzen*
Sendedauer gesamt:	369 Min.			
ARD regional:	224 Min.	DM 14 100,–	DM 3 158 400,–	
ARD überregional:	52 Min.	DM 127 885,–	DM 6 650 020,–	
ZDF:	93 Min.	DM 84 475,–	DM 7 856 175,–	
			DM 17 664 595,–	

   Legt man bei einer zurückhaltenden Einschätzung einen Werbeanteil von 5% zugrunde, ergibt sich ein Werbenutzen von — DM 883 230,–

2. Video-Filme
   2 Video-Filme über 2 Veranstaltungen wurden von einem Privatunternehmen zum Kauf und Verleih angeboten:
   Sendedauer gesamt: ca. 50 Min. DM 1000,– — DM 50 000,–

   2.1 ADAC-Film über Rallye Deutschland (Verleih über Zentrale München)
   Filmlänge ca. 35 Min. — DM 50 000,–
   DM 100 000,–

   Werbeanteil 10% — DM 10 000,–

3. Fachzeitschriften
   3.1 „ADAC Motorwelt" (Auflage: 7 Millionen)

In 2 Ausgaben des offiziellen Mitteilungsblattes des ADAC Abbildung des Opel Ascona-Siegerautos der ADAC Rallye Deutschland; einmal Titelseite DIN A 4 bunt sowie 2 1/1 Seiten bunt – Anlage –. Ausgabe 4/82 der „motorwelt" berichtet auf einer farbigen Doppelseite über den Rallye-Sport.

Vergleichbare Anzeigenkosten:

Titelseite	DIN A 4 bunt	DM 450 000,–	DM 450 000,–
2/1 Seite	DIN A 4 bunt (Nutzen 50%)	DM 260 000,–	DM 130 000,–
1/4 Seite	DIN A 4 bunt	DM 32 500,–	DM 32 500,–
1/8 Seite	DIN A 4 bunt	DM 16 250,–	DM 16 250,–
			DM 1 521 980,–

3.2 Übrige Zeitschriften:
In 5 der bedeutendsten Motor-Zeitschriften (verkaufte Gesamtauflage: 860 000 St. pro Ausgabe) wurden insgesamt 108 Abbildungen mit Werbung veröffentlicht, davon 48 Bunt- und 60 S/W-Aufnahmen. Die Publikationen entsprechen einer 1/8seiten Anzeige, und auf Basis der jeweils gültigen Anzeigenpreisliste ermittelt sich der Werbenutzen in Höhe von   DM 122 500,–

4. Sportanzeigen
4.1 ONS Clubsport-Mitteilungen (Auflage: 28 000 Stück)
4 Ausgaben à DM 1 187,–   DM 4700,–
4.2 27 kostenlose Anzeigen wurden in Ausschreibungen, Programmen, Bordbüchern sowie Ergebnislisten geschaltet   DM 13 500,–

5.	Aktivitäten Fahrzeugfabriken	
5.1	Adam Opel AG	
5.1.1	Produktion eines Opel-Rallye-Posters in einer Auflage von 20 000 St., das an 2200 Opel-Händler verteilt wurde.	DM 16 000,–
5.1.2	Herausgabe des Irmscher-Sportkalenders mit 12 Poster in der Größe 42 × 25 cm (Auflage: 20 000 Stück)	DM 4000,–
	Unbewertet bleiben nachstehend aufgeführte Aktivitäten und Publikationen	DM 1 682 680,–
5.1.3	Veröffentlichung von Rallyefahrzeugen mit Werbung in Opel-Hauszeitschriften (Verteilung an 2200 Opel-Händler)	
5.1.4	Werbung für Opel Kadett Cup mit Werbung in Fachzeitschriften, wie z. B. ,Sportfahrer', ,rallye-racing' etc.	
5.1.5	Opel-Händler Verkaufsförderungs-Material für Kadett Cup um die Trophies (Aufkleber, Prospekte)	
6.1	Abbildung mit Werbung in Tageszeitungen und lokalen Motorsportzeitschriften	
6.2	Herausgabe von Rallye-Büchern	
6.2.1	„Der Rallyesport 82/83"	
6.2.2	„Das Rallye-Jahrbuch 82/83" Rallyeereignisse auf 250 Seiten mit 220 S/W-Fotos und 80 Farbaufnahmen (Auflage ca. 8000 Stück)	
6.2.3	Rallye-Sportkalender 83 12 Poster (Format 50 × 40 cm) über die WM und Internationale Deutsche Meisterschaft	

6.3	Autogramm-Postkarten	
6.3.1	Opel Ascona 400/2000 I mit Werbung (Einsatz bei der IDRaM), Auflage: 10 000	
6.3.2	VW Golf GTL mit Werbung (Einsatz bei der IDRaM) Auflage: 10 000	
6.3.3	Porsche 911 im Design (Einsatz bei der IDRaM) Auflage: 5000 Stück	
6.4	Veröffentlichungen von Rallye-Fahrzeugen mit Werbung in Hauszeitschriften der Unternehmen Sachs, Hella etc.	
7.	Pressemitteilungen, Poster, Rallye-Schilder mit Emblem bei Veranstaltern der	
7.1	Hunsrück-Rallye	
7.2	Hessen-Rallye	
7.3	Sachs-Baltic-Rallye	
7.4	8 übrige Veranstaltungen	
8.	Einsatz von Organisationsmitteln bei 76 Veranstaltungen (60 ONS-Clubsport-Meisterschaftsläufe)	
8.1	Startnummer:	10 000 Ziffern
8.2	Richtungspfeile:	9500 Stück
8.3	Fahrermappen:	1000 Stück
8.4	Aufkleber „Nur für Motorsportzwecke" ca.	25 000 Stück

9. Verkauf von 2,7 t Schmieröl zum Sonderangebot für Besitzer einer Fahrerlizenz.
   Entsprechende Anzeige in 4 Ausgaben der ONS Clubsport-Mitteilungen
10. Verkauf von Sport-Shop-Artikeln
10.1 150 Fahreranzüge
10.2 750 übrige Artikel bzw. T-Shirts, Sport-Blousons, Sweatshirts, Polohemden mit Emblem.
11. Ausstellung von Rallyefahrzeugen bei Messen und ähnlichen Veranstaltungen (z. B. Motor-Show Essen)

Anmerkungen:

Die 5 bedeutenden Motorsport-Zeitschriften sind:

a)	Auto, motor, sport	Verk.-Auflage	DM 460 000, –
b)	sport-auto	–"–	DM 91 000, –
c)	auto-Zeitung	–"–	DM 165 000, –
d)	rallye-racing	–"–	DM 93 500, –
e)	sport-fahrer	–"–	DM 49 000, –

Zusammenfassung des Werbenutzens:

1. Fernsehen	DM 883 230, –
2. Video Filme	DM 10 000, –
3. Fachzeitschriften	DM 751 250, –
4. Sportanzeigen	DM 18 200, –
5. Aktivitäten Fahrzeugfabriken	DM 20 000, –
	DM 1 682 680, –

zuzüglich nicht im Umfang erfaßbare und daher unbewertet gebliebene Aktivitäten/Publikationen.

Zur Problematik von Sponsoring-Wirkungskontrollen

Nach Meinung von kritischen Werbewirkungsforschern steht die Erforschung der werblichen Wirkung des Sponsoring da, „wo sich die klassische Werbung vor 30–40 Jahren befunden hat" (Amstad 1986). Diese Situationsbeschreibung bezieht sich nicht nur auf die Tatsache, daß die inhaltlichen und methodischen Mängel an den klassischen Verfahren der Wirkungsanalyse selbstverständlich auch für die Einsatzbereiche im Sponsoring gelten (z. B. Kritik an den Recall-Verfahren). Vielfach verzichten die Unternehmen auf jede Form der Messung der Werbewirkung von Sponsoring-Maßnahmen. Nach einer schriftlichen Befragung aus dem Jahre 1986 verzichteten 19 von 53 Unternehmen auf eine Wirkungskontrolle bei der Sportwerbung. Wenn Wirkungsanalysen durchgeführt werden, dann stehen Mediaauswertungen und eigene Primärerhebungen im Vordergrund (Hermanns/Drees/Püttmann 1986; Hermanns/Woern 1986).

Insgesamt muß darauf hingewiesen werden, daß über einige der beim Sponsoring ablaufenden kommunikativen Prozesse bislang kaum Informationen vorliegen. Hier sind weitere Untersuchungen unbedingt notwendig. Dazu zählen beispielsweise die folgenden Analysebereiche:

☐ *Imagewirkungen und Imagetransfer*
  Es ist erforderlich, die Wirkungen von Sponsoring-Maßnahmen auf die Veränderung des Images der Zielpersonen zu erfassen. Vor allem ist es von Interesse, ob die beabsichtigten Imagetransfers vom Gesponserten auf den Sponsor stattgefunden haben (Kohl/Otker 1986; Estermann 1980; Sohm 1975).

☐ *Wirkung der Sponsoring-Maßnahmen im Zeitablauf*
  Für Sponsor-Unternehmen ist es notwendig, eine Ermittlung von Lern- und Vergessensraten bei Sponsoring-Engagements sowie möglicher carry over-Effekte (Steffenhagen 1978) vor-

zunehmen. Teilweise sind noch Erinnerungsraten zu verzeichnen, obwohl das Produkt bzw. Unternehmen nicht mehr als Sponsor auftritt (o. V. 1980; o. V. 1982).

☐ *Kumulationseffekte beim Sponsoring-Einsatz*
Ebenso müssen Wirkungen erfaßt werden, die bei mehrmaligen Kontakten mit der Werbebotschaft auftreten. Auch beim Sponsoring ist die Wirkung in Abhängigkeit vom erzeugten Werbedruck zu untersuchen.

☐ *Synergieeffekte beim Sponsoring-Einsatz*
Sponsoring-Maßnahmen werden nicht isoliert eingesetzt. Sie sind in ihrer Wirkung in Verbindung mit den zahlreichen Werbemitteln bei einem Sponsoring-Projekt, den anderen Sponsoring-Engagements des Unternehmens sowie der erfolgreichen Einbindung des Sponsoring in die Unternehmens-Kommunikation zu analysieren.

☐ *Einbeziehung des Mediaverhaltens*
Es reicht nicht aus, einen kalkulatorischen Werbenutzen zu berechnen, ohne Informationen über das Mediaverhalten zu berücksichtigen. Die Fernseh- und Printmedienforschung muß hier vertiefende Studien durchführen, um die Mediawirkung besser beurteilen zu können.

☐ *Kaufrelevanz des Sponsoring*
Mittel- bis langfristig sind Informationen über den Einfluß des Sponsoring auf die Veränderung der Kaufbereitschaft und des Kaufverhaltens von Interesse. In einer Studie des Kölner Instituts für empirische Psychologie wurde festgestellt, daß es für 90 Prozent der befragten Personen beim Kauf von Sportausrüstungen völlig unwichtig ist, welcher Sportler für welches Fabrikat Werbung macht (Vitinius 1986). Jedoch sind hier vor allem Längsschnittanalysen erforderlich.

Die Wirkung des Sponsoring muß im Gesamtzusammenhang des Kommunikations-Mix im Unternehmen und im Vergleich der Leistungsfähigkeit zwischen den einzelnen Instrumenten und Maßnahmen betrachtet werden. Nach einer Untersuchung der Studiengruppe Naether liegen die Werbeerinnerungen bei der Sportwerbung über denen normaler Fernsehspots (Spieser 1983). Es sind jedoch bei der Wahrnehmung von Werbebotschaften beim Sponsoring noch zahlreiche weitere *Einflußgrößen der Wirkung* zu berücksichtigen:

- *Einstellung der Zielgruppe* zur Werbung im Rahmen des Sponsoring,
- *Verhalten der Medien* bei gesponserten Veranstaltungen (Kameraleute, Redakteure, Fotografen u. a.),
- *Intensität der Werbung* bei gesponserten Veranstaltungen (nachlassende Wirkung und Entstehung von Aversionen bei sog. „Werbefriedhöfen"),
- *Gestaltung und Darbietungszeit der Werbebotschaft* (Tischler 1977; Hermanns 1985; Hermanns/Drees/Wangen 1986),
- *Niveau des Bekanntheitsgrades* des Markenzeichens, das auf einem hohen Niveau eine leichtere Erinnerung ermöglicht (Hermanns 1985).

Die bisherigen Untersuchungen über die Wirkung von Sponsoring-Maßnahmen beziehen sich hauptsächlich auf die medienwirksame Sportwerbung. Im Bereich des Kultur- und Sozio-Sponsoring sind die quantitativen Analysen bislang von eher geringer Bedeutung (mit Ausnahme des Film-Sponsoring). In den klassischen kulturellen und sozialen Bereichen werden es vor allem qualitative Wirkungsmessungen sein, die die Zielwirkungen erfassen können.

8. Kapitel

Entwicklungstendenzen des Sponsoring

Es darf nicht außer acht gelassen werden, daß Sponsoring mit erheblichen Risiken behaftet ist. Kein Sponsor ist gegen schlechte Leistungen des Gesponserten gefeit und – damit einhergehend – einem negativen Imagetransfer. Es ist auch eine öffentliche Kritik an bestimmten Sponsoring-Maßnahmen festzustellen. Demgegenüber sprechen zahlreiche Gründe für eine wachsende Bedeutung des Sponsoring, u. a. die abnehmende Werbewirkung bestimmter Werbeträger und das zunehmende Interesse der Bundesbürger an sportlichen und kulturellen Ereignissen. Im letzten Kapitel werden die zentralen Aussagen der vorangegangenen Kapitel noch einmal thesenhaft aufgegriffen und durch die erkennbaren Entwicklungsperspektiven ergänzt.

Sponsoring ist ein Kommunikationsinstrument, das ein systematisches Vorgehen erfordert. Eine bewußt geplante kommunikative Wirkung ist nur dann zu erreichen, wenn der Sponsoring-Planungsprozeß und die in den einzelnen Phasen enthaltenen Entscheidungsprobleme beachtet werden. Betrachtet man die Stellung des Sponsoring in der heutigen Kommunikationsarbeit und die erkennbaren Entwicklungsperspektiven des Sponsoring (Bruhn 1987), dann lassen sich die folgenden zehn Thesen zusammenfassen:

These 1:
Sponsoring basiert auf der konsequenten Einhaltung des Prinzips von Leistung des Sponsors und Gegenleistung des Gesponserten.

Der Sponsor setzt Geld und Sachmittel ein in der Erwartung, von Gesponserten Gegenleistungen (z. B. Nutzung von Markennamen bei Veranstaltungen, Verwendung in der unternehmensbezogenen Werbung) zu erhalten. Sponsoring wird sich in jenen Bereichen erfolgreich entwickeln, in denen das Prinzip der Leistung und Gegenleistung eingehalten wird. Bei dieser spezifischen Form der Partnerschaft dürfen beide Kooperationspartner nicht übervorteilt werden. Sponsor und Gesponserter müssen gegenseitig jedoch auch deutlich ihre Erwartungshaltung formulieren.

These 2:
Sponsoring ist als ein systematischer Entscheidungsprozeß anzusehen, der von Unternehmen professionell betrieben werden muß.

Aus Unternehmenssicht reicht es nicht aus, einem Gesponserten Zuwendungen zukommen zu lassen und die erhoffte Wirkung abzuwarten. Vielmehr ist es erforderlich, auf der Grundlage einer Situationsanalyse und Zielformulierung die Maßnahmen im einzelnen zu planen, zu organisieren, durchzuführen und zu kontrollieren. Die Beträge für Sponsoring-Engagements haben zwischenzeitlich ein relativ hohes Niveau erreicht, und es ist notwendig, sich intensiver mit Fragestellungen der Zielgruppenplanung, der Entwicklung einer Sponsoring-Strategie, der rechtlichen Gestaltung des Sponsoring, der Wirkungsanalyse u. a. zu beschäftigen.

These 3:
Sponsoring ist ein Kommunikationsinstrument mit vielfältigen Einsatzmöglichkeiten in den Bereichen Sport, Kultur und im sozialen Bereich.

Während auch heute noch in Deutschland der Schwerpunkt des Sponsoring eindeutig im Sport liegt (vor allem Motorsport, Fußball, Reitsport, Ski, Tennis), finden sich neue Anwendungsbereiche bei kulturellen und sozialen Aktivitäten. So sind heute bereits einige Unternehmen (z. B. American Express, Philips, Daimler-Benz, Audi) innovativ in dem Bestreben, sich beim Sponsoring in den Bereichen Kultur und Soziales, also beispielsweise für Schauspiel, Ausstellung, Musik, Literatur, Film, Gesundheitswesen, Umweltschutz, Wissenschaft/Ausbildung usw. zu engagieren.

These 4:
In der Praxis sind noch zahlreiche Unsicherheiten über die Einbindung des Sponsoring in die Kommunikationsarbeit zu beobachten.

Die Gründe dafür liegen einmal in den teilweise fehlenden Informationen über den Sponsoring-Markt, wie etwa unzureichenden Zielgruppendaten oder fehlenden Wirkungsanalysen. Hier ist es die Aufgabe der Medien, der Sponsoring-Agenturen, der Sponsor-Unternehmen, des Veranstalters von gesponserten Aktivitäten usw., genauere Informationen zu beschaffen und sie der interessierten Öffentlichkeit für eine fundierte Entscheidung zur Verfügung zu stellen.

Zum anderen ist das Sponsoring in vielen Unternehmen (noch) ein tabuisiertes Thema und wird stärker mit Mäzenatentum als mit dem professionellen Einsatz eines Kommunikationsinstrumentes assoziiert. Die Tabuisierung ist allerdings auch bei Gesponserten anzutreffen, insbesondere im kulturellen und sozialen Bereich.

These 5:
Sponsoring ist als ein Baustein im Rahmen der integrierten Kommunikation von Unternehmen anzusehen.

Es ist wenig sinnvoll, wenn Sponsoring unabhängig von den anzustrebenden Kommunikationszielen eines Unternehmens geplant wird. Vielmehr hat sich auch das Sponsoring an der *Corporate Identity* eines Unternehmens auszurichten. Der Corporate Identity kommt die Funktion zu, eine Leitstrategie aller kommunikativen Strategien und Maßnahmen eines Unternehmens zu sein. Sie ist Grundlage für die *Corporate Communication,* bei der die Identität des Unternehmens in Kommunikation umgesetzt wird und das strategische Dach für die unterschiedlichen Kommunikationsaktivitäten nach innen und außen bildet.

Ein systematischer Einsatz des Sponsoring hat sich an dem durch die Corporate Communication gesetzten Rahmen zu orientieren. Dabei ist es notwendig, Sponsoring im Verbund mit dem Einsatz der anderen Kommunikationsinstrumente wie der *Werbung* (z. B. Verwendung von Personen, Emblemen usw. in der Anzeigenwerbung), der *Verkaufsförderung* (z. B. Einbeziehung von gesponserten Personen oder Gruppen in Verkaufsförderungsaktionen, die sich an den Handel oder die Konsumenten richten), der *Public Relations* (z. B. Darstellung der Sponsoring-Aktivitäten in der Pressearbeit oder Nutzung für die Kontaktpflege mit unternehmensrelevanten Personen) sowie der anderen Kommunikationsinstrumente zu koordinieren.

These 6:
Auch im Sponsoring können durch Kreativität ungewöhnliche Formen gefunden und für die Kommunikationsarbeit genutzt werden.

In zahlreichen Fällen müssen sich Unternehmen mit der Rolle eines Neben-Sponsors begnügen, weil ein Exklusiv-Sponsorship nicht möglich oder zu teuer ist. Der werbliche Nutzen für die Co-Sponsoren ist jedoch umstritten. Wenn eine Dominanz als Sponsor nicht erreicht werden kann, ist es für Unternehmen vielfach zweckmäßig, neue und ungewöhnliche Formen des Sponsoring zu suchen. Im kulturellen und sozialen Bereich liegen noch zahlreiche Einsatzfelder vor, die durch kreatives Sponsoring erschlossen werden können. In diesem Zusammenhang ist auch an die Initiierung eigener Sponsoring-Projekte (Veranstaltungen, Ausschreibungen usw.) zu denken. Alpirsbacher Klosterbräu hat beispielsweise zahlreiche eigene Sponsoring-Projekte entwickelt und durchgeführt (z. B. Wandertag, Glasbläserei, Kunstausstellung, Forschungsprojekte).

These 7:
Jede Sponsoring-DM verlangt zusätzlich eine (bzw. mehrere) Vermarktungs-DM.

Es reicht für Unternehmen nicht aus, den geforderten Betrag für das Sponsorship zu zahlen (z. B. Trikot-Werbung für eine Saison, Titel-Sponsoring bei Veranstaltungen) und die kommunikative Wirkung abzuwarten. Ein Sponsoring-Engagement läßt sich nur sinnvoll nutzen, wenn sowohl eine Vor- als auch Nachbearbeitung der Sponsoring-Aktivitäten vorgenommen wird. Dies gilt für Verbundmaßnahmen mit anderen Instrumenten und für die unternehmensinterne Planung und Koordination des Sponsoring gleichermaßen. Erfahrungsgemäß ist dies mit Kosten verbunden (Sponsoring-Summe, Aktions-Budget, Nachbereitungsaufwand, Agenturprovision), die realistisch vorher abgeschätzt werden müssen.

These 8:
Das ökonomische Umfeld im Sponsoring-Markt spricht für eine wachsende Bedeutung des Sponsoring (sponsoringfördernde Faktoren).

Es lassen sich zahlreiche Gründe anführen, die für eine zunehmende Bedeutung des Sponsoring in den kommenden Jahrzehnten sprechen. Als sponsoringfördernde Faktoren lassen sich erwähnen: die steigenden Mediakosten der klassischen Werbeträger, die zunehmenden rechtlichen Werbebeschränkungen in einigen Branchen, die abnehmende Werbewirkung der klassischen Werbeträger, die intensivere Medienkonkurrenz verschiedener Programmanbieter, das zunehmende Freizeitinteresse der

Bundesbürger an Sport und Kultur, die Kürzung von staatlichen Zuschüssen für sportliche, kulturelle und soziale Institutionen, die zunehmende Bereitschaft von Institutionen zur Vereinbarung eines Sponsorships u. a. m.

These 9:
Bei der Entwicklung des Sponsoring muß zukünftig sorgfältig auf die potentiellen Probleme geachtet werden. Dies gilt auch für die Auseinandersetzung mit der gesellschaftspolitischen Kritik am Sponsoring (sponsoringhemmende Faktoren). Alle Beteiligten (Sponsoren, Gesponserte, Medien) müssen die Kritikpunkte aufgreifen und sich an der Diskussion beteiligen.

Jede Vereinbarung eines Sponsorships ist notwendigerweise für das Unternehmen mit Risiken verbunden. Als sponsoringhemmende Faktoren lassen sich beispielsweise das Risiko eines negativen Imagetransfers bei schlechter Leistung des Gesponserten, die begrenzten Möglichkeiten der werblichen Gestaltung der Sponsoring-Maßnahmen (z. B. Bandenwerbung), das Risiko des schwer kalkulierbaren Medieninteresses an den Sponsoring-Aktivitäten, die Schwierigkeit der Berechnung von Preis-Leistungs-Relationen usw. erwähnen.

Ferner ist zu erwarten, daß sich das Sponsoring mit einer gesellschaftspolitischen Kritik auseinanderzusetzen hat. Hier sind beispielsweise Kritikpunkte wie die Verkümmerung des Mäzenatentums, die Kommerzialisierung der Aktivitäten und dadurch ein mangelndes ehrenamtliches Engagement in diesen Bereichen, der Verlust des persönlichen Freiheitsspielraumes und das Antasten der Menschenwürde beim Sponsoring von Einzelpersonen, die zunehmende Konkurrenz zwischen Personen und Organisationen in Bezug auf finanzielle Zuwendungen der Wirtschaft, die Irreführung des Rezipienten durch „unterschwellige Werbung", die Abhängigkeit von Personen und Organisationen durch Geldgeber u. a. m. zu nennen.

These 10:
Das Sponsoring-Engagement von Unternehmen kann nicht nur nach Kriterien des kurzfristigen Erfolges, sondern muß unter

langfristigen Perspektiven der Einbindung des Sponsoring in die gesamte Unternehmenskommunikation beurteilt werden. Es ist relativ einfach, den Erfolg oder Mißerfolg einer einzelnen Sponsoring-Maßnahme festzustellen. Jedoch wäre es verfehlt, Sponsoring als ein Instrument zur kurzfristigen Erreichung von Kommunikationszielen anzusehen. Das Hauptanliegen des Kommunikationsplaners muß es vielmehr sein, eine *Integration der Sponsoring-Strategie in die Kommunikations-Strategie* vorzunehmen. Nur bei einer langfristigen „strategischen Verklammerung" der verschiedenen Kommunikationsinstrumente lassen sich *Synergiewirkungen* erzielen. Dies macht es erforderlich, die Möglichkeiten der Integration im einzelnen zu überprüfen.

Sponsoring ist ein aktuelles Kommunikationsinstrument, das sich in den nächsten Jahren expansiv entwickeln wird. Für einen sinnvollen Einsatz des Sponsoring ist es notwendig, daß eine systematische Planung und Einbeziehung in die Kommunikationsarbeit des Unternehmens erfolgt. Im Anhang dieses Buches ist eine *Checkliste* mit den wichtigsten Punkten für die Beurteilung von Sponsoring-Engagements eines Unternehmens enthalten.

Die Entwicklung im gesellschaftlichen Bereich zeigt eine Vielzahl von Möglichkeiten für Unternehmen, sich in sportlichen, kulturellen und sozialen Bereichen zu engagieren. Besonders beim Kultur- und Sozio-Sponsoring bestehen erhebliche unausgeschöpfte Potentiale. Dies gilt auch für die zahlreichen Möglichkeiten des selbstinitiierten und kreativen Sponsoring, die sowohl für Großunternehmen als auch für den mittelständischen Bereich zunehmend an Bedeutung gewinnen.

Die Förderung von Sport, Kultur und des Gemeinwesens erlebt seit einigen Jahren einen Wandel vom „klassischen" Mäzenatentum zum systematischen Sponsoring. Dabei wird versucht, im Rahmen eines Sponsoring-Engagements die Erfüllung gesellschaftspolitischer Aufgaben mit eigenständigen Interessen des Unternehmens zu verbinden. Die Sponsor-Unternehmen haben zunehmend erkannt, daß durch ein geschicktes Sponsoring auch kommunikative Ziele für das Unternehmen erreicht werden können.

Für jedes Unternehmen wird es jedoch immer wichtiger, die Entscheidung über ein konkretes Sponsoring-Angebot nicht dem Zufall zu überlassen, als vielmehr sorgfältig zu planen und durchzuführen. Dabei kommt es insbesondere darauf an, Sponsoring im Verbund mit den anderen Kommunikationsinstrumenten des Unternehmens abzustimmen. Ein professionelles Sponsoring auf der Grundlage eines systematischen Entscheidungsprozesses bringt Vorteile für den Sponsor und Gesponserten.

In der Zusammenarbeit zwischen Sponsor und Gesponserten muß jedoch beachtet werden, daß Leistungen und Gegenleistungen im Gleichgewicht gehalten werden. Nur wenn die originären Aktivitäten im sportlichen, kulturellen und sozialen Bereich auch weiterhin im Vordergrund bleiben, können Unternehmen durch ein Sponsoring Chancen für die eigene Kommunikationsarbeit realisieren.

Anhang

Checkliste für die Beurteilung von Sponsoring-Engagements eines Unternehmens

Adressen von Sponsoring-Agenturen (Auswahl)

Literaturverzeichnis

Verzeichnis der Schaubilder, Tabellen, Dokumente und Bildbeispiele

Stichwortverzeichnis

Checkliste

*für die Beurteilung von Sponsoring-Engagements
eines Unternehmens*

In der folgenden Checkliste sind die wichtigsten Fragen formuliert, die bei einem Sponsoring-Engagement von Unternehmen beantwortet werden müssen. Sie beinhalten die wesentlichen Überlegungen zur Formulierung von Sponsoring-Zielen, der Identifikation und Beschreibung von Sponsoring-Zielgruppen, der Planung einer Sponsoring-Strategie, der Entwicklung von Maßnahmen sowie der Sponsoring-Erfolgskontrolle. Die Checkliste kann für Sport-, Kultur- und Sozio-Sponsorships gleichermaßen genutzt werden.

	Beurteilung	*Bemerkungen*
Sponsoring-Ziele und Zielgruppen		
1. Sind die Sponsoring-Ziele nach – Inhalt – Ausmaß – Zeitbezug formuliert?		
2. Sind die Sponsoring-Ziele mit den – Marketing-Zielen – Kommunikations-Zielen inhaltlich und zeitlich abgestimmt?		
3. Werden Sponsoring-Ziele nach verschiedenen Sponsoring-Engagements differenziert?		
4. Sind die Werbe-Zielgruppen des Unternehmens hinreichend genau identifiziert und beschrieben?		

	Beurteilung	Bemerkungen

5. Liegen Informationen über die Freizeitinteressen und das Freizeitverhalten der Werbezielgruppen vor?

6. Sind die PR-Zielgruppen des Unternehmens hinreichend genau identifiziert und beschrieben?

7. Liegen Informationen über spezifische Interessen der PR-Zielgruppen im sportlichen, kulturellen und sozialen Bereich vor?

8. Sind die durch das Sponsoring erreichten Gruppen (Besucher, Medien-Zuschauer) hinreichend genau definiert?

9. Welche Übereinstimmungen bestehen zwischen den Zielgruppen des Unternehmens und den durch den Gesponserten erreichten Gruppen?

10. Werden die verfügbaren Informationsquellen für die Zielgruppenbeschreibung ausgewertet (z. B. Verbände, Statistische Ämter, Mediaanalysen, Marktforschungsberichte u. a. m.)?

Sponsoring-Strategie

1. Liegt eine schriftlich formulierte Sponsoring-Strategie vor, die nach
   - Objekten
   - Botschaftsinhalten
   - Gesponserten
   - Zielgruppen
   - Instrumenten

	Beurteilung	Bemerkungen

hinreichend genug differenziert?

2. Liegt eine Corporate Identity-
Strategie vor, und werden
Kommunikationsstrategien für
die einzelnen Produkte formuliert?

3. Wird die Sponsoring-Strategie
mit
– der Corporate Identity-
Strategie und
– den Kommunikations-
strategien
im einzelnen hinreichend genau
– inhaltlich und
– zeitlich
abgestimmt?

4. Wird die Auswahl der Gesponserten systematisch und unter
Einbeziehung eines transparenten
Entscheidungsverfahrens vorgenommen?

5. Werden die anzustrebenden Imagemerkmale des Unternehmens
mit den Imagemerkmalen des
Sponsoring-Bereiches verglichen?

6. Werden bei der Entscheidung
über die Wahl von Einzelpersonen als Gesponserte eindeutige
Beurteilungskriterien entwickelt?

7. Werden bei der Entscheidung
über das Sponsoring von Organisationen konkrete Beurteilungskriterien zugrundegelegt und
miteinander verglichen?

	Beurteilung	*Bemerkungen*
8. Werden bei der Entscheidung über das Sponsoring von Veranstaltungen Beurteilungskriterien formuliert und für die Entscheidung zugrundegelegt?		
9. Werden bei der Aufstellung der Beurteilungskriterien und der Entscheidung über den Sponsoring-Bereich die anderen von der Kommunikationsarbeit betroffenen Personen und Abteilungen hinreichend beteiligt?		
10. Wird bei der Entscheidung über die Sponsoring-Bereiche auch die Kreierung eigener Sponsoring-Projekte berücksichtigt?		
Sponsoring-Instrumente und Maßnahmen		
1. Werden die mit dem Sponsoring verbundenen Werbemöglichkeiten (Beanspruchung verschiedener Werbemittel) ausgeschöpft?		
2. Sind die mit dem Sponsoring verbundenen Möglichkeiten der Pressearbeit (vor, während und nach dem Sponsoring) ausgeschöpft?		
3. Werden die Möglichkeiten der Nutzung des Sponsoring für die Kontaktpflege mit unternehmensrelevanten Personen ausgeschöpft?		
4. Bestehen Möglichkeiten der Einbeziehung des Sponsoring in die eigene Unternehmens-		

	Beurteilung	Bemerkungen
kommunikation, insbesondere in den Bereichen – klassische Werbung, – Verkaufsförderung, – Öffentlichkeitsarbeit?		
5. Sind die Maßnahmen des Sponsoring – inhaltlich und – zeitlich mit den anderen Marketing-Abteilungen abgestimmt?		
6. Ist ein Sponsoring-Koordinator bestimmt und werden Initiativen zur Nutzung des Sponsoring in den anderen Abteilungen entwickelt?		
7. Ist die Höhe des Sponsoring-Budgets vor Beginn des Engagements festgelegt, und sind die einzelnen Positionen, wie – Sponsoring-Betrag, – Aktions-Budget, – Personalkosten, – Provisionsleistungen, – Nachbereitungsaufwand genau kalkuliert?		
8. Liegt ein Plan der Aufteilung des Sponsoring-Etats in sachlicher und zeitlicher Hinsicht vor?		
9. Sind die einzelnen Sponsoring-Maßnahmen (Leistungen des Sponsors und Gegenleistungen des Gesponserten) Gegenstand einer vertraglichen Vereinbarung?		

	Beurteilung	Bemerkungen

10. Gibt es Sponsoring-Agenturen, die Hilfestellung bei der Verbesserung des Sponsoring-Engagements leisten können?

Sponsoring-Erfolgskontrolle

1. Können Recall- und Recognition-Tests eingesetzt werden, um die
   - Wissens- und
   - Erinnerungswirkungen
   des Sponsoring-Engagements zu messen?

2. Können die Kontakthäufigkeit und die Kontaktqualität der Sponsoring-Maßnahmen berechnet und beurteilt werden?

3. Bestehen Möglichkeiten der Messung von Imagewirkungen der Sponsoring-Maßnahmen?

4. Bestehen Möglichkeiten der Quantifizierung des kommunikativen Nutzens der Sponsoring-Maßnahmen, und können Kosten-Nutzen-Relationen aufgestellt werden?

5. Welche weiteren Kontrollmöglichkeiten bestehen hinsichtlich der beabsichtigten Zielwirkungen?

6. Können Schlußfolgerungen für zukünftige Sponsoring-Engagements im Hinblick auf
   - die Sponsoring-Ziele,
   - die Sponsoring-Strategie,

	Beurteilung	Bemerkungen
– das Sponsoring-Budget, – die Sponsoring-Maßnahmen, – die Sponsoring-Erfolgs- kontrolle gezogen werden?		

Adressen von Sponsoring-Agenturen (Auswahl)

ADVANTAGE INTERNATIONAL DEUTSCHLAND
GmbH & Co. KG
Neuenhöfer Allee 49–51
5000 Köln 41

BIRKHOLZ + JEDLICKI GmbH
Agentur für Sport-Kommunikation
Liebigstraße 20
6000 Frankfurt/Main

CWL-WERBUNG
Cesar W. Lüthi
Am Remisberg
Postfach 259
CH-8280 Kreuzlingen/Schweiz

DFS + R
Daneer Fitzgerald Sample of Roth
Possarstraße 11
8000 München 80

EFFEKT–WERBUNG
Eulenkrugstraße 82
2000 Hamburg 67

GLORIA TRANSPARENT INTERNATIONAL
Kasernenstraße 103
CH-9100 Herisan/Schweiz

HÖGEL-SPORTMARKETING
Segeln und Surfen
Grünewaldstraße 34
5600 Wuppertal 11

INTERNATIONAL MANAGEMENT GROUP GmbH
Maximilianstraße 38/III
8000 München 22

ISL MARKETING GmbH
International Sports, Culture and Leisure Marketing
Schreinerstraße 7
8000 München

MARKETING PARTNER CONSULT
Willi Schnitzer-Weg 36
8500 Nürnberg 90

M-I-D
Marktinformationsdienst GmbH
Postfach 5829
4000 Düsseldorf 1

PRESSEDIENST HÖLTERS
Hildeboldstraße 3
8000 München 40

PROFESSIONELLES SPORT-MANAGEMENT
Possartstraße 13
8000 München 80

SCHNELL + PARTNER
Sportpromotion Verlag GmbH
Walter-Kolb-Straße 13
6000 Frankfurt/Main 70

SPORT MARKETING GESELLSCHAFT
Otto-Hahn-Straße 18
7000 Stuttgart

SPORTIVE WERBEPRODUKTION
Frauenhoferstraße 8
8033 Martinsried

STUDIENGRUPPE NAETHER GmbH
Osdorfer Weg 147
2000 Hamburg 52

UNI-SPONSORING AG
Kohlrainstraße 10
CH-8700 Küsnacht/Schweiz

VERLAGSGRUPPE TISCHLER
Postfach 301770
1000 Berlin 31

WEST-NALLY GmbH
Kriegerstraße 13
7000 Stuttgart 1

Literaturverzeichnis

Amstad, P. (1986), Investition oder Mäzenatentum, in: Werbung-Publicité, Nr. 6, S. 8–12.

Antonoff, R. (1984), Corporate Identity Report '84, Frankfurt/Main.

Aumüller, J. (1986), Sponsoring in der Praxis – Integration in die Unternehmens- und Kommunikationsstrategie, in: Sponsoring. BDW Deutscher Kommunikationsverband, Hrsg.: H. D. Dahlhoff, Bonn.

AWA (1984), Allensbacher Werbeträgeranalyse AWA, Band I.

Benzol, E. (1986), Marketing in der Mäzenatenrolle, in: Absatzwirtschaft, Nr. 10 (Sonderausgabe), S. 248–252.

Beratungsgruppe Tischler GmbH (Hrsg.) (1978), Sportwerbung bei der Fußball-WM 1978, Berlin.

Beratungsgruppe Tischler GmbH (Hrsg.) (1982), Sportwerbung bei der Fußball-WM 1982, Berlin.

Beratungsgruppe Tischler GmbH (Hrsg.) (1985), Sportwerbung – Wirkungen und Werbewert, 8. Aufl., Berlin.

Beratungsgruppe Tischler GmbH (Hrsg.) (1986), Sportwerbung bei der Fußball-WM 1982, Berlin.

Biglia, T./Mazzani, R. (1986), Horse Racing Sponsorship, in: Seminar on Below-The-Line and Sponsoring, Hrsg.: ESOMAR, Amsterdam, S. 99–104.

Birkholz, M. (1984), Fußballer und Reiter, Hochspringer und Golfer, in: Blick durch die Wirtschaft, Nr. 108, S. 1.

Birkholz, M. (1985), Werbung in der Fußball-Bundesliga, in: Blick durch die Wirtschaft, Nr. 146.

Birkigt, K./Stadler, M. M. (1985), Corporate Identity, 2. Aufl., München.

Bossers, C. (1986), Philips will Impulse geben – Sponsorship verknüpft Förderung und Unternehmens-Nutzen. Kurzfassung eines Vortrages vom 25. Mai 1986 in Bonn.

Bruhn, M. (1987), Sponsoring, in: Harvard Manager, Nr. 3.

Bürger, J. H. (1986), Public Promotions, Essen.

Christofani, A. (1986), Sponsorship: Image Strategy and Integrated Communication, in: Seminar on Below-The-Line and Sponsoring, Hrsg.: ESOMAR, Amsterdam, S. 67–77.

CWL-Werbung (Hrsg.) (1984), Dokumentation Sportwerbung, Kreuzlingen/Schweiz.

Dahlhoff, H. D. (Hrsg.) (1986), Sponsoring. Chancen für die Kommunikationsarbeit. BDW Deutscher Kommunikationsverband, Bonn.

Demuth, A./Garbett, T. F./Richter, G. (1984), Unternehmenswerbung. Corporate Advertising, Spiegel-Verlagsreihe, Hamburg.

Disch, W. K. A. (1986), Sportwerbung – die „andere" im Kommunikations-Mix, in: Sportwerbung, Hrsg.: P. Roth, Landsberg am Lech, S. 11–14.

Dorenbeck, B. (1986), Der Sport – das Werbemittel der Zukunft für die Markenartikel-Industrie?, in: Markenartikel, Nr. 2, S. 67–68.

Dreyer, A. (1986), Werbung im und mit Sport, Reihe Sportanalysen, Band 1, Göttingen.

ENIGMA (1985), Bandenwerbung − Untersuchung zu Aspekten der Werbewirkung, Wiesbaden.

Erdtmann, S. (1985), Kommerzielles Sponsorship als Instrument der Marktkommunikation − eine Analyse der Zielsetzungen, Erscheinungsformen und Wirkungen − dargestellt an ausgewählten Beispielen, unveröffentlichte Diplomarbeit an der Universität Münster, Münster.

ESOMAR (Hrsg.) (1986), Seminar on Below-The-Line and Sponsoring: The Use of Promotion and Sponsorship in the Marketing-Mix, Proceedings of the ESOMAR-Congress in Milan (Italy) on 6th−8th November 1985, Amsterdam.

Estermann, H. (1980), Imagekorrektur und Breitenwirkung durch Sportwerbung, in: Media-Report, Nr. 2, S. 14−19.

Flögel, H. (1979), Werbung durch Sport?, in: Zeitschrift für Markt-, Meinungs- und Zukunftsforschung, Nr. 4, S. 5041−5046.

Fohrbeck, K. (1981), Kunstförderung im internationalen Vergleich. Ein Bericht über Förderformen, Kunst-Fonds und Beispiele praktischer Unterstützung der Bildenden Kunst, Köln.

Freter, H. (1983), Marktsegmentierung, Stuttgart.

Gerke, C. D. (1986), Der Markt ist noch nicht ausgeschöpft, in: Frankfurter Allgemeine Zeitung, Nr. 17, S. 16.

GfK-Marktforschung (Hrsg.) (1985), Situationsanalyse des Profifußballs in der Bundesrepublik Deutschland − Ursachen, Konsequenzen, Zukunftsperspektiven, Studie im Auftrag des Deutschen-Fußball-Bundes, Nürnberg.

Glauner, C. (1986), Sponsoringaktivitäten der Alpirsbacher Klosterbräu − Engagement eines mittelständischen Unternehmens, in: Sponsoring. BDW Deutscher Kommunikationsverband, Hrsg.: H. D. Dahlhoff, Bonn.

Greffenius, G. (1986), Die vertragsrechtlichen Grundlagen der Sportwerbung, in: Sportwerbung, Hrsg.: P. Roth, Landsberg am Lech, S. 187−212.

Gundermann, K./Weischer, F. (1983), Sportwerbung. Bericht der Lintas Werbeagentur, Hamburg.

Gussekloo, W. G. (1986), Below-The-Line and Sponsoring: Their Place in the Marketing-Mix, in: Seminar on Below-The-Line and Sponsoring, Hrsg.: ESOMAR, Amsterdam, S. 45−65.

Häfele, R. (1986), Möglichkeiten und Probleme beim Einsatz von Werbung im Motorsport − unter Berücksichtigung relevanter Kriterien der Mediaselektion, unveröffentlichte Diplomarbeit an der Universität Mannheim, Mannheim.

Hannebohn, D. E./Blöcher, G. (1982), Corporate Communications, in: Management Enzyklopädie, Band 2, 2. Aufl., München, S. 524−542.

Hanrieder, M. (1986), Die Planungssystematik der Sportwerbung, in: Sportwerbung, Hrsg.: P. Roth, Landsberg am Lech, S. 97−144.

Hartmann, K. D. (1981), Sportwerbung im intermedialen Vergleich, in: Media Report Sportwissenschaften, Nr. 1, S. 21−25.

Head, V. (1981), Sponsorship − The Newest Marketing Skill, Cambridge.

Hermanns, A. (Hrsg.) (1985), Sport und Werbung – Wahrnehmung von Werbebotschaften auf Rennfahrzeugen, Studien- und Arbeitspapiere Marketing der Universität der Bundeswehr München, Nr. 1, München.

Hermanns, A./Drees, N. (1986), Sportwerbung, in: Wirtschaftswissenschaftliches Studium, Nr. 2, S. 639–641.

Hermanns, A./Drees, N./Püttmann, M. (1986), Siegen mit Siegern? Sportwerbung '86: Untersuchungsergebnisse, in: Absatzwirtschaft, Nr. 10 (Sonderausgabe), S. 220–233.

Hermanns, A./Drees, N./Wangen, E. (1986), Zur Wahrnehmung von Werbebotschaften auf Rennfahrzeugen – Ein Beitrag zur Wirkungsforschung in der Sportwerbung, in: Marketing ZFP, Nr. 2, S. 123–129.

Hermanns, A./Woern, G. (1986), Zur Problematik der Ermittlung quantitativer Entscheidungskriterien für die Werbeträgerauswahl im Sport – Eine beispielhafte Darstellung anhand des Fußballsports, in: Werbeforschung & Praxis, Nr. 5, S. 169–174.

Höller, B. (1981), Die Automobilrennsportwerbung – Eine von vielen Möglichkeiten zielgerichteter Werbung, in: Marktforschung, Nr. 1, S. 25–30.

Hüchtermann, M./Spiegel, R. (1986), Unternehmen als Mäzene, in: Beiträge zur Gesellschafts- und Bildungspolitik, Hrsg.: Institut der deutschen Wirtschaft, Nr. 118, Köln.

Ignaczak, J. (1986), Bandenwerbung – 163 mal auf dem Bildschirm! Wie oft im Kopf? Eine Untersuchung zu Aspekten der Werbewirkung der Bandenwerbung, in: Blickpunkt, Nr. 14, S. 11–18.

ISBA Ltd. (Hrsg.) (1982), Guide to Sponsorship, Broschüre der ISBA Ltd., London.

Kernebeck, H. (1977), Motorsport-Sponsoring, in: Marketing-Journal, Nr. 3, S. 358–362.

Kertess, R. (1986), Die organisatorische Durchführung der Sportwerbung (Checkliste), in: Sportwerbung, Hrsg.: P. Roth, Landsberg am Lech, S. 167–173.

Koch, D. (1985), Erfolgreiche Sportwerbung nur mit dicken Etats, in: Werben und Verkaufen, Nr. 20, S. 16.

Kohl, F./Otker, T. (1986), Sponsorship – Some Practical Experiences in Philips Consumer Electronics, in: Seminar on Below-The-Line and Sponsoring, Hrsg.: ESOMAR, Amsterdam, S. 105–141.

Kotler, P. (1982), Marketing Management, 4. Aufl., Stuttgart.

Kühner, C. (1986), Auf dem Trittbrett zum Erfolg, in: Politik und Wirtschaft, Nr. 6, S. 73–76.

Limmer, W. (1986), Die Hauptrolle spielt die Requisite, in: Neue Medien, Nr. 10, S. 13–21.

Media-Perspektiven (1984), Sport 1984. Daten zur Mediensituation in der Bundesrepublik. Forschungsbericht der Medienkommission ARD/ZDF 1, Frankfurt/Main.

Medienkommission ARD/ZDF (Hrsg.) (1984), Forschungsbericht „Sport 1984", in: Media-Perspektiven, Frankfurt/Main.

Meenaghan, J. A. (1983), Commercial Sponsorship, in: European Journal of Marketing, 17. Jg., Nr. 2, S. 5–73.

Meenaghan, J. A./Flood, P. R. (1983), Commercial Sponsorship: The Misunderstood Corporate Art, Dublin.

Meffert, H. (1982), Marktkommunikation. Das System des Kommunikations-Mix, Münster.

Meffert, H./Bruhn, M./Schubert, F./Walther, T. (1986), Marketing und Ökologie. Chancen und Risiken umweltorientierter Absatzstrategien von Unternehmen, in: Die Betriebswirtschaft, Nr. 2, S. 140–159.

Monk, K. V. (1986), Sponsorship/Endorsement/Publicity, in: Global Products/Services Marketing, Hrsg.: Commission of the International Advertising Association (iaa), S. 1–9.

Müller, F. (1983 a), Banden- und Sportwerbung, 1. Teil, in: Interview und Analyse, Nr. 4, S. 152–156.

Müller, F. (1983 b), Banden- und Sportwerbung, 2. Teil, in: Interview und Analyse, Nr. 5, S. 211–215.

Müller, K. (1986), Sponsoringaktivitäten von ADIDAS – Professionelles Engagement im Sport, in: Sponsoring, BDW Deutscher Kommunikationsverband, Hrsg.: H. D. Dahlhoff, Bonn.

Murphy, L. (1983), Selling Vaults to Olympic Heights, in: Sales and Marketing Management vom 10. 10. 1983, S. 57–58.

Naether, E. (1979), Eine Untersuchung zur Effizienz von Sportwerbung, in: Markenartikel, Nr. 7, S. 382–386.

Nieschlag, R./Dichtl, E./Hörschgen, H. (1985), Marketing, 14. Aufl., Berlin.

o. V. (1979), Sprintmedium. Fußballer als Werbeträger, in: Capital, Nr. 11, S. 164–166.

o. V. (1980), Die Borussen im Mediaplan, in: Absatzwirtschaft, Nr. 4, S. 44.

o. V. (1981 a), Effizienz in der Sportwerbung: Wie Ihre Marke gewinnt, in: Absatzwirtschaft, Nr. 7, S. 28–39.

o. V. (1981 b), Philosophie auf der Brust, in: Wirtschaftswoche, Nr. 42, S. 48–56.

o. V. (1982), Sportwerbung beim Skisport, in: Media Report, Nr. 10, S. 15.

o. V. (1983), Der Freizeitsport wächst, in: Marketing-Journal, Nr. 2, S. 112–116.

o. V. (1984), Laufen Sie der Konkurrenz davon, in: Impulse, Nr. 1, S. 84–88.

o. V. (1985), Dabeisein ist alles, in: Manager Magazin, Nr. 11, S. 120–124.

o. V. (1986), Marketing by Bum-Bum, in: Absatzwirtschaft, Nr. 3, S. 14–19.

Parkinson, C. N./Rowe, N. (1981), Schweigen ist Schwäche, Düsseldorf und Wien.

Pfister, E. (1986 a), Die Mediaplanung in der Sportwerbung, in: Sportwerbung, Hrsg.: P. Roth, Landsberg am Lech, S. 147–165.

Pfister, E. (1986 b), Millionenspiel mit Brust und Bande, in: Werben und Verkaufen, Nr. 21, S. 54–56.

Pike, P./Spiers, D./Eltson, F. (1986), Utilising the Medium of Contemporary Music, in: Seminar on Below-The-Line and Sponsoring, Hrsg.: ESOMAR, Amsterdam, S. 79–98.

Radmann, F. H. (1986), Sponsoring als Dienstleistungsangebot – Leistungen einer spezialisierten Agentur, in: Sponsoring. BDW Deutscher Kommunikationsverband, Hrsg.: H. D. Dahlhoff, Bonn.

Raffée, H./Wiedmann, K.-P. (1983), Glaubwürdigkeitsoffensive, in: Absatzwirtschaft, Nr. 12, S. 52–61.

Raffée, H./Wiedmann, K.-P. (1985), Corporate Communications als Aktionsinstrumentarium des strategischen Marketing, in: Strategisches Marketing, Hrsg.: H. Raffée/K.-P. Wiedmann, Stuttgart, S. 662–691.

Renner, J./Tischler, S. (1982), Sportwerbung und die Sportartikel-Industrie, in: Media-Report, Nr. 12, S. 17–19.

Roth, P. (1985), Sport-Werbung, in: Marketing-Journal, Nr. 3, S. 253–256.

Roth, P. (Hrsg.) (1986 a), Sportwerbung. Grundlagen, Strategien, Fallbeispiele, Landsberg am Lech.

Roth. P. (1986 b), Formen der Sportwerbung, in: Sportwerbung, Hrsg.: P. Roth, Landsberg am Lech, S. 51–96.

Roth, P. (1986 c), Sportwerbung – ein Instrument der Kommunikationspolitik, in: Sportwerbung, Hrsg.: P. Roth, Landsberg am Lech, S. 35–50.

Salcher, E. F. (1986), Die Erfolgskontrolle der Sportwerbung, in: Sportwerbung, Hrsg.: P. Roth, Landsberg am Lech, S. 175–185.

Sedgewick, A. (1982), Sport or the art – making the marriage work, Vortrag auf dem World Congress on Sponsorship, London, am 4. 11. 1982.

Schwickert, E. (1986), HOECHST – Eine Sport-Philosophie in sechs Punkten, in: Sportwerbung, Hrsg.: P. Roth, Landsberg am Lech, S. 215–226.

Shalofsky, I./San Germano, N. (1986), Sponsorship Impact and How to Read it – The Need for Research, in: Seminar on Below-The-Line and Sponsoring, Hrsg.: ESOMAR, Amsterdam, S. 217–228.

Sohm, K. (1975), Imagewerbung durch Sponsortätigkeit, Dissertation, Innsbruck.

v. Specht, A. D. (1985), Sponsoring als Marketinginstrument, Arbeitspapier des Instituts für Marketing an der European Business School, Nr. 4, Hrsg.: M. Bruhn, Schloß Reichartshausen (Rheingau).

v. Specht, A. D. (1986), Sponsoring, in: Markenartikel, Nr. 11, S. 514–519.

Spieser, R. (1983), Sport und Werbung, Dissertation, Zürich.

Sprung, R. (1985), Das heiße Match um Quoten und Sponsoren, in: Neue Medien, Nr. 7, S. 61–68.

Statistisches Bundesamt (Hrsg.) (1985), Datenreport 1985. Zahlen und Fakten über die Bundesrepublik Deutschland, Bonn.

Steffenhagen, H. (1978), Wirkungen absatzpolitischer Instrumente. Theorie und Messung der Marktreaktion, Stuttgart.

Steffenhagen, H. (1984), Kommunikationswirkung. Kriterien und Zusammenhänge, Band 5 der Schriften der Heinrich Bauer Stiftung, Hamburg.

Steinmetz, L. (1985), Empirische und analytische Untersuchung der Kreativität und Effizienz der Wintersportwerbung, Referat auf dem Ski-Forum '85 in Salzburg am 14. 3. 1985.

Stevens, A. (1981), Brandstanding: long lived product promotion, in: Harvard Business Review, May–June, S. 54–58.

Thiel, E. (1986), In Schlagzeilen und Zitaten: Werbung mit dem Sport 1966–1986, in: Sportwerbung, Hrsg.: P. Roth, Landsberg am Lech, S. 15–21.

Tischler, S. (1975), Medien – Qual der Wahl, in: Marketing-Journal, Nr. 1, S. 60–65.

Troll, K. F. (1983 a), Wirkung von Bandenwerbung – Bericht über ein Pilotprojekt, in: Jahrbuch der Absatz- und Verbrauchsforschung, S. 201–220.

Troll, K. F. (1983 b), Bandenwerbung: Aufstiegschancen für Recall-Werte, in: Absatzwirtschaft, Nr. 8, S. 38–42.

Vitinius, F. (1986), Sportler und Produkt haben selten etwas gemein, in: Horizont, Nr. 7, S. 16–19.

Voigt-Karbe, K.-B. (1987), Kunstförderung heute: Geschäfte auf Gegenseitigkeit?, in: Blick durch die Wirtschaft, Nr. 51 vom 13. 3. 1987, S. 3.

Waite, N. (1979), Sponsorship in Context, Dissertation, Cranfield.

Wartke, J. (1986), Sportwerbung als Instrument einer Corporate Communications-Strategie, unveröffentlichte Diplomarbeit an der Universität Mannheim, Mannheim.

Wiesand, A. J. (1980), Literaturförderung im internationalen Vergleich, Köln.

Wilde, C. (1986), Product Placement, in: Marketing-Journal, Nr. 2, S. 182–183.

Yovovich, B. (1983), 1984 Olympics – a run for the money, in: Advertising Age vom 17. 2. 1983, S. 9–10.

Verzeichnis der Schaubilder, Tabellen, Dokumente und Bildbeispiele

Schaubilder

Tabellen

Dokumente

Bildbeispiele

Stichwortverzeichnis

Printed by Publishers' Graphics LLC